통치론

Two Treatises of Government : The Second Treatise of
Government — An Essay Concerning the True Original,
Extent, and End of Civil-Government

by John Locke

역자 강정인(姜正仁)
서울대학교 법대 졸업(1977)
미국 캘리포니아 주립대학교 버클리 분교 정치학 박사(1987)
서강대학교 정치외교학과 교수(1989-2020)
저서 : 『자유민주주의의 이념적 초상』(1993), 『소크라테스, 악법도 법인가?』(1994),
    『서구중심주의를 넘어서』(2004), 『넘나듦의 정치사상』(2013), 『한국 현대 정
    치사상과 박정희』(2014), 『교차와 횡단의 정치사상』(2019 : 편저)
역서 : 『플라톤의 이해』(1991), 『마키아벨리의 이해』(1993), 『홉즈의 이해』(1993),
    『마르크스에 있어서 필요의 이론』(1990), 『현대 민주주의론의 경향과 쟁점』
    (1994 : 공역), 『로크의 이해』(1995 : 공역), 『로마사 논고』(2003 : 공역), 『군
    주론』(2008 : 공역)

© 1996 강정인

통치론 : 시민정부의 참된 기원, 범위 및 그 목적에 관한 시론

저자 / 존 로크
역자 / 강정인
발행처 / 까치글방
발행인 / 박후영
주소 / 서울시 용산구 서빙고로 67, 파크타워 103동 1003호
전화 / 02 · 735 · 8998, 736 · 7768
팩시밀리 / 02 · 723 · 4591
홈페이지 / www.kachibooks.co.kr
전자우편 / kachibooks@gmail.com
등록번호 / 1−528
등록일 / 1977. 8. 5
초판 1쇄 발행일 / 1996. 10. 30
제2판 1쇄 발행일 / 2022. 9. 15
    2쇄 발행일 / 2023. 8. 30

값 / 뒤표지에 쓰여 있음

ISBN 978−89−7291−780−9 03340

통치론

시민정부의 참된 기원, 범위 및
그 목적에 관한 시론

존 로크

강정인 옮김

까치

차례

일러두기

1) 이 책은 한글전용을 원칙으로 하되, 우리말 단어의 의미를 명료
하게 할 필요가 있거나 우리말 번역어가 영어 단어의 의미를 충
실하게 반영하지 않는다고 생각되는 경우에는 한자나 영어 단어
를 괄호로 병기했다.
2) 로크는 당시의 관행에 따라 보통명사인 경우에도 고유명사처럼
대문자로 시작하여 표기하는 경우가 많은데 이 책에서는 고유명
사가 아닌 보통명사는 소문자로 표기하되, 래슬릿(Peter Laslett)
본에 따라서 17세기의 영어 철자를 따랐다. (예) city → citty
3) 원문에 있는 로크의 강조 표기를 이 책에서는 옮기지 않았다.
4) 이 책에서는 다음과 같은 부호를 사용했다.

　『 　』: 책 이름

　[　] : 독자의 이해를 돕기 위해서 옮긴이가 첨가한 구절

　 * 　 : 옮긴이 주

　 1) 　: 원주(로크 자신의 주)

제1장

서론*

.

1. 앞의 논고**에서 나는 다음과 같은 점을 제시한 바 있다.

1. 아담은 아버지로서의 자연의 권리에 의해서든 신으로부터의 명시적인 수여에 의해서든, 흔히 주장되는 것***과 같은, 자식들에 대한 권위(authority)****나 세계에 대한 지배권(dominion)을 가지지 않았다.

2. 설사 아담에게 [그러한 권위나 지배권이] 있었다고 해도, 그의 상속

---

* 제1장은 본래 제목이 없지만, 옮긴이가 편의상 "서론"이라고 제목을 붙였다. 일반적으로 로크 연구자들은 이 책의 제1장 "서론"을, 시기를 달리하여 별도로 집필된 『첫 번째 논고(The First Treatise)』와 『두 번째 논고(The Second Treatise)』를 부드럽게 연결하기 위해서 나중에 로크가 삽입한 것으로 보고 있다. 그러므로 원래 집필한 바에 따르면 『두 번째 논고』는 제2장(제4절)부터 시작했던 것임이 분명하다. 로크는 원래 시기를 달리하여 집필한 『첫 번째 논고』와 『두 번째 논고』를 합본하여 1690년에 『통치에 관한 두 논고(Two Treatises of Government)』를 출간했다.

** 물론 이것은 『첫 번째 논고』를 지칭한다.

*** 곧 왕권신수설을 신봉하는 자들이 주장하던 절대적 권위나 지배권을 가리킨다.

**** 이 책에서는 영어의 'authority'를 문맥에 따라 '권위(權威)' 또는 '권한(權限)'으로 옮겼음을 밝혀둔다.

자들에게는 그와 같은 권리가 전혀 없었다.

3. 설사 그의 상속자들에게 [그런 권리가] 있었다 할지라도 과연 누가 정당한 상속자인지에 관해 의문이 제기될 때, 그것을 결정하는 자연법 또는 명시적인 신법(神法, law of God)도 없다. 따라서 상속의 권리와 이에 따른 통치의 권리를 확실히 결정할 수 없었을 것이다.

4. 설사 그러한 것이 결정되었다 할지라도, 아담의 후손 중에서 과연 누가 직계 자손인지에 대한 지식은 이미 오래 전에 완전히 소실(消失)되었기 때문에, 인류의 여러 종족들과 세계의 여러 가족들 중에서 자신들이야말로 직계 자손이고 따라서 상속권이 있다고 주장할 수 있는 명분을 어느 누구도 다른 누구에게 조금이라도 내세울 수 없다.

이 모든 전제(前提)는 이제 와서 명백히 밝혀졌으므로, 이제 지상의 통치자들이 여태껏 모든 권력의 원천으로 간주해온 것, 곧 아담의 사적인 지배권(dominion)과 아버지로서의 통치권(jurisdiction)*으로부터 어떤 이득을 취하거나 일말의 권위를 이끌어내는 것은 불가능하다고 나는 생각한다. 그러므로 다음과 같은 생각—곧 세계의 모든 정부(government)**는 흔히 주장되는 것처럼 오로지 힘과 폭력의 산물이고 인간의 공동생활은

---

* 'jurisdiction'은 번역하기 매우 까다로운 단어이다. 이 책에서는 'jurisdiction'을 주로 '통치권(統治權)'으로 옮겼다. 그러나 예외적으로 통치 영역을 의미하는 '통치권(統治圈)'(115절 참조)으로 옮긴 적도 있다.

** 이 책에서는 'government'를 문맥에 따라 권력을 행사하는 기구인 '정부'로 또는 좀 더 추상적인 행위를 지칭하는 '통치'로 옮겼다. 물론 영어의 'government'에서는 두 가지 의미가 중첩되어 있다.

다름 아닌 바로 가장 힘센 자가 지배하는 야수들의 법칙에 의해서 지배받게 되며, 이러한 상황이 끊임없는 무질서와 불행, 소요, 선동 및 반란의 온상이다(이러한 사태는 상술한 가설의 추종자들이 시끄럽게 떠들어대며 반대하는 것이다) — 이 타당하다는 점을 부정하고자 하는 자는, 로버트 필머 경이 우리에게 가르쳐준 것과는 다른 정부의 또다른 발생, 정치권력의 또다른 기원 그리고 정치권력을 소유할 인격[사람이나 기관]을 수립하고 분별하는 또다른 방법을 필히 찾아내야 할 것이다.

2. 이 목적을 위해서, 내가 무엇을 정치권력이라고 생각하는지를 밝혀두는 것도 그리 나쁘지는 않으리라고 생각한다. 신민(a subject)에 대한 위정자(a magistrate)의 권력은 자식에 대한 아버지의 권력, 하인에 대한 주인의 권력, 아내에 대한 남편의 권력, 노예에 대한 노예주의 권력과 구분되는 것이다. 이처럼 상이한 모든 권력이 때로는 한 사람에게 집중되는 경우가 있는데, 그 사람을 그런 상이한 여러 관계를 통해 고찰하는 것은 그러한 권력들을 구분하는 데 도움이 되고 국가(commonwealth)*의 지배

---

* 이 책에서 옮긴이는 'common(-)wealth'를 우리말에 적절한 단어가 없기 때문에 '국가'로 옮겼다. 그러나 근대 국가(state)의 개념이 주로 주권, 비인격적인 조직, 강제력의 행사 등의 관점에 치중하여 이해되는 반면, 'common(-)wealth'는 그 어원(영어의 common weal; 라틴어의 res publica[=public thing])에서 알 수 있는 것처럼, 공공의 복지 또는 공적인 것을 추구한다는 관념이 강하게 배어 있다는 점에 독자는 유의할 필요가 있다. 따라서 어원에 충실할 경우 '공화국(共和國)'이라고 번역하는 것이 타당할 터인데, 우리 말에서는 공화국을 주로 '군주국'에 대응하는 개념으로 이해하기 때문에 공화국으로 옮기는 것 역시 여의치 않다(다만 공화주의 또는 공화정에 대한 국내의 연구가 최근

자, 가족의 아버지 그리고 갤리 선*의 선장 간의 차이를 밝혀줄 것이다.

3. 그렇기에 나는 '정치권력'을 다음과 같이 규정한다. 그것은 재산 (property)을 규제하고 보존하기 위해 사형 및 그 이하의 모든 처벌을 가할 수 있는 법을 제정하는 권리이며, 또한 그러한 법을 집행하고 국가 (common-wealth)를 외적의 침입으로부터 방어하기 위해서 공동체의 무력을 사용하는 권리이며, 이 모든 것을 오직 공공선을 위해서만 행사하는 권리이다.

활성화됨에 따라 그러한 선입견이 불식되고 있다는 사실은 반가운 현상이다). 로크는 'common(-)wealth'라는 개념을 군주국을 포함하여 사용하고 있기 때문이다. 이 단어에 대한 로크 자신의 설명으로는 133절을 참조하라.
* 고대 그리스나 로마 시대에 노예나 죄수들에게 노를 젓게 한 배.

제2장

자연상태에 관하여

4. 정치권력을 올바로 이해하고 그것을 그 기원으로부터 파악하기 위해서 우리는 모든 인간이 자연적으로 어떤 상태에 처해 있는가를 고찰해야 한다. 자연상태는 완전한 자유의 상태이다. 다시 말해, 사람들이 타인의 허락을 구하거나 타인의 의지(will)에 구애받지 않고, 자연법의 테두리 안에서 스스로 적당하다고 생각하는 바에 따라서 자신의 행동을 규율하고 자신의 소유물과 인신(人身, person)을 처분할 수 있는 상태이다.

자연상태는 또한 평등의 상태이기도 하다. 그곳에서 모든 권력과 사법권(jurisdiction)은 상호적이며, 어느 한 인간도 다른 인간들보다 더 많이 가지지 않는다. 이 점은 동일한 종류와 등급의 피조물은 차별 없이 자연의 동일한 혜택을 받고 태어나 동일한 재능을 사용하기 때문에— 적어도 그 피조물의 주인이자 지배자가 그의 의지를 명시적으로 선언함으로써 어느 한 인간을 다른 한 인간보다 위에 놓고 명백하고 명확한 지명을 통해서 의심의 여지없는 지배권과 주권을 그에게 수여하지 않는 한—어떠한 복종이나 종속 없이 상호 평등해야 한다는 사실에서 지극히 명백하다.

5. 저 현명한 후커*는 이 같은 인간의 자연적인 평등을 의심할 여지없이 그 자체로 너무나 명백한 것으로 생각하고 그것을 인간이 서로 사랑해야 하는 의무의 토대로 본다. 그리고 그는 그 토대에 기초하여 인간이 상호간에 부담하는 의무를 기술하고 그것으로부터 정의와 인류애(charity)라는 위대한 원리를 도출한다. 그의 말은 다음과 같다.

비슷한 자연적인 욕망을 가지고 있기 때문에 사람들은 자기 자신 못지않게 타인을 사랑하는 것이 자신들의 의무라는 점을 깨닫게 되었다. 평등한 사물은 모두 동일한 척도에 의거해야 하기 때문이다. 만약 내가 모든 사람들로부터 그들이 자신의 영혼에 바라는 것만큼 선한 것을 마땅히 받기 바란다면, 단일의 똑같은 본성을 지닌 다른 사람들에게도 의심의 여지없이 존재하는 비슷한 욕망을 만족시키기 위한 주의를 베

---

* Richard Hooker(1554?-1600) : 영국의 신학자로서 『교회정치론(The Laws of Ecclesi-astical Polity)』을 저술했다. 이 저작은 서구의 정치이론이 중세 사상으로부터 자연권 사상으로 발전하는 데에 대단히 중요한 영향을 미쳤다. 또한 후커에 대한 로크의 빈번한 인용에서 알 수 있듯이 로크의 사상에도 심대한 영향을 미쳤다. 그것은 전부 8권으로 구성되어 있으며, 그의 생전에 5권, 사후에 3권이 출판되었다. 후커는 '자연상태'와 '동의' 개념 등 일종의 사회계약론을 통해서 군주제를 옹호하고자 했지만, 서양사상사의 발전과정은 바로 그러한 사회계약론이 로크 등 근대의 사회계약론자들에 의해 전통적인 군주제를 공격하는 급진이론으로 변형되는 역사의 역설을 보여준다.

풀지 않으면서 어떻게 여기 있는 나의 욕망의 일부분이라도 만족시킬 것을 기대할 수 있겠는가? 이 욕망에 거슬리는 것을 그들에게 제공하는 것은 반드시 모든 면에서, 내게 그런 것과 마찬가지로 그들을 괴롭히는 일임이 분명하다. 그러므로 내가 해를 가하면 나 역시 고통을 당할 것을 예상해야 한다. 왜냐하면 내가 그들에게 보여준 것보다 더 많은 양의 사랑을 그들이 내게 보여줄 아무런 이유가 없기 때문이다. 그렇기 때문에 본래(in nature) 나와 평등한 사람들로부터 되도록 많은 사랑을 받고 싶어 하는 나의 욕구는 그들에 대해서도 그와 비슷한 사랑을 충분히 베풀어야 한다는 자연적인 의무를 내게 부과한다. 이처럼 자연의 이성은 우리 자신 및 우리 자신과 마찬가지인 그들 간의 평등한 관계로부터 삶을 지도하기 위한 몇 가지 규칙과 규범을 이끌어내기 때문에, 무릇 이를 모르는 사람은 없다(『교회정치론』, 제1권).

6. 그러나 이 자연상태는 '자유의 상태(state of liberty)'이지, '방종의 상태(state of licence)'는 아니다. 그 상태에서 인간은 자신의 인신과 소유물을 처분할 수 있는 통제받지 않는 자유를 가지고 있다. 그렇지만 그는 자신을 파괴할 수 없으며, 또 그가 소유하고 있는 어떠한 피조물도— 그것을 단순히 살려놓는 것보다 죽이는 편이 더 훌륭한 용도에 봉사하는 경우를 제외하고는— 살해할 수 없다. 자연상태에는 그것을 지배하는 자연법이 있는데 그 법은 모든 사람을 구속한다. 그리고 이성이야말로 그 법에 해당하는데, 이성은 조언을 구하는 모든 인류에게 인간은 모두 평등하고

독립된 존재이므로 어느 누구도 다른 사람의 생명, 건강, 자유 또는 소유물에 위해를 가해서는 안 된다고 가르친다. 왜냐하면 모든 인간은 유일하고 전지전능한 조물주의 작품이기 때문이다. 유일하며 최고인 주인의 명령에 의해 모든 인간은 그의 하인으로서 그의 사업을 돕기 위해서 세상에 보내졌기 때문에, 인간은 그의 소유물이자 작품으로서 타인의 뜻이 아니라 그 주인의 뜻이 지속되는 동안만 살도록 되어 있다. 그리고 인간은 비슷한 재능을 부여받았고 모두 자연이라는 하나의 공동체를 공유하므로, 인간들 사이에서는 서로를 죽일 수 있는 권위를 부여하는 이른바 어떠한 복종관계도 상정될 수 없다. 열등한 피조물이 인간의 쓸모에 봉사하도록 만들어진 것과 달리, 인간은 상호간의 쓸모에 봉사하기 위해서 만들어진 것이 아니기 때문이다. 모든 사람은 자신을 보존해야 하며 고의로 자신의 위치를 떠나서는 안 된다. 따라서 비슷한 이유로 그 자신의 보존이 위태롭지 않을 때 인간은 가능한 최대한 타인을 보존해야 하며, 공격자에 대한 정당한 반격이 아니라면 다른 사람의 생명, 또는 생명을 보존하는 데 필요한 것, 곧 그의 자유, 건강, 신체 또는 재물을 빼앗거나 손상시켜서는 안 된다.

7. 그리고 만인이 다른 사람의 권리를 침해하거나 다른 사람에게 해악을 가하는 것을 억제하기 위해서, 곧 모든 인류의 평화와 보존을 지향하는 자연법의 준수를 확보하기 위해서, 자연상태에서 자연법의 집행은 모든 사람의 수중에 맡겨져 있다. 따라서 모든 사람은 자연법의 위반을 막기

위해서 필요한 만큼 그 법의 위반자를 처벌할 권리를 가지고 있다. 왜냐하면 인간에 관한 이 세계의 다른 모든 법과 마찬가지로 자연법 역시, 만약 자연상태에서 그 법을 집행할 권력을 가지고 있고 이를 통해서 무고한 자를 보존하고 공격자를 억제할 사람이 없다면, 공허한 것이 되고 말 것이기 때문이다. 또한 만약 자연상태에서 어떤 사람이 다른 사람을 그가 저지른 해악을 이유로 처벌할 수 있다면, 무릇 모든 사람이 그렇게 할 수 있어야 마땅하다. 왜냐하면 본래 한 사람이 다른 사람에 대해서 우월성이나 사법권(jurisdiction)을 가지지 않는 완전한 평등의 상태에서는, 어떤 사람이 그 법의 집행을 위해서 능히 할 수 있는 것에 대해서 다른 모든 사람들도 그것을 행할 수 있는 권리를 가지는 것이 마땅하기 때문이다.

8. 이런 식으로 자연상태에서 한 인간은 다른 인간에 대해서 [자연법 위반을 처벌할 수 있는] 권력을 획득하게 된다. 그러나 그것은 범법자를 붙잡았을 때 격정에 따라 또는 그 자신의 의지대로 무제한적인 방종에 따라 사용할 수 있는 절대적이거나 자의적(恣意的)인 권력이 아니다. 그것은 차분한 이성과 양심이 명하는 바에 따라 범법자를 그의 침해에 비례하여 응징할 있는 권력으로서 배상과 [범죄의] 억제를 목적으로 하는 것이다. 왜냐하면 이들 두 요소야말로 한 인간이 합법적으로 다른 인간에게 해악을 가할 수 있는— 우리는 그것을 처벌이라고 부른다— 유일한 이유이기 때문이다. 자연법을 위반함으로써 공격자는 자신이 이성

및 공통된 형평의 규칙―이 규칙은 신이 인간 상호간의 안전을 위해서 인간의 행위에 부과한 조치다―이 아닌 다른 규칙에 따라 살겠노라고 선언한 셈이다. 그리하여 그는 인류에게 위험한 존재가 되며, 인간을 피해와 폭력으로부터 보호해주는 유대는 그에 의해서 무시되고 파기된다. 그것은 모든 종(種, species)에 대한 침해이며 자연법이 보장하고자 하는 평화와 안전에 대한 침해다. 따라서 모든 인간은 인류 일반을 보존하기 위해서 그들이 가진 권리에 의거해 그들에게 해를 가하는 자들을 제지시킬 뿐만 아니라 필요하다면 파괴하는 것이 마땅하다. 그리하여 인간은 그 법을 위반한 자들에게 해악을 가함으로써 범법을 후회하게 만들고 재발을 억제하거나, 그에 대한 본보기적 행동을 통해서 다른 사람들이 그와 비슷한 비행을 저지르지 않도록 방지하는 것이다. 그리고 그러한 경우에, 앞의 논거에 의거해서 모든 사람은 위반자를 처벌할 수 있는 권리를 가지며 자연법의 집행자가 된다.

9. 나는 이러한 사실이 어떤 사람들에게는 매우 특이한(strange) 교의로 보일지도 모른다는 점을 믿어 의심치 않는다. 그러나 그들은 이 교의를 비난하기에 앞서 군주나 국가가 그들 나라에서 범죄를 저지른 외국인을 어떠한 권리에 입각해서 사형이나 기타 처벌을 부과할 수 있는지를 내게 해명해주었으면 한다. 선언된 입법부의 의지가 부여한 제재권만으로는 한 나라의 법의 효력이 외국인에게 미치지 않는다는 점은 확실하다. 그 법은 외국인을 대상으로 하여 선포된 것도 아니며, 설사 그렇다 해도

그는 거기에 귀 기울일 아무런 의무가 없다. 그 법이 그 국가(commonwealth)의 신민들에게 유효하게 효력을 가지게 하는 입법부의 권위는 외국인에게 아무런 힘(power)을 가지지 못한다. 영국, 프랑스 또는 네덜란드에서 법을 제정할 수 있는 최고의 권력을 가진 자들도 일개 인디언에게는 세계의 여타 인간들과 마찬가지로 아무런 권위를 가지고 있지 않다. 그렇기 때문에 만약 모든 사람이 제각기 자연법에 의거해서 그 사건이 요구하는 바를 냉정히 판단한 바에 따라 위반사항을 능히 처벌할 권리를 가지고 있지 않다면, 나는 어떻게 해서 어느 한 공동체의 위정자가 다른 나라 사람인 외국인을 처벌할 수 있는지 이해할 수 없다. 왜냐하면 그 외국인에 관한 그 위정자는 모든 사람이 다른 사람에 대해서 자연적으로 가지는 것 이상의 권력을 가질 수 없기 때문이다.

10. 게다가 무릇 범죄란 어떤 사람이 법을 어기고 이성의 올바른 규칙으로부터 이탈함으로써 발생하는데, 이로 인해서 그 사람은 그만큼 타락한 것이며 자신이 인간 본성의 원칙을 포기하고 해로운 피조물이 되었음을 선언하는 셈이 된다. 그러한 범죄 이외에도 통상 어떤 사람에게 손상을 가하게 되는 일이 있으며 그 사람은 그러한 위반행위에 의해서 손해를 입게 된다. 그 경우에 손해를 입은 사람은 자신과 다른 사람이 공통으로 가지는 처벌권 이외에도 손해를 가한 사람에게서 손해배상을 청구할 수 있는 특별한 권리를 가지게 된다. 그리고 [피해자 이외의] 타인은 그것이 정의롭다고 생각하는 경우에 피해자 편에 가담하여 피해자가 가해자로

부터 받은 해악에 대해 충분히 만족할 만큼의 배상을 받도록 협조할 수 있다.

11. 이처럼 상이한 두 개의 권리 중에서 하나는 범죄를 억제하고 유사한 범죄를 예방하기 위해서 처벌하는 것인데, 그 처벌권은 모든 사람에게 있다. 다른 하나는 손해배상을 받을 수 있는 권리인데, 이는 오직 피해를 입은 당사자에게만 속한다. 이처럼 두 개의 권리가 상이하기 때문에 그 직무상 공통된 처벌권을 가지게 된 위정자는 종종 공공선이 법의 집행을 요구하지 않는 경우에 범죄의 처벌을 그 자신의 권한으로 면제할 수 있지만, 사적인 피해자가 받게 된 손해로서 그에게 지불되어야 하는 손해배상은 면제할 수 없다. 곧 손해를 입은 자는 자신의 이름으로 배상을 청구할 권리가 있으며, 오직 그 사람만이 이를 면제할 수 있다. 따라서 손해를 입은 사람은 가해자의 재물과 노무를 자기보존의 권리에 의거해서 수취할 수 있다. 한편 모든 사람은 전 인류를 보존하기 위해서 가지고 있는 권리에 의거해서 범죄를 처벌하고 그 재발을 방지할 수 있는 권력 그리고 그 목적을 위해서 그가 할 수 있는 모든 합당한 일을 할 수 있는 권력을 가지고 있다. 그렇기 때문에 자연상태에서 모든 사람은 살인자를 죽일 수 있는 권력을 가지고 있는데, 이는 모든 사람이 부과할 수 있는 본보기적 처벌을 통해서 어떠한 배상도 만족시킬 수 없는 유사한 피해를 다른 사람이 가하는 것을 제지하고, 인간을 범죄자의 공격으로부터 보호하기 위한 것이다. 그 범죄자는 이성, 곧 하느님이 인류에게 준 공통의

규칙과 척도를 포기하고, 그가 다른 사람에게 저지른 부당한 폭력과 살인으로 전 인류에게 전쟁을 선포한 셈이기 때문에 사자나 호랑이처럼 살해되어 마땅하다. 인간은 이처럼 잔혹한 야수들과 더불어 한 사회를 이룰 수도 없고 또한 안전을 보장할 수도 없기 때문이다. 그리고 "남의 피를 흘리는 자는 제 피도 흘리게 되리라"(「창세기」, 제9장 제6절)라는 위대한 자연법 역시 여기에 근거하고 있다. 카인 또한 모든 사람이 그러한 범죄자를 살해할 권리가 있다고 너무나 확신한 나머지 "저를 만나는 사람마다 저를 죽이려고 할 것입니다"(「창세기」, 제4장 제14절)라고 외쳤던 것이다. 그것은 모든 인류의 가슴 속에 너무나 명백하게 새겨져 있었다.

12. 동일한 이유로, 자연상태에서 인간은 자연법의 좀 더 경미한 위반행위도 처벌할 수 있다. 그 경우에 아마 '사형도 무방한가?'라고 물을 법하다. 그러한 물음에 나는 다음과 같이 대답하겠다. 각 범죄는 그 범죄가 가해자에게 불리한 교환이 되기에 충분할 정도의 엄격성을 가지고 처벌되는 것이 마땅하다. 그럼으로써 그는 후회를 하고 다른 사람은 유사한 행동을 하는 것을 두려워하게 될 것이다. 자연상태에서 저질러질 수 있는 모든 범죄는 가급적 국가에서 처벌되는 것과 똑같은 정도로 자연상태에서도 처벌되는 것이 마땅하다. 여기서 자연법의 구체적인 내용 또는 그 처벌의 기준을 논하는 것은 현재의 목적을 넘어서기에 다루지 않겠다. 그렇지만 자연법이 존재한다는 점 그리고 자연법 역시 합리적인 피

조물이나 그 법의 연구자에게는 국가의 실정법만큼이나 이해하기 쉽고 명백하다는 점은 확실하기 때문이다. 아니 어쩌면 더 명백할 수도 있다. 상반된 그리고 숨겨진 이해관계를 법 구절에 삽입하는 인간의 황당한 재주나 복잡한 기교보다 이성이 훨씬 더 이해하기 쉽기 때문이다. 사실 여러 나라의 대부분의 국내법들이 그러한데, 그 법들은 자연법에 기초한 한도에서만 올바르며, 마땅히 자연법에 따라 규제되고 해석되어야 할 것이다.

13. 나는 이처럼 특이한 교의, 곧 자연상태에서 모든 사람이 자연법을 집행할 권력을 가지고 있다는 교의에 대해서 반론이 제기될 것이라는 점을 의심하지 않는다. 사람들이 자신이 관련된 사건에 관해서 재판관이 되는 것은 합당하지 않다든가, 자기애(自己愛)는 자기 자신은 물론 자신의 친구들에게도 편파적이 되도록 만들 것이라는 반론이 그것이다. 추가적으로 악한 본성, 정념, 복수심으로 사람들이 타인을 과도하게 처벌할 것이라는 반론도 제기될 것이다. 그 결과 오직 혼란과 무질서가 야기되고 그렇기 때문에 신은 인간의 편파성과 폭력을 억제하기 위해서 정부를 수립했다는 것이다. 나 역시 시민정부가 자연상태가 지닌 폐단에 대한 적절한 치료책이라는 점을 기꺼이 인정한다. 인간이 스스로의 사건에서 재판관이 될 수 있는 곳에서 그러한 폐단은 막대할 것임이 분명하다. 자신의 동포(brothers)에게 손해를 입힐 정도로 부정의한 사람이 그 행위에 관해서 자신을 비난할 만큼 정의로울 리가 거의 없다는 점은 쉽게

상상할 수 있기 때문이다. 그러나 나는 이러한 반론을 제기하는 사람들에게 절대군주 역시 일개 인간에 불과하다는 사실을 상기시키고 싶다. 만약 인간이 스스로의 사건에서 재판관이기 때문에 필연적으로 나오는 그러한 해악에 대한 치유책이 정부이고 따라서 자연상태가 지속되어서는 안 되는 것이라면, 한 사람이 다수를 좌지우지하고 그 자신이 관련된 사건에서 재판관이 될 수 있고, 그의 기분이 내키는 대로 무슨 일이나 그의 신민들에게 할 수 있으며, 그렇게 집행하는 것에 대해서 어느 누구도 이를 의문시하거나 통제할 수 있는 최소한의 자유마저 가지지 못한 곳에는 대체 어떠한 종류의 정부가 존재하고, 과연 그것이 자연상태보다 얼마나 더 나은 상태인지 묻고 싶다. 그가 무엇을 하든 그리고 이성, 과오, 정념 등 무엇에 의해서 이끌리든 복종해야 하는가? 차라리 사람들이 타인의 부당한 의지에 복종하지 않아도 무방한 자연상태에 있는 편이 훨씬 나을 것이다. 게다가 자연상태에서는 재판을 하는 자기 자신이나 타인이 관련된 사건에서 잘못 재판하면, 그는 그것에 대해서 다른 모든 인류에게 책임을 져야 한다.

14. 다음과 같은 질문이 종종 강력한 반론으로 제기된다. 도대체 어디에서 인간이 그러한 자연상태에 처해 있는가 또는 처한 적이 있었는가? 그 반론에 관해 현재로서는 다음과 같은 답변으로 족할 것이다. 전 세계에 걸쳐 독립된 정부의 모든 군주와 통치자들은 서로 자연상태에 놓여 있다. 때문에 많은 사람들이 그러한 상태에 놓여 있지 않은 세계란 과거

에도 없었고 앞으로도 결코 없을 것임이 명백하다. 나는 방금, 그 통치자들이 다른 통치자들과 동맹관계에 있든 그렇지 않든, 독립된 공동체의 모든 통치자들을 지칭했다. 왜냐하면 모든 종류의 협약이 아니라 하나의 공동체에 함께 가입하여 하나의 정치체(政治體, Body Politick)를 수립하기로 서로 합의하는 종류의 협약만이 인간들 사이에서 자연상태를 종료시키기 때문이다. 그밖의 다른 종류의 약속이나 협약을 맺는다고 해도 사람들은 여전히 자연상태에 있게 된다. 따라서 가르실라소 데 라 베가*가 페루의 역사에 관해 저술한 책에 나오는 것처럼, 무인도에서 두 사람이 교역에 관한 약정이나 협의를 하건 또는 아메리카의 삼림 속에서 스위스인과 인디언이 그와 비슷한 약정을 하건, 그런 협약들이 그들을 구속하기는 하지만 여전히 그들은 각각 상대방에 대해서 전적으로 자연상태에 놓여 있다. 왜냐하면 진실함과 약속을 지키는 것은 사회의 성원으로서가 아니라 인간으로서의, 인간에게 속하는 의무이기 때문이다.

15. 과거에 인간들이 자연상태에 있었던 적이 결코 없었다고 하는 주장에 대해 단순히 현명한 후커의 권위만을 내세워 반박하는 것만으로는 충분하지 않겠지만, 그는 『교회정치론』 제1권 제10절에서 다음과 같이 말하고 있다.

---

* Garcilaso de la Vega(1539?~1616) : 페루의 역사가로서 주로 잉카 제국의 역사, 페루의 정복 등에 관한 저술을 남겼다.

지금까지 언급한 법률들, 곧 자연법은 절대적인 구속력이 있다. 그것은 비록 인간들 사이에 어떤 안정된 협력관계나 혹은 무엇을 해야 하고 무엇을 해서는 안 되는지에 관해서 아무런 엄숙한 합의가 할지라도, 바로 인간이라는 이유로 인간을 절대적으로 구속한다. 그런데 우리는 우리 자신의 능력만으로는 스스로에게 본성이 욕구하는 삶, 인간의 존엄성에 부합하는 삶에 필요한 물품들을 충분히 공급할 수가 없다. 이처럼 혼자서 그리고 전적으로 우리 자신에게만 의지하고 사는 데 따르기 마련인 결함과 불완전함을 메울 수 없기 때문에, 우리는 본성적으로 다른 사람들과의 공동체 및 협력관계를 추구하도록 이끌린다. 이것이 사람들이 최초에 정치사회를 결성하게 된 원인이다.

그런데 후커에서 더 나아가 나는 모든 인간이 본래 자연상태에 있으며, 그들 자신의 동의에 의해서 일정한 정치사회의 구성원이 될 때까지는 그러한 상태에 남아 있다고 주장하겠다. 그리고 이 점은 우리의 논의가 진행됨에 따라 의심할 여지없이 더욱 명백해질 것이다.

제3장

전쟁상태에 관하여

16. 전쟁상태는 적의(敵意)와 파괴의 상태이다. 따라서 어떤 사람이 말과 행동을 통해서, 그것도 흥분한 심정과 성급한 마음에서가 아니라 냉정하고 차분한 의도로, 다른 사람의 생명에 대한 위해를 선언한 경우에 그는 자신이 그러한 의도를 선언한 상대방과 전쟁상태에 들어가게 된다. 이로 인해서 그는 상대방은 물론 상대방을 지원하여 그의 방어를 돕기 위해서 합세한 자들에 의해서 자신의 생명이 박탈될 수 있는 상황에 처하게 된다. 나를 살해하려고 위협하는 자를 능히 살해할 수 있는 권리를 가져야 한다는 것은 합당하고도 정당하다. 왜냐하면 근본적인 자연법에 따라서 가급적 최대한 인간이 보존되어야 하겠지만, 모든 사람이 보존될 수 없을 때에는 무고한 자의 안전이 우선되어야 할 것이기 때문이다. 따라서 사람은 늑대나 사자를 죽일 수 있는 것과 마찬가지 이유로 자신에게 싸움을 걸어오거나 자신의 존재에 위협을 가하는 자들을 살해할 수 있다. 그런 사람들은 이성이라는 공통의 법에 구속되지

않고, 힘과 폭력의 규칙 이외에는 다른 어떠한 규칙에도 복종하지 않기 때문에 맹수, 곧 사람을 붙잡으면 죽일 것이 확실한 위험하고도 해로운 짐승으로서 취급되어 마땅하다.

17. 그러므로 다른 인간을 자신의 절대적인 권력 아래 놓고자 하는 자는 그렇게 함으로써 상대방과 전쟁상태에 들어가는 것이다. 그것은 상대방의 목숨을 해치고자 하는 의도를 선언한 것으로 이해되어야 마땅하다. 왜냐하면 나 자신의 동의 없이 나를 자신의 권력 아래 두고자 하는 자는 실제로 나를 제압했을 때 자신의 기분이 내키는 대로 이용하고자 할 것이며, 또 마음만 먹으면 나를 살해하고자 할 것이기 때문이다. 절대 권력이 힘으로 내 자유권에 반하는 것을 내게 강제하고자 하는 것, 곧 나를 노예로 만들고자 하는 것이 아니라면 어느 누구도 나를 자신의 절대적인 권력 아래 두고자 의도하지 않을 것이기 때문이다. 그러한 힘으로부터 자유롭다는 것이 나의 보존에 대한 유일한 대비책이며, 이성은 나를 보존하는 울타리에 해당하는 그 자유를 박탈하고자 하는 자를 나의 보존에 대한 적으로 취급할 것을 명한다. 그러므로 나를 노예로 만들고자 하는 자는 그렇게 함으로써 나와 전쟁상태에 들어가게 된다. 자연상태에서 모든 이가 가지고 있는 자유를 박탈하고자 하는 자는 모든 것을 빼앗고자 하는 의도를 가지고 있는 것으로 상정될 수밖에 없다. 자연상태에서는 자유가 그 밖의 모든 것의 기초이기 때문이다. 사회상태에서도 그 사회나 공동체의 성원들에게 속하는 자유를 빼앗고자 하는 자는 그들로

부터 그 밖의 모든 것을 빼앗고자 의도하는 것으로 상정되고, 그리하여 전쟁상태에 들어가는 것으로 간주되듯이 말이다.

18. 이러한 논리에 따르면, 어느 도둑[A]이 어떤 인간[B]을 해치려는 의도가 추호도 없이 또 목숨을 해치려는 의사를 그 사람[B]에게 표명하지 않은 채, 단지 그[B]로부터 그[B]의 돈이나 그 밖에 그 자신[A]이 원하는 것을 빼앗기 위해서 힘을 사용하여 그[B]를 그 자신[A]의 권력 아래 두고자 했다 할지라도 그[B]가 그 도둑[A]을 살해하는 것은 합법적이 된다.* 왜냐하면 그가 아무런 권리를 가지고 있지 않음에도 나를 그의 권력 아래 두고자 힘을 사용하는 것에 대해서, 그 사람의 동기가 무엇이든, 나로서는 나의 자유를 빼앗으려고 하는 자가 정작 그의 권력 아래 나를 두었을 때 그 밖의 모든 것을 빼앗아가지 않으리라고 상상할 아무런 이유가 없기 때문이다. 그렇기 때문에 나로서는 그를 전쟁상태에서 대치하게 된 자로 취급하는 것, 곧 가능하다면 그를 죽이는 것이 합법적이 된다. 전쟁상태를 개시하여 침략자가 된 자는 누구든 마땅히 자신을 그러한 위험에 노출시킨 셈이기 때문이다.

19. 일부 사람들이 그 차이를 혼동하기도 했지만,** 우리는 여기서 자연

---

* 비록 문장의 의미가 어렵지는 않지만, 본문에 너무나 많은 대명사가 나오기 때문에 독자의 이해를 돕기 위해서 [A]와 [B]를 첨가했다.
** 로크는 여기서 자연상태를 전쟁상태와 동일시하는 홉스를 지칭하는 것으로 보인다.

상태와 전쟁상태 간의 명백한 차이를 인식하게 된다. 두 상태는 평화, 선의, 상호부조 및 보존의 상태와 적의, 악의, 폭력 및 상호 파괴의 상태가 서로 다르듯이 현저히 다른 것이다. 사람들이 그들 간의 분쟁에 대해서 재판할 수 있는 권위를 가진 공통된 우월자를 지상에 가지지 못한 채 이성에 따라 사는 것은 당연히 자연상태이다. 그러나 구제를 호소할 수 있는 공통된 우월자를 지상에 가지지 못한 상태에서 다른 사람의 인신을 해치고자 힘을 사용하거나 그 의사를 표명하는 것은 전쟁상태다. 그리고 구제를 호소할 수 없는 곳에서 인간은 공격자에 대해서, 비록 그가 같은 사회에 사는 동료 신민이라 할지라도, 전쟁의 권리를 가진다. 그러므로 나는 내가 소중히 여기는 모든 것을 이미 훔쳐간 도둑에 대해서는 단지 법에 호소할 수 있을 뿐 달리 해를 가할 수 없지만, 그가 단지 나의 말(馬)이나 코트를 훔쳐가기 위해서이지만 급기야 나를 공격할 때, 나는 그를 죽일 수 있다. 왜냐하면 나의 보존을 위해서 제정된 법은 내게 정당방위와 전쟁의 권리, 곧 공격자를 살해할 수 있는 자유를 허용하기 때문이다. 다시 말해, 법은 현존하는 공격으로부터 내 생명을 보호하기 위해서 개입할 수 없을 때, 생명이란 일단 잃어버리면 결코 회복할 수 없으므로 그러한 자유를 허용하는 것이다. 그 공격자가 끼치는 손해가 회복 불가능할지도 모르는 상황에서 그 사태에 대한 치유책으로 우리의 공통된 재판관과 법의 결정에 호소할 시간적 여유가 없기 때문이다. 이처럼 권위를 가진 공통된 재판관의 부재는 모든 인간을 자연상태에 처하게 하는 한편, 정당한 이유 없이 인간의 인신을 해치기 위해서 힘을 사용하는 것은, 공통된 재판관이 있건 없건, 전쟁상태를 초래한다.

20. 그러나 일단 실제적인 힘의 사용이 끝나면, 같은 사회에 살면서 똑같이 법의 공정한 결정에 복종하는 당사자들 사이에서는 전쟁상태가 종료된다. 왜냐하면 그 경우에는 과거의 침해에 대해서 호소하고 미래의 해악을 방지할 치유책이 열려 있기 때문이다. 그러나 자연상태에서처럼 실정법이나 호소할 수 있는 권위를 가진 재판관이 없기 때문에 그러한 호소를 할 수 없는 곳에서 일단 개시된 전쟁상태는 무고한 자가 상대방을 언제라도 살해할 권리를 가진 채 지속된다. 적어도 공격자가 평화의 뜻을 표하고 그가 이미 가한 손해를 배상하며 무고한 자에게 미래의 안전을 보장하는 조건 아래에서 화해를 구할 때까지는 말이다. 그러나 법과 적절히 구성된 재판관에 대한 호소가 열려 있지만, 정의[재판]의 명백한 왜곡과 법의 뻔뻔한 곡해를 통해서 일부 사람들 또는 어떤 파벌의 폭력을 옹호하고 위법행위를 면책함으로써 적절한 치유책이 부정되는 곳에서는 전쟁상태가 아닌 다른 어떤 상태를 상상하기가 어렵다. 비록 그러한 사태가 정의를 시행하도록 임명된 자들에 의해서 저질러졌다고 할지라도, 폭력이 사용되고 침해가 일어난 곳이라면 어디서든, 그것은 엄연히 폭력이자 침해이기 때문이다. 그런 행위가 비록 법의 이름, 형태, 명분으로 포장되었다 할지라도 법의 목적은 그 아래에 있는 모든 사람들에게 편견 없이 적용됨으로써 무고한 자를 보호하고 보상하는 것이기 때문이다. 따라서 그러한 조처가 성실하게 이루어지지 않는 곳에서는

고통을 겪는 자는 전쟁상태에 놓이게 되며, 그들은 지상에서 이를 시정하기 위해서 호소할 데가 없다. 그러한 경우에 그들은 하늘에 호소하는 길밖에 없다.

21. 이러한 전쟁상태(하늘에 호소하는 길밖에 없는 상태 그리고 사람들 간의 분쟁을 판정할 권한이 있는 자가 없는 곳에서는 아무리 사소한 시비라 할지라도 결국 도달하기 마련인 상태)를 피하려는 것이 사람들이 사회를 결성하고 자연상태를 떠나는 커다란 이유 중 하나이다. 왜냐하면 호소를 통해서 구제를 기대할 수 있는 권위, 곧 지상의 권력자가 있는 곳에서는 전쟁상태의 지속이 중지되고 분쟁이 그 권력에 의해서 판정되기 때문이다. 이스라엘의 입다와 암몬 사람들 간에 누가 옳은지를 판정할 수 있는 그러한 법정, 곧 지상에서 우월한 통치권(jurisdiction)을 가진 자가 있었더라면, 그들은 결코 전쟁상태에 이르지 않았을 것이다. 그러나 그렇지 않았기 때문에 우리는 입다가 하늘에 호소하지 않을 수 없었다는 점을 이해하게 된다. (그는 말하기를) "심판자 야훼께서 오늘 이스라엘 백성들과 암몬 백성 사이를 판가름해주시기를 바라나이다"(「판관기」, 제11장 제27절). 그리고 나서 그는 상대의 죄를 하늘에 호소하고 그 호소에 의지하여 군대를 인솔하고 싸움터로 나아갔다. 그렇기 때문에 '누가 심판자가 될 것인가'라는 질문이 제기되는 그러한 분쟁에서 그 질문이 '누가 그 분쟁을 판정할 것인가'를 의미하는 것으로 이해되어서는 안 된다. 모든 사람이 여기서 입다가 우리에게 '심판자 야훼께서' 심판하

시리라고 말하고 있다는 점을 알기 때문이다. 지상에 아무런 심판자가 없는 경우에 호소는 하늘에 하는 것이다. 그렇다면 그 질문[누가 심판자가 될 것인가?]은 '다른 사람이 나와 전쟁상태에 돌입하게 되었는지 그렇지 않은지 그리고 그 경우에 내가 입다가 그랬던 것처럼 하늘에 호소해도 되는지 그렇지 않은지를 누가 심판할 것인가'를 의미하는 것일 수 없다. 그러한 질문들에 대해서는 내가 최후의 심판일에 모든 인간의 최고의 심판자에게 답변하듯이, 오직 나 자신만이 스스로의 양심에 따라서 심판자가 될 수 있을 뿐이다.

제4장

노예상태에 관하여

22. 인간의 자연적 자유란 지상의 우월한 권력으로부터 자유로운 것으로서 타인의 의지나 입법적 권위에 종속되지 않고 오로지 자연법만을 자신의 준칙으로 삼는 것이다. 사회에서 인간의 자유란 국가(common-wealth)에서 동의에 의해서 설립된 입법권 이외에는 어떠한 입법권에도 종속되지 않는 것이며, 또한 그 입법부가 위임받은 신탁에 따라 제정한 법 이외에는 어떠한 의지의 지배나 어떠한 법의 제약에도 종속되지 않는 것이다. 그렇다면 자유란, 로버트 필머 경이 우리에게 말하는 것처럼, "사람마다 각자 하고 싶은 대로 행동하고, 기분 내키는 대로 살며, 어떠한 법에도 구속되지 않는 자유"*가 아니다. 정부 아래에서 인간의 자유란 일정한 규칙, 곧 그 사회에서 설립된 입법권에 따라 제정되고 그 사회

---

* Robert Filmer, *Observations upon Aristotle's Politiques Touching Forms of Government*, 1652, p. 55.

의 모든 사람에게 적용되는 공통된 규칙에 따라 사는 것이다. 그 규칙이 규정하지 않는 모든 사안에서는 나 자신의 의지를 따르는 자유, 즉 다른 인간의 변덕스럽고, 불확실하고, 알려지지 않은 자의적 의지에 종속되지 않는 자유이다. 자연적 자유가 자연법 이외에는 어떠한 구속 아래도 있지 않듯이 말이다.

23. 절대적이고 자의적인 권력으로부터의 이러한 자유는 인간의 생존에 필수적이고 또한 밀접하게 결부되어 있기 때문에, 인간은 그 자신의 보존과 생명의 몰수를 자초하는 행위에 의하지 않고서는 그것을 양도할 수 없다. 인간은 자신의 생명에 대한 권력(power)을 가지고 있지 않기 때문에 협정이나 그 자신의 동의에 의해서 어느 누군가의 노예가 될 수 없으며, 또한 다른 사람이 기분 내키는 대로 그의 생명을 박탈할 수 있는 절대적이고 자의적인 권력에 그 자신을 내맡길 수 없다. 어떤 사람도 자신이 가진 것보다 더 많은 권력을 내줄 수 없으며, 따라서 자신의 생명을 박탈할 수 없는 사람은 다른 사람에게 그러한 권력을 내줄 수도 없기 때문이다. 실로 어떤 사람이 과오에 의해서, 곧 죽어 마땅한 어떤 행위에 의해서 자신의 생명을 몰수당하게 된 경우에, 그의 생명을 몰수할 수 있게 된 자는 (상대방이 자신의 권력 아래 있는 동안) 그 목숨을 취하는 것을 연기하고, 상대방으로 하여금 노무를 제공하게 할 수 있는데, 그럼으로써 그는 그 상대방에게 어떤 해를 가하는 것이 아니다. 왜냐하면 상대방은 노예로서의 고통이 생명의 가치보다 더 큰 경우에는 언제나,

주인의 의지에 저항함으로써 자신이 원하는 죽음에 이를 수가 있기 때문이다.

24. 이것이 노예상태의 전형적인 조건이다. 이러한 상황은 합법적인 정복자와 포로 사이에 지속되는 전쟁상태와 다르지 않다. 왜냐하면 일단 그들 사이에 협정이 맺어지게 되어 한편은 제한적인 권력을 사용하고 다른 편은 복종하기로 합의를 하게 되면, 전쟁과 노예의 상태는 그 협정이 지속되는 동안 중지되기 때문이다. 그것은 이미 언급한 것처럼 어떤 사람도 다른 사람에게 그 자신이 가지지 않은 것, 그 자신의 생명에 대한 권력을 합의에 의해서라도 양도할 수 없기 때문이다.

나는 과거에 다른 민족들이나 유대민족의 경우 사람들이 스스로를 판 적이 있다는 사실을 인정한다. 그러나 그것이 노예로 사용되기 위해서가 아니라 단지 고된 노동에 종사하기 위해서였다는 점은 분명하다. 왜냐하면 팔린 사람이 절대적, 자의적, 전제적(despotical)* 권력 아래 있지

---

* 로크는 'despotical'(despot, despotism; 전제적 또는 가부장적)과 'tyrannical'(tyrant, tyranny; 참주적)을 엄밀히 구분하여 사용하지 않는다. 오늘날의 영어 역시 마찬가지로 양자를 면밀히 구분하지 않는다. 아마도 '통치자 자신의 이익을 위해 법에 구애받지 않고 처벌과 폭력의 위협으로 지배'하는 양상이 양자에 공통적이기 때문에 구분하지 않은 것 같다. 하여 옮긴이 역시 본문에서 양자를 구분하지 않고 '전제적,' '폭정' 또는 '폭군' 등으로 옮겼다. 다만 고대 그리스어에서 전자(despotism)는 주인이 노예와 하인에게 군림하는 것과 같은 가부장적 지배형태를 지칭하기 위해 본래 사용되었고, 후자는 폴리스에서 민중(demos)이나 일부 파벌의 지지를 받아 또는 변칙적인 방법으로 권력을 장악한 지배형태를 지칭하기 위해 본래 사용되었다. 추가적인 설명에 대해서는 제18장 '폭정에 관하여'를 참조할 것.

않았다는 점은 명백하기 때문이다. 왜냐하면 주인은 팔린 사람을 언젠가는 노무로부터 해방시켜주어야 하므로 그를 언제든지 죽일 수 있는 권력을 가지고 있지 못하기 때문이다. 아울러 그러한 하인을 둔 주인은 그의 생명에 대해서 자의적인 권력을 전혀 가지고 있지 않기 때문에 기분이 내키는 대로 그를 손상시킬 수도 없었으며, 눈이나 이[齒]를 하나라도 잃게 만든 경우에는 그를 석방하지 않을 수 없었다(「출애굽기」, 제21장).

제5장

재산*에 관하여

25. 자연의 이성에 따르면 인간은 일단 태어나면 자신의 보존에 대한 권리, 따라서 고기와 음료, 기타 자연이 생존을 위해서 제공해 준 것에 대한 권리를 가진다고 가르친다. 또한 계시 [『성서』]에 따르면, 세계는 신이 아담에게 그리고 노아와 그의 아들[후손]들에게 하사한 것으로 설명되고 있다. 이를테면 다윗 왕이 신은 "땅을 사람들에게 주셨도다"(구약성서 「시편」, 제115장 제16절)라고 말하는 것처럼 신이 그것을 인류에게 공유물로 준 것은 명백하다. 그러나 이 점을 가정하면 대체 어떤

---

* 제5장의 제목은 'Of Property'이다. 로크는 『두 번째 논고』에서 재산(property)을 일반적으로 두 가지 의미에서 사용하고 있다. 광의의 재산은 '생명, 자유, 자산(life, liberty, estate)'을 총칭하는 의미를 지니고 있으며, 협의의 재산은 '경제적 재화'를 지칭하는 의미를 담고 있다. 그리고 후자의 의미에서 '재산'은, 우리말의 소유(권)와 중첩된 의미를 지니고 있다. 특히 제5장에서 'property'는 소유권을 의미할 때가 많다. 그렇기 때문에 대다수 국내 번역본은 제5장을 '소유권에 관하여'로 옮기는 것이 관행이다. 옮긴이 역시 제5장에서 경제적 재화로서 'property'를 소유권으로 옮기는 경우가 많겠지만, 제5장의 제목 자체는 일반적 의미를 유지하기 위해 '재산에 관하여'로 옮겼음을 밝혀둔다.

사람이 어느 사물에 대해서 대체 어떻게 소유권을 가지게 되었는가라는 질문은 적지 않은 사람들을 매우 난처한 처지로 몰아넣는 것처럼 보인다. 이 질문에 대해서는 다음과 같은 답변이 제시되기도 한다. 즉, 그 답변은 신이 아담과 그의 후손들에게 이 세계를 공유물로 주셨다는 가정에 입각해서 소유권을 입증하기가 어렵다는 점을 받아들인다면, 신이 나머지 후손들을 제외하고 오직 아담과 그의 직계 상속자들에게만 이 세계를 주었다는 가정에 따라 오직 한 사람의 보편적인 군주를 제외한 다른 어떤 사람이 소유권을 가진다는 것은 애초에 불가능하다는 것이다. 그러나 나는 이러한 답변에 만족하지 않는다. 따라서 나는 신이 인류에게 공유물로 준 대지의 여러 곳에서 사람들이 어떻게 해서 소유권을 가지게 되었는가를, 그것도 공유자들 간의 명시적인 협정이 없이 가지게 되었는가를 밝혀보려고 시도하겠다.

26. 사람들에게 세계를 공유물로 주신 하느님은 또한 그들에게, 삶에 최대한 이득이 되고 편익에 봉사하도록 세계를 이용할 수 있는 이성을 주었다. 대지(the earth)와 그것에 속하는 모든 것은 인간의 부양과 안락을 위해서 모든 인간에게 주어진 것이다. 그리고 대지에서 자연적으로 산출되는 모든 과실과 대지가 먹여 살리는 짐승들은 자연적인 작용에 의해서 산출되기 때문에 인류에게 공동으로 속한다. 따라서 그러한 것들이 자연적인 상태에 남아 있는 한, 그것들에 관해 어느 누구도 처음부터 다른 사람을 배제하는 사적인 지배권을 가지지 않았다. 하지만 사람들에게

이용하도록 주어진 이상, 그것들을 특정한 사람이 일정한 용도에 맞게 사용하거나 그것으로부터 이득을 얻기 위해서는 이러저러한 방법으로 수취할 수 있는 수단이 있어야 마땅하다. 인클로저(inclosure)*에 대해서 전혀 모르며 여전히 공유지를 빌려 쓰는 데 불과한 야생의 인디언의 경우, 그를 먹여 살리는 과일이나 사슴고기가 그의 삶을 지탱하는 데 유용한 것이 되려면, 먼저 그의 것이 되어야 한다. 다른 사람은 그것에 대해서 더 이상 어떠한 권리도 가지고지 않는 그 자신의 일부, 그의 것이 되어야 한다.

27. 비록 대지와 모든 열등한 피조물은 만인의 공유물이지만, 그러나 모든 사람은 자신의 인신(person)에 대해서는 소유권을 가지고 있다. 이것에 관해서는 그 사람 자신을 제외한 어느 누구도 권리를 가지고 있지 않다. 그의 신체의 노동과 손의 작업은 당연히 그의 것이라고 말할 수 있다. 그렇다면 그가 자연이 제공하고 그 안에 놓아둔 것을 그 상태에서 꺼내어 거기에 자신의 노동을 섞고 무엇인가 그 자신의 것을 보태면, 그럼으로써 그것은 그의 소유가 된다. 그것은 그에 의해서 자연이 놓아둔 공유의 상태에서 벗어나, 그의 노동이 부가한 무엇인가를 가지게 되며, 그 부가된 것으로 인해서 그것에 대한 타인의 공통된 권리가 배제된다. 왜냐하면 그 노동은 노동을 한 자의 소유물인 것이 분명하므로, 타인

---

* 공유지를 사유지로 만들기 위해서 울타리로 둘러싸는 것.

이 아닌 오직 그만이, 적어도 그것 이외에도 다른 사람들을 위한 공유물들이 충분히 남아 있는 한, 노동이 첨가된 것에 대한 권리를 가질 수 있기 때문이다.

28. 떡갈나무 밑에서 자신이 주운 도토리나 숲속의 나무에서 딴 사과를 섭취한 사람은 확실히 그것들을 그 자신의 것으로 수취한 사람이다. 어떤 사람도 섭취한 것이 그의 것임을 부인할 수 없다. 그렇다면 나는 묻겠다. 언제부터 그의 것이 되었는가? 그가 소화했을 때? 아니면 그가 먹었을 때? 아니면 그가 삶아서 익힌 때? 아니면 그가 그것들을 집에 가져왔을 때? 아니면 그가 그것들을 주웠을 때? 그런데 그가 그것들을 처음으로 주워 모았을 때 그의 것이 되지 않았다면, 그 밖의 다른 어떤 행위도 그것들을 그의 것으로 만들 수 없었을 것이라는 점은 분명하다. 그러한 노동이야말로 그것들과 공유물 간의 구별을 가져온다. 노동이 만물의 공통된 어머니인 자연보다 더 많은 무엇을 그것들에 첨가한 것이다. 그리하여 그것들은 그의 사적인 권리가 된다. 그런데 누군가가 그렇게 수취한 도토리나 사과에 대해서, 그는 그것들을 자신의 것으로 만들기 위해서 필요한 모든 인류의 동의를 받지 않았기 때문에 아무런 권리가 없다고 말할 것인가? 모든 사람에게 공통으로 속하는 것을 자신이 그렇게 취하는 것은 강탈행위인가? 만약 그런 동의가 필요했더라면, 인간은 신이 모든 것을 충분히 주었음에도 불구하고 이미 굶어죽었을 것이다. 협정에 의해서 공유지로 남아 있는 것에서 소유권이 시작되는 것은 바로

공유물의 어떤 부분이든 그것을 취해서 자연이 남겨둔 상태로부터 꺼내는 것이라는 점을 우리는 알고 있다. 그러한 일이 없다면 공유지는 아무런 소용이 없다. 그리고 어떤 부분을 떼어 가지는가는 모든 공유자의 명시적인 동의에 의존하지 않는다. 따라서 나의 말이 뜯어먹는 풀, 내 하인이 떼어온 잔디의 뗏장, 내가 다른 사람과 공유권을 가지고 있는 지역에서 내가 채취한 광물은 다른 사람의 양도나 동의 없이도 나의 소유물이 된다. 나 자신의 것인 노동이 그것들을 원래의 공유상태에서 제거함으로써 나의 소유권을 그것들에 설정한다.

29. 만약 사람들이 공유로 주어진 것의 일부분을 취득하는 데 모든 공유자의 명시적인 동의를 필요로 한다면, 자식들이나 하인들은 그들의 아버지나 주인이 각자에게 특정 부분을 할당하지 않고 그들에게 공유로 준 고깃덩어리를 자를 수 없게 될 것이다. 샘에 흐르는 물은 모두의 것이지만, 주전자에 있는 물은 그 물을 담은 사람의 것이라는 사실을 누가 의심하겠는가? 그의 노동이 그 물을 모든 인간에게 똑같이 속한 공유물이었던 자연의 수중에서 꺼내어 그의 것으로 수취하게 만든 것이다.

30. 이러한 이성의 법에 따라 사슴은 그것을 죽인 저 인디언의 것이 된다. 이전에 사슴은 모든 이의 공통된 권리였지만, 이제 그것에 그의 노동을 첨가한 사람의 재물이 되는 것이 허용된다. 그리고 이른바 문명화된 인류에 속하는 것으로 생각되어온 사람들, 곧 소유권을 결정하기 위해서

실정법을 제정하고 증가시켜온 사람들 간에도 소유권의 시작에 관한 이러한 원초적 자연법은 여전히 유효하다. 그리고 이러한 자연법에 따라 어떤 사람이 아직도 인류의 공동재산으로 남아 있는 저 거대한 대양에서 잡은 물고기 또는 거기서 추출한 어떤 용연향(龍涎香)*은, 그것을 자연이 남겨둔 공유상태에서 꺼낸 노동으로 그러한 수고를 한 사람의 소유가 된다. 그리고 심지어 우리들 사이에서도 어떤 사람이 사냥을 하고 있는 산토끼는 그것을 쫓고 있는 사람의 것으로 생각된다. 왜냐하면 [그 상태에서 산토끼는] 여전히 공유물로 간주되고 있는 야생동물이고 어떤 사람의 사유물이 아니지만, 그것을 발견하고 잡기 위해서 그것에 그토록 많은 노동을 지출한 사람은 누구든지 그런 행동을 통해서 산토끼를 공유상태인 자연상태로부터 분리시켜 소유물로 삼기 시작했기 때문이다.

31. 이러한 견해에 대해서는 아마도 다음과 같은 반론이 제기될 법하다. 만약 대지의 도토리나 다른 과실 등을 주워 모으는 것이 그것들에 대한 권리를 준다면, 누구든지 그가 원하는 만큼 많은 양을 독점하게 될 것이라는 반론이 그것이다. 이에 대해서 나는 그렇지 않다고 답변하겠다. 우리에게 이런 수단을 통해서 소유권을 부여하는 동일한 자연법이 또한 그 소유권을 제한하기 때문이다. "하느님은 우리에게 모든 것을 풍성히 주셔서 즐기게 해주시는 분이십니다"(「디모테오에게 보낸 첫째 편지」,

---

* 고래의 뇌에서 짜낸 향료.

제6장 제17절)라는 구절은 영감에 의해서 확인된 이성의 목소리다. 그런데 하느님은 우리에게 얼마나 주셨는가? 즐길 수 있는 만큼. 어느 누구든지 그것이 썩기 전에 삶에 이득이 되도록 사용할 수 있는 만큼만 주셨다. 곧 그가 자신의 노동에 의해서 자신의 소유로 확정할 수 있는 만큼 주셨던 것이다. 그것보다 더 많은 것은 그의 몫을 넘어서며, 다른 사람의 몫에 속한다. 하느님은 그 어떤 것도 인간이 썩히거나 파괴해버리도록 하지는 않았다. 오랫동안 세계에는 자연이 제공하는 것이 풍성하게 존재했고 그 사용자는 적었다. 그리하여 한 인간이 자신의 근면으로 그 풍성함의 일부분을 차지하더라도 다른 사람에게 손해가 될 정도로 그것을 독점하는 경우란 거의 없었다. 특히 이성에 의해서, 그의 사용에 이바지하는 정도로 정해진 한계를 지킨다는 점을 고려할 때 말이다. 이러한 점을 고려할 때 그렇게 설정된 소유권을 둘러싼 분쟁이나 다툼이 일어날 여지란 거의 없었던 것이다.

32. 그러나 이제 와서는 소유권의 주된 대상이 대지에서 나오는 과실 또는 거기 사는 짐승들이 아니라 그것들이나 다른 모든 것을 담고 있는 대지 자체가 되어가고 있다. 대지에 대한 소유권도 전자와 마찬가지 방법으로 획득되는 것이 명백하다고 생각한다. 한 인간이 개간하고 파종하고 개량하고 재배하고, 그 산물을 사용할 수 있는 만큼의 토지가 그의 소유이다. 그는 자신의 노동을 통해서, 이를테면, 그것을 공유지로부터 떼어내어 울타리를 친 셈이다. 이에 대해 모든 사람이 그 토지에 대한

평등한 권리를 가지고 있고, 또 그렇기 때문에 어느 누구든 공유자인 모든 인류의 동의가 없이는 토지를 수취하거나 울타리를 쳐서 자기 것으로 만들 수 없다고 말하는 반론도 있겠지만, 그 반론이 그의 권리를 무효로 만들지는 않을 것이다. 하느님이 세계를 모든 인류에게 공유로 주셨을 때, 그는 인간에게 또한 노동할 것을 명했고, 인간은 자신이 처한 궁핍한 상황으로 인해서 노동하지 않을 수 없었다. 이처럼 하느님과 인간의 이성은 인간에게 대지를 정복할 것, 곧 삶에 이익이 되도록 대지를 개량하고 대지에 그 자신의 것인 그의 노동을 첨가할 것을 명했다. 하느님의 이러한 명령에 복종하여 대지의 일부를 경작하고 씨를 뿌린 사람은 그것을 통해서 그의 소유인 무엇인가를 그 토지에 첨가한 셈이다. 따라서 다른 사람은 그것에 대한 아무런 권리를 주장할 수 없으며, 그에게서 그것을 빼앗고자 한다면 그의 권리를 침해하는 것이 된다.

33. 이런 식으로 토지를 개량함으로써 그 일부를 수취하는 것은 그 밖의 다른 사람들에게 아무런 피해가 되지 않는다. 왜냐하면 여전히 충분한 좋은 토지가 남아 있고, 아직 토지를 가지지 못한 자가 사용할 수 있는 것보다 더 많은 토지가 남아 있기 때문이다. 그리하여 결과적으로 어떤 사람이 울타리를 치는 행위로 인해서 다른 사람에게 토지가 적게 남아 있는 일이란 있을 수 없다. 왜냐하면 다른 사람이 사용할 수 있을 만큼 많이 남겨놓은 사람은 전혀 아무 것도 취하지 않은 것이나 마찬가지이기 때문이다. 어떤 사람도 다른 사람이 물을 많이 퍼마셨다고 해서 피해를

입는다고 생각할 수 없다. 왜냐하면 그에게는 갈증을 충분히 만족시킬 수 있는 강물이 전과 다름없이 남아 있기 때문이다. 따라서 토지든 물이든 둘 다 충분히 남아 있는 경우라면 사정은 전적으로 동일하다.

34. 신은 사람들에게 세계를 공유물로 주었다. 그러나 신은 사람들이 그것으로부터 취할 수 있는 이익과 최대한의 편익을 위해서 세계를 준 것이기 때문에, 그것이 항상 공유로 그리고 개간되지 않은 상태로 남아 있어야 하는 것이 신의 의도라고 상정할 수는 없다. 신은 세계를 근면하고 합리적인 자들이 사용하도록 주었지 (그리고 노동은 그것에 대한 자격을 부여한다), 시끄럽고 싸우기 좋아하는 자들의 변덕과 탐욕을 위해서 준 것이 아니었다. 다른 사람이 이미 취득한 것 이상으로 개간하기에 충분한 양의 토지가 자신에게 남겨진 사람은 불평할 아무런 이유가 없으며, 이미 다른 사람의 노동으로 개간된 것에 참견해서도 안 된다. 만약 불평한다면, 그는 자신이 아무런 권리를 가지지 않는, 타인이 수고한 대가를 원한다는 점이 명백하다. 아울러 그러한 태도는 신이 다른 사람들과 공동으로 노동하도록 그에게 준 토지를 바라지 않는다는 점을 명백히 보여준다. 토지는 타인이 이미 소유한 것 이상으로, 그가 처분하기 힘겨울 정도로 그리고 그 자신의 근면함이 다 미칠 수 없을 정도로 충분히 많이 남아 있기 때문이다.

35. 영국이나 기타 다른 나라들에서는 일정한 정부 아래서 화폐를 매개

로 하여 상업에 종사하는 많은 사람들이 살고 있다. 그런 곳에서는 어떤 사람이든지 공유지의 일부분을 다른 모든 동료 공유권자들의 동의 없이 울타리를 치거나 자기의 소유로 취할 수 없는 것이 사실이다. 왜냐하면 이것은 협약, 곧 위반해서는 안 되는 그 나라의 법에 의해서 공유지로 남아 있기 때문이다. 그리고 비록 그것이 일부 사람들에 대해서는 공유지이지만, 모든 인류에게 그런 것은 아니다. 그것은 이 나라 또는 이 교구의 공동재산이다. 게다가 그렇게 울타리를 친 후에 남은 땅은 나머지 공유자들에게, 그들 모두가 공유지 전부를 사용할 수 있었을 때 그랬던 것만큼 충분하지는 않을 것이다. 반면에 세계의 거대한 공유지에 최초로 사람들이 살기 시작했을 때는 사정이 매우 달랐다. 인간을 지배하는 법은 토지의 수취를 오히려 권장하는 편이었다. 신은 인간에게 노동을 명했고, 인간은 궁핍으로 인해서 노동을 하지 않을 수 없었다. 그가 노동을 투하한 곳이 어디든 그곳은 그에게서 빼앗을 수 없는 그의 재산이었다. 그러므로 대지를 개간하거나 경작하는 것과 그것을 지배하는 것은 우리가 보는 것처럼 서로 연관되어 있었다. 전자는 후자에게 정당한 권리를 부여했다. 그리하여 신은 인간에게 [대지를] 정복[개간]하라고 명함으로써 정복한 만큼 수취할 수 있는 권능(authority)을 주었다. 그리고 노동은 물론 작업을 할 물자를 필요로 하는 인간의 삶의 조건 때문에 필연적으로 사유재산이 발생하게 되었다.

36. 자연은 소유권의 한도를 인간의 노동의 정도와 삶의 편익에 따라서

적절하게 규정한다. 어떤 사람의 노동도 모든 것을 정복하거나 수취할 수는 없다. 또한 그가 향유하여 소비할 수 있는 것도 매우 적은 양에 불과하다. 그러므로 어떤 사람이 다른 사람의 권리를 침해하거나 그의 이웃에 피해가 될 정도로 소유권을 취득하는 것은 불가능했다. 그의 이웃은 (타인이 그 자신의 몫을 취한 후에도) 여전히 수취되기 전과 마찬가지로 양호한 그리고 충분한 소유물을 차지할 수 있는 여지가 남겨져 있었기 때문이다. 이러한 한도는 모든 사람의 소유를 매우 적절한 정도로, 곧 태초에는 어떤 사람에게도 피해를 입히지 않고 그 자신이 수취할 수 있는 정도로 제한했다. 그 당시 사람들은 경작할 땅이 없어서 궁핍에 처하기보다는 그들의 동료로부터 이탈하여 광야에서 방황하다가 목숨을 잃어버릴 위험에 더 많이 처해 있었다. 오늘날에는 세계가 사람들로 가득 찬 것으로 보이지만, 이러한 동일한 기준을 적용한다 할지라도, 여전히 어느 누구에게도 해를 끼치지 않을 것이다. 최초에 아담이나 노아의 자식들이 세계에 정주하게 되었을 때의 한 인간이나 한 가족을 상상해보면 된다. 그가 아메리카 내륙의 빈 땅에 정착한다고 하자. 그러면 우리는 앞서 우리가 정한 기준에 따라 그가 취할 수 있는 소유물이 그렇게 많지 않을 것이라는 점을 발견할 것이다. 심지어 오늘날에도 그가 취한 소유물로 여타 인류가 피해를 입거나 불평을 하거나 그 사람의 침입으로 손해를 입었다고 생각할 이유가 없다는 점을 발견할 것이다. 비록 인간의 종족이 이제는 세계의 구석구석에 퍼져 있고, 태초에 얼마 안 되던 인구 수를 엄청나게 초과하게 되었지만 말이다. 아니, 토지의 크기란 노동 없이는 별로 가치가 없다. 그렇기 때문에 나는 스페인 본국에서 어떤 사람이 자신이 사용한다는 사실 이외에 아무런 권리가 없는 토지를 별다른 방해 없이 개간하고 씨를 뿌리고 수확하는 일이 인정된다고 들었다. 오히려 그와 반대로[토지의 개간으로 손해를 보았다고 생각하는 것과 반대로] 주민들은 자신들이 그[토지를 개간한 사람]에게 은혜를 입고 있다고 생각한다고 한다. 왜냐하면 그 사람은 소홀히 취급되어 버려진 토지에 자신의 근면을 바쳐서 그들이 원하던 곡물의 수확량을 증대시켰기 때문이다. 그런데 사실이 그렇다 할지라도 이는 내가 강조하고자 하는 바가 아니다. 나는 다음과 같은 점을 감히 대담하게 주장하고자 한다. 화폐를 발명하고 묵시적 합의를 통해서 그것에 가치를 부여하고자 하는 인간들이 (동의를 통해서) 대규모의 재산과 그것에 대한 권리를 도입하지 않았더라면, 재산에 관한 동일한 규칙, 곧 모든 사람은 자신이 사용할 수 있는 만큼 소유해야 한다는 규칙은 여전히 유효하게 남아 있을 수 있었을 것이다. 세계에는 현재 거주민의 두 배를 부양하기에 충분한 땅이 있어서 어느 누구도 그로 이내 궁핍해지지 않을 것이기 때문이다. 어떻게 해서 이런 사태가 발생하게 되었는가에 대해서는 나중에 좀 더 상세하게 밝히겠다.

37. 태초에 인간은 자신이 필요로 하는 것보다 더 많은 것을 가지고자 하는 욕구가 없었고, 이에 따라 사물의 본래적 가치는 오직 인간의 삶에 대한 유용성에 따라 결정되었다. 또 인간은 아직 마모되거나 썩지 않고

보존될 수 있는 황금색의 작은 금속 조각이 커다란 고깃덩어리 또는 곡물 한 더미만큼 가치를 가진다고 합의하지도 않았다. 따라서 인간은 노동을 통해서 각자가 사용할 수 있는 만큼 충분히 자연이 제공한 것들을 수취할 수 있는 권리를 가졌다. 하지만 예전과 다름없는 풍성함이 항상 남겨진 곳에서 근면을 통해서 이용할 수 있는 권리는 누구에게나 대수롭지 않게 여겨졌고 또다른 사람에게 손해를 끼치는 것도 아니었다. 게다가 자신의 노동으로 토지를 수취하는 사람은 인류의 공동자산의 가치를 줄이는 것이 아니라 오히려 증대시키는 것이라는 논점을 덧붙일 필요가 있다. 인간의 삶을 부양하기 위해서 [공유지에서 떼어내어] 울타리를 쳐서 경작한 1에이커의 토지에서 생산되는 식량은 똑같은 비옥도를 가졌지만 개간되지 않은 채 공유지로 방치된 1에이커의 토지에서 생산되는 양의 10배 이상이나 되기 때문이다. 그렇기 때문에 울타리로 막은 10에이커의 토지로부터 대단히 많은 삶의 편익을 얻는 사람은 자연에 방치된 100에이커의 토지로부터 동일한 편익을 얻는 자보다 실로 90에이커의 토지를 인류에게 되돌려주고 있는 셈이라고 말할 수 있다. 왜냐하면 이제 그는 놀고 있는 공유지 100에이커의 토지에서 나오는 생산량에 해당하는 식량을 노동을 통해서 10에이커의 토지로부터 공급받기 때문이다. 여기서 나는 개간된 토지와 미개간된 토지의 생산물의 비율을 10 : 1로 잡음으로써 매우 낮게 평가했는데, 실제로는 그 비율이 거의 100 : 1에 가깝다. 왜냐하면 우리는 다음과 같은 질문을 던질 수 있기 때문이다. 아메리카 대륙의 천연림의 경작되지 않은 황무지에 개간, 개량, 농경 없이 자연에 방치된 1,000에이커의 토지가 궁핍하고 가난한 원주민들에게 제공하는 삶의 편익이, [영국의] 데본셔에서 동일한 비옥도의 잘 개간된 100에이커의 토지가 제공할 수 있는 것만큼 많다고 말할 수 있겠는가?

토지의 수취가 발생하기 이전에도, 가급적 많은 야생의 과일을 모으거나, 많은 짐승들을 죽이거나, 사로잡거나, 길들인 사람은 자연발생적인 생산물에 자신의 노동을 투입함으로써 자연이 방치한 상태로부터 어떤 방식으로든 변경을 가하는 등 노고를 들인 사람이다. 그는 그런 행위로써 그것들에 대한 소유권을 취득했다. 그러나 그가 소지하게 된 것들이 적절히 사용되지 않고 상하게 되면, 곧 그가 소비하기 전에 과일이 썩거나 사슴고기가 상하게 되면, 그는 공통의 자연법을 위반한 것으로 처벌받게 된다. 그는 이웃의 몫을 침해한 것이다. 왜냐하면 그는 그가 사용할 수 있는 것 그리고 그에게 삶의 편익을 제공할 수 있는 것보다 더 많은 것을 가질 권리를 결코 가지고 있지 않기 때문이다.

38. 동일한 기준이 토지의 소유에도 적용되었다. 어떤 사람이 토지를 개간하고, 수확하고, 저장하고, 상하기 전에 사용한 것은 무엇이든지 그의 고유한 권리이다. 그가 토지를 울타리로 둘러싸서 가축을 기르고 생산물을 사용하면, 그 가축과 생산물 역시 그의 것이다. 그러나 그가 울타리를 친 부분의 잔디가 땅 위에서 썩거나 그가 울타리를 쳤다 하더라도 그 부분의 토지는 여전히 황무지로 간주되어야 할 것이다. 또한 그가 심은 나무에서 열린 과일이 채취되어 저장되지 않고 상해버린다면, 그것

은 다른 누군가의 소유물이 될 수도 있을 것이다. 따라서 최초에 카인은 그가 개간할 수 있는 만큼 많은 땅을 취득하여 자신의 땅으로 만들었고, 그럼에도 아벨이 양을 키우기에 충분한 만큼 남겨둘 수 있었다. 단지 몇 에이커의 땅만으로도 두 사람의 소유를 충족시키기에 충분했던 것이다. 그러나 가구 수가 늘어나고 근면을 통해서 사람들의 자산이 확대됨에 따라, 사람들의 소유물은 그들의 필요와 더불어 확대되었다. 하지만 그들이 사회를 결성하고 서로 모여 살며 도시를 건설하기 이전에는 아직 그들이 활용한 땅에 대해서 소유권이 확정적으로 형성되지 않았다. 그런데 시간이 흐르자 동의를 통해서 그들은 상이한 영토적 경계를 확정하게 되었고 그들과 이웃 간의 경계에 관해 합의하게 되었으며, 그들 내부적으로는 법을 통해서 동일한 사회 성원들의 소유권을 확정지었다. 왜냐하면[곧바로 소유권이 확정되지 않았던 이유는] 최초에 사람들이 살기 시작하여 인구가 가장 많았던 지역에서도, 심지어 아브라함이 살던 비교적 후세에 이르러서도, 사람들은 그들의 자산인 가축의 떼를 끌고 이곳저곳 자유롭게 떠돌아다녔기 때문이다. 그리고 이런 식으로 아브라함은 그 자신이 이방인이던 나라에서 떠돌아다녔다. 따라서 적어도 대부분의 토지가 공유로 남아 있었고, 주민들이 그것을 소중하게 생각하지 않았으며, 자신들이 사용하던 것보다 더 많은 양의 토지에 대해서 소유권을 주장하지 않았다는 점은 분명하다. 그러나 동일한 장소에 그들의 가축을 함께 방목할 충분한 공간이 없어졌을 때, 그들은 「창세기」(제13장 제5절)에서 아브라함과 롯이 그랬던 것처럼 동의를 통해서 목초지를 서로 분리하여 그들의 마음에 드는 곳으로 확장해 나갔던 것이다. 동일한 이유로 에사오(Esau)는 아버지 및 형제로부터 떠나 세일 산에 거주하게 되었다(「창세기」, 제36장 제6절).

39. 그러므로 [앞에서 언급했던 것처럼] 아담이 다른 모든 사람을 배제한 채 전 세계에 대해 사적인 지배권이나 소유권을 가졌다고 가정하는 것은 이제 그만 두자. 그것은 입증될 수도 없고 다른 사람의 소유권이 그런 가정에서 비롯될 수 없기 때문이다. 하지만 우리는 세계가 모든 인간들에게 공유로 주어졌다고 가정함으로써 어떻게 해서 인간이 노동을 통해 세계의 구획된 땅들에 대해서 사사로이 사용할 수 있는 독자적인 권리를 획득하게 되었는지를 이해하게 된다. 거기에 권리에 대한 의혹이나 분쟁의 여지란 있을 수 없었다.

40. 아마도 고찰하기 전에 생각했을 법한 것처럼 [25절의 논의를 상기시키는 구절], 이제 노동을 통해 발생한 소유권이 토지에 대한 공동의 소유권을 압도할 수 있어야 한다는 주장이 그렇게 특이한 것은 아니라는 점이 밝혀졌다. 왜냐하면 실제로 모든 사물에 상이한 가치를 부여하는 것은 바로 노동이기 때문이다. 어느 누구든 담배나 사탕수수를 심고, 밀 또는 보리의 씨를 뿌린 1에이커의 토지와 아무런 경작도 없이 방치된 동일한 크기의 공유지 간의 차이를 고려해보라. 그러면 그는 노동에 의한 개량이 훨씬 더 커다란 가치의 몫을 차지한다는 점을 발견할 것이다.

인간의 삶에 유용한 토지 생산물 중에서 10분의 9가 노동의 결과라고 말해도 그것은 대단히 낮추어 잡은 계산일 것이라고 나는 생각한다. 심지어 사물을 우리의 용도에 이바지하는 바에 따라 정당하게 평가하고 투입된 요소 중에서 순전히 자연에 속하는 것과 노동에 속하는 것을 계량해보면, 우리는 대부분의 경우에 있어서 100분의 99가 전적으로 노동에서 발생한 것임을 발견하게 될 것이다.

41. 아메리카인들의 몇몇 나라들보다 이 점을 더 명백히 입증해주는 사례들은 없다. 이들 나라들은 땅은 풍부하게 가지고 있지만 삶의 편익에서는 빈곤하다. 자연은 이 나라들에게 다른 어느 민족들보다 더 풍성한 자원, 곧 식품, 의복 및 생활의 즐거움을 주는 것을 풍부하게 생산할 수 있는 비옥한 땅을 마련해주었지만, 그들은 노동을 통해서 그 땅을 개간하지 않았기 때문에 우리가 향유하는 편익의 100분의 1도 누리지 못하고 있다. 그리하여 거기서는 광대하고 비옥한 영토의 왕이 영국의 일용 노동자보다 의식주에서는 훨씬 궁핍하게 살고 있다.

42. 이 점을 좀 더 명료하게 하기 위해, 우리가 어떠한 과정을 거쳐서 생활의 일상적인 필수품들을 사용할 수 있게 되는가를 살펴보고 그것들이 인간의 근로에서 얼마나 많은 가치를 얻게 되는가를 따져보도록 하자. 빵, 포도주, 직물은 우리가 일상적으로 사용하는 물자로서 풍부하게 있다. 그렇지만 노동이 우리에게 그같이 유용한 필수품들을 제공하지

않았더라면 도토리, 물 그리고 잎사귀나 가죽이 우리의 빵, 음료 및 옷으로 남아 있을 것임에 틀림없다. 빵이 도토리보다, 포도주가 물보다, 직물이나 비단이 잎사귀, 가죽 또는 이끼보다 얼마나 가치가 더 나가든, 그것은 전적으로 노동과 근면에서 기인하는 것이다. 이들 중 한편은 가공되지 않은 자연이 우리에게 제공한 식품과 옷이며, 다른 한편은 우리의 근면과 노고가 우리에게 마련해준 것이다. 그런데 후자가 전자를 그 가치 면에서 초과하는 것이 얼마나 많은지를 계산해보면, 노동이 우리가 이 세상에서 향유하는 사물의 가치 가운데 얼마나 커다란 몫을 창출하는가 그리고 그러한 자원을 생산하는 땅은 얼마나 적은 가치만을 인정받을 뿐인가를 알게 될 것이다. 심지어 우리 사이에서도 전적으로 자연에 맡겨진 땅, 곧 목장화(牧場化), 개간, 경작의 면에서 아무런 개량이 이루어지지 않은 땅은 너무나 적은 가치만을 인정받기 때문에 실제로 그렇듯이 '버려진 땅(waste)'이라고 불리게 된 것이다. 그리고 우리는 그러한 땅에서 얻는 이득이 거의 무에 가까울 만큼 적다는 사실을 발견하게 될 것이다. 이 점은 왜 지배하는 땅의 크기보다 인구 수가 많은 것이 더 선호되는지를 보여주며, 또 땅(lands)*의 확대와 그것의 올바른 사용이 통치의

---

* 문맥상 '땅 또는 토지(lands)'가 아니라 노동력(또는 인구 : hands)의 오기(誤記)라는 해석론도 일정한 근거를 가지고 주장되고 있다. 여하튼 전체적으로 로크가 강조하는 바는 영토의 확장 그 자체가 아니라 개량과 경작으로 생산성을 향상시킴으로써 얻는 땅 또는 토지의 적절한 사용이라고 할 수 있다. 이에 대해서는 John Locke, *The Second Treatise of Government and a Letter Concerning Toleration*, ed. by J. W. Gough, Third Edition (Oxford : Basil Blackwell, 1976), p. 23, fn. 1; John Locke, *Two Treatises of Government*,

커다란 기예라는 점을 보여준다. 그리고 현명하고 신처럼 유능한 군주, 곧 확립된 자유의 법을 통해서 인류의 정직한 근로를 권력의 탄압과 당파의 편협성으로부터 보호하고 장려하는 군주는 머지않아 이웃 나라들에게 매우 다루기 어려운 존재가 될 것이라는 점 또한 시사해준다. 그러나 이것은 내친 김에 나온 말이다. 기왕의 논의로 돌아가자.

43. 밀 20부셸(bushel)을 생산하는 여기 [영국에 있는] 1에이커의 땅과 동일한 노력을 기울이면 동일한 양을 생산할 수 있는 아메리카 1에이커의 땅은 의심의 여지없이 자연적으로 동일한 내재적인 가치를 가지고 있다. 그러나 인류가 전자로부터 1년에 얻는 이득은 5파운드에 달한다. 반면에 후자로부터 얻는 이득은, 인디언이 그 땅으로부터 얻는 모든 이득을 여기서 가치를 매겨 판다고 해도, 아마 페니 한 푼의 가치도 되지 않을 것이다. 내가 진실로 말하건대, 기껏해야 1,000분의 1의 가치도 되지 않을 것이다. 그렇다면 토지에 최대한의 가치를 부여하는 것은 노동이며, 그것이 없다면 토지는 거의 아무런 가치가 없다. 우리에게 유용한 모든 산물의 가치는 대부분 노동에서 나오는 것이다. 밀을 심은 1에이커의 땅에서 나오는 모든 밀집, 겨 및 빵은 황무지로 방치되어 있는, 그와 마찬가지로 좋은 땅 1에이커가 생산한 것보다 훨씬 더 많은 가치를 생산

---

ed. by Peter Laslett, Second Edition (Cambridge : Cambridge University Press, 1967), p.315의 각주를 참조하라.

하며, 그것은 모두 노동의 결과이다. 왜냐하면 우리가 먹는 빵을 계산할 때 중요한 것은 단순히 경작자의 수고, 수확하는 자와 타작하는 자의 노고 그리고 제빵공의 땀뿐만 아니라 황소를 길들인 사람들, 철과 광석을 캐내어 제련한 사람들, 쟁기, 제분소, 화덕 등 곡물의 씨를 뿌리는 것부터 시작하여 빵이 될 때까지 필요한 많은 다른 도구들을 만드는 데 필요한 나무를 베고 다듬은 사람들의 노고가 모두 노동으로서 평가되어야 하며 그 결과로서 받아들여져야 하기 때문이다. 즉 자연과 대지는 그 자체로서는 단지 거의 무가치한 재료를 제공할 뿐이라는 것이다. 한 조각의 빵이 소비될 때까지 근로를 통해 제공되고 활용된 모든 물자들을 우리가 추적한다면, 그것은 실로 사물들의 기이한 목록이 될 것이다. 예를 들어, 철, 나무, 가죽, 나무껍질, 목재, 돌, 벽돌, 석탄, 석회, 옷, 염색약, 역청, 타르, 돛대, 밧줄, 배— 노동자가 사용하는 모든 상품을 작업장에 가져오는— 에 사용되는 모든 재료들 등 그 목록은 너무 길어서 일일이 열거하기가 거의 불가능할 것이다.

44. 이 모든 논의로부터 다음과 같은 점은 명백하다. 즉 자연의 사물들은 공유로 주어지지만, 인간은 (그 자신의 주인으로서, 곧 그 자신의 인신, 행위 및 노동의 소유주로서) 그 자신 안에 소유권의 주된 기초가 되는 것을 지니고 있다. 따라서 발명과 기예를 통해서 삶의 편익을 개선했을 때, 그가 자신을 부양하고 편리하게 하기 위해서 사용한 것의 대부분은 전적으로 그의 것이며 다른 사람과의 공유물이 아니다.

45. 그러므로 태초에는 누구나 공유물이던 것에 기꺼이 노동을 지출하면 어디에서나 노동이 그것에 소유권을 부여했다. 당시에는 인류가 이용할 수 있는 것보다 훨씬 더 많은 것이 공유물로 줄곧 남아 있었다. 처음에 인간은 대부분 있는 그대로의 자연이 그들의 필요에 제공하는 것에 만족했다. 하지만 나중에는 세계의 일정 지역에서, (곧 화폐의 사용과 더불어 인구 및 가축의 증가로 인해서) 토지가 희소해지고 그 결과 상당한 가치를 가지게 된 곳에서 몇몇 공동체들은 그들 간에 상이한 영토의 경계를 확정하게 되었으며, 그들 내부에서도 법으로 그 사회의 사인(私人)들의 소유권을 규제하게 되었다. 그럼으로써 노동과 근면을 통해 발생한 소유권을 협정과 합의로 매듭짓게 되었던 것이다. 그리고 몇몇 나라와 왕국 사이에서, 명시적이건 묵시적이건, 각기 다른 나라들이 소유한 땅에 대한 모든 주장과 권리를 포기함으로써 맹약들이 체결되었다. 이러한 맹약들은 공동의 동의를 통해 그들이 원래 다른 나라들의 땅에 대해서 가지고 있었던 자연적인 공유권에 대한 주장을 포기하는 것이었고, 이로써 명시적인 합의를 통해서 지구상의 상이한 지역과 지방에서 그들 간의 소유권 문제를 해결했다. 그렇지만 주민들이 여타의 인류처럼 공통된 화폐의 사용에 동의하지 않은 곳에서는 광대한 땅이 여전히 황무지로 남아 있다는 사실이 발견될 것이다. 그 땅은 그 위에 살고 있는 사람들이 실제 사용하거나 사용할 수 있는 것보다 더 많이 있으며, 따라서 여전히 공유물로 남아 있다. 물론 이러한 일은 화폐의 사용에 동의한 인간들이 살고 있는 지역에서는 거의 일어날 수 없는 것이다.

46. 인간의 삶에 참으로 유용한 것들 그리고 오늘날 아메리카인들이 그런 것처럼 태초에 세계의 공유자들이 생존을 위해 찾던 것들의 대부분은 일반적으로 오래 지속되지 못하는 것들이었다. 예컨대 사용해서 소비하지 않으면 저절로 썩거나 상하는 것들이었다. [이와 달리] 금, 은 및 다이아몬드는 실제 용도나 삶을 부양하는 데 필요하다는 이유에서가 아니라, 공상이나 합의를 통해서 가치가 부여된 것들이다. 이제 자연이 공유물로 제공한 그처럼 유용한 물건들에 대해서 모든 사람은 (이미 말한 것처럼) 자신이 사용할 수 있는 만큼의 권리를 가지고 있으며, 자신의 노동으로 영향을 미칠 수 있는 모든 것에 대한 소유권을 가지고 있다. 그가 근면을 통해 자연이 놓아둔 상태로부터 변형하여 확대할 수 있는 것은 모두 그의 것이다. 100부셸의 도토리나 사과를 모은 자는 그것들에 대한 소유권을 가진다. 그것들은 모으자마자 그의 재물이다. 그는 상하기 전에 그것들을 사용하도록 주의할 필요가 있을 뿐이다. 그렇지 않으면 그는 자신의 몫 이상을 취한 것이며 다른 사람에게서 빼앗은 셈이 된다. 그리고 그가 사용할 수 있는 것보다 더 많은 것을 저장하는 것은 부정의한 일일 뿐만 아니라 참으로 어리석은 일이다. 그러나 그가 자신의 소유물이 상해서 무용지물이 되지 않도록 하기 위해서 그 일부를 다른 누군가에게 준다면, 그는 그것들을 이용한 셈이다. 만약 그가 또한 1주일이 지나면 썩을 것 같은 자두를 주고 1년 내내 상하지 않고 먹을 수 있는 견과를 받았다면, 그는 아무런 피해를 끼치지 않은 셈이다. 그의 수중에서 어느 것도 무용하게 상하지 않는 한, 그는 공동의 자산을 낭비하지 않았으며

다른 사람에게 속하는 재물의 일부분을 파괴하지 않은 것이다. 다시 한 번 만약 그가 견과를 주고 마음에 드는 색깔의 금속 한 조각을 받는다면, 또는 조개껍질을 받고 그가 키우던 양을 주거나, 반짝이는 자갈 또는 다이아몬드를 받기 위해서 양모를 준다면 그리고 그가 그것들을 자기 곁에 평생 동안 보관하고 있다면, 그는 타인의 권리를 침해하지 않은 셈이며 따라서 그는 그러한 내구재(耐久財)들을 그가 원하는 만큼 많이 쌓아놓을 수 있다. 그가 정당한 소유의 한계를 초과하여 가지고 있는가 의 여부는 그가 가진 소유물의 크기가 아니라 그가 가지고 있는 것 중에 서 어떤 것이 상해서 무익한 것이 되었는가에 달려 있다.

47. 그런 식으로 화폐의 사용이 시작되었다. 화폐는 상하지 않고 보관할 수 있는 것으로서, 인간은 상호간 합의를 통해서 참으로 유용하지만 썩기 쉬운 생활용품과 교환하여 화폐를 받게 되었다.

48. 근면함의 상이한 정도에 따라 사람마다 상이한 크기의 재산을 가지는 것처럼, 이 같은 화폐의 발명은 사람들에게 재산을 지속적으로 확장할 수 있는 기회를 제공했다. 그런데 세계의 다른 지역과 전혀 교역을 하지 않는 고립된 섬을 상상해보자. 거기에 사는 사람은 단지 100가구 정도이지만, 양, 말, 암소 등 유용한 동물들, 영양분이 많은 과일 그리고 주민이 필요로 하는 양의 10만 배나 되는 곡식을 능히 산출할 수 있는 땅이 있다. 그러나 섬에서 나오는 것은 모두 너무 흔하거나 아니면 쉽게

상하기 때문에 화폐로 사용하기에는 적합하지 않다. 그렇다면 어떤 사람이, 그 자신의 근로를 통해서 생산한 것이든 또는 다른 이들과 물물 교환하여 유용하지만 쉽게 상하는 물품을 얻기 위해 생산한 것이든, 가족의 사용과 넉넉한 소비에 충분한 양을 넘어서 그의 소유물을 확장할 이유가 있겠는가? 무엇이든 영구적이며 희소한 그리고 저장해둘 만큼 가치가 있는 것이 없다면 인간은 비옥한 토지를 마음대로 취득할 수 있다 할지라도 그 토지의 소유를 늘리려고 하지 않을 것이다. 예를 들어, 이미 잘 경작되어 있고 가축들이 잘 번식하고 있는 1만 또는 10만 에이커의 좋은 땅이 있다고 가정해 보자. 그렇지만 아메리카 내륙의 한가운데 있고, 그렇기 때문에 돈을 벌기 위해 세계의 다른 지역과 생산물을 파는 교역을 할 수 있는 어떠한 희망도 가실 수 없다면 인간이 왜 그것을 소중히 여기겠는가? 그런 땅은 울타리를 쳐서 막을 가치가 없으며, 우리는 그가 자신과 가족의 생활상의 편익을 제공하는 것 이상의 여분이 무엇이든 그것을 다시 야생상태인 자연의 공유지에 방치하는 것을 목격하게 될 것이다.

49. 이처럼 태초에 모든 세계는 아메리카와 같았다. 지금의 아메리카보다 더욱더 아메리카적이었다. 화폐와 같은 것은 어느 곳에도 알려지지 않았다. 하지만 어떤 사람이든 이웃 사람들 중에서 화폐의 용도와 가치를 가진 것을 발견했다고 상상해보자. 그러면 그것을 발견한 사람이 곧바로 그의 소유물을 확대해나가는 것을 보게 될 것이다.

50. 그러나 금이나 은은 식품, 의복 및 운송수단과 비교해볼 때 인간의 삶에 거의 도움이 되지 않기 때문에, 오로지 인간들의 동의에 의해서만 (비록 일반적으로 가치의 주된 부분을 구성하는 척도는 노동이지만) 가치를 가질 뿐이다. 이제 사람들은 잉여생산물을 주고 금과 은을 받음으로써 한 인간이 [땅의] 생산물을 사용할 수 있는 것보다 더 많은 땅을 공정하게 소유할 수 있는 방법을 묵시적이고 자발적인 동의를 통해 발견했고, 그 결과 토지를 불균등하고 불평등하게 소유하는 데 합의했다는 점이 확실하다. 이 금속들은 소유자의 수중에서 상하거나 부패하지 않기 때문에 다른 사람들에게 피해를 주지 않고 저장될 수 있었기 때문이다. 사적 소유물의 불평등과 같은 사물의 분배가 이루어지게 된 것은 인간이 사회의 경계 밖에서 아무런 협정도 없이 단지 금과 은에 가치를 부여하고 화폐의 사용에 암묵적으로 동의했기 때문이었다. 왜냐하면 일정한 정부 아래서는 법이 소유권을 규정하고, 토지의 소유권은 명문의 법규에 의해서 결정되기 때문이다.

51. 그러므로 어떻게 노동이 자연의 공유물에 대해서 최초로 소유의 자격을 부여하고, 어떻게 용도에 따른 소유물의 소비가 그 한계를 설정하게 되었는지를 아무런 어려움 없이 쉽게 이해할 수 있게 되었다고 생각한다. 그리하여 소유의 자격에 대해서 말다툼할 이유나 노동이 부여한 소유물의 크기에 대해서 아무런 의심을 할 이유가 없었다고 생각한다. 권리와 편익이 조화롭게 부합했다. 인간은 그가 노동을 지출할 수 있는

모든 것에 대한 권리를 가지지만, 자신이 이용할 수 있는 것보다 더 많은 것을 위해서 노동할 유인이 없었다. 이로 인해서 소유의 자격이나 타인의 권리 침해 여부를 둘러싼 논쟁의 여지도 없었다. 어떤 부분이든 어떤 사람이 떼어낸 것은 쉽게 알 수 있었고 그 자신을 위해서 너무 많이 떼어내거나 그가 필요로 하는 것보다 많은 것을 취득한다는 것은 부정직할 뿐만 아니라 무익한 일이었던 것이다.

제6장

부권에 관하여

52. 이와 같은 성질의 논고에서, 세상에서 널리 통용되고 있는 단어나 명칭에 대해서 트집을 잡는 것은 부적절한 비판이라고 아마도 비난을 받을 것이다. 그렇다 하더라도 부권(父權)이라는 이 단어가 아마도 그런 것처럼, 예전의 오래된 단어들이 사람들에게 쉽게 오해를 유발할 때, 새로운 단어를 제안하는 것이 아마도 그리 나쁘지는 않을 것이다. 부권이라는 단어는 자식에 대한 양친의 권력을 마치 어머니는 아무런 몫이 없는 것처럼, 즉 전적으로 아버지에게만 귀속시키고 있는 것처럼 보인다. 그러나 우리가 이성이나 신의 계시에 비추어보면 어머니 역시 평등한 자격을 가지고 있다는 점을 발견하게 될 것이다. 이러한 지적은 이 장이, 부권을 양친의 권력으로 불러야 마땅한 것은 아닌가라는 질문을 제기할 이유를 제공한다. 자연과 생식의 권리가 자식들에게 어떤 의무를 부과하든, 자식들이 그러한 의무의 공통된 근원인 양친에게 평등하게 구속된다는 점은 분명하기 때문이다. 따라서 우리는 신법이 명문(明文)

으로 자식들에게 복종을 명하는 모든 곳에서, 양친을 차별 없이 함께 다루고 있음을 보게 된다. 신약성서와 구약성서에는 "너희는 부모를 공경하여라"(「출애굽기」, 제20장 제12절), "누구든지 자기 부모에게 악담하는 자는……"(「레위기」, 제20장 제9절), "너희는 각자 자기의 부모를 경외해야 한다"(「레위기」, 제19장 제3절), "자녀된 사람들은 부모에게 순종하십시오"(「에페소인들에게 보낸 편지」, 제6장 제1절) 등과 같이 표현되어 있다.

53. 이 문제에 관해서 깊이 고찰하지 않았다 할지라도 단지 이 한 가지만 충분히 숙고했었더라면, 아마도 사람들은 양친의 권력에 관해서 그들이 저질러온 이처럼 커다란 과오를 범하지 않았을 것이다. 하지만 [그러한 과오로 인해서] 그것이 부권이라는 이름에 따라 전적으로 아버지에게 적합한 것으로 생각되었을 때, 그것은 귀에 크게 거슬리지 않으면서도 절대적인 지배권이라든가 군주의 권위라는 칭호로 불릴 수 있었다. 그러나 만약 이처럼 이른바 자식에 대한 절대적 권력이 '양친의' 권력으로 불렸다면 그리고 그럼으로써 그것이 어머니에게도 속한다는 점이 지적되었더라면 그것은 아주 이상하게 들렸을 것이고 그 칭호 자체에서도 모순점이 드러났을 것이다. 왜냐하면 어머니 역시 그 권력에 관한 일정한 몫을 가져야 한다는 점은, 아버지로서의 자격(fatherhood)이 지니는 절대적인 권력과 권위—그들이 그렇게 일컫는 것처럼—를 그토록 강력히 주장하는 사람들의 성정(性情)에 부합하지 않을 것이기 때문이다. 그

리고 그것은 그들이 옹호하는 군주제를 지지하는 데도 적합하지 않을 것이다. 바로 그 칭호로 인해서 한 사람이 지배하는 정부를 옹호하기 위해 도출한 근본적인 권위가 한 사람이 아니라 두 사람에게 공동으로 속하는 것으로 드러날 것이기 때문이다. 그러나 명칭의 문제는 이 정도 로 해두자.

54. 내가 앞의 제2장에서 '모든 인간은 본래 평등하다'라고 말한 바 있지만, 이러한 내 말이 모든 종류의 평등을 의미하는 것으로 받아들여져서는 안 된다. 연령이나 덕성은 사람에게 정당한 우월성을 부여할 수 있다. 뛰어난 재능과 공적을 가진 사람은 보통 사람보다 더 높은 지위를 갖게 될 것이다. 어떤 사람들은 출생으로 그리고 다른 어떤 사람은 결연관계나 시혜를 받은 것으로 자연의 원리, 보은, 기타 존경심에 따라 마땅히 그렇게 해야 하는 자들에게 복종을 할 수도 있다. 그렇다 하더라도 이 모든 사실은 어떤 한 사람이 다른 사람에 대해 행사할 수 있는 통치권 (jurisdiction)이나 지배권(dominion)이라는 관점에서 모든 사람이 누리는 평등과 조금도 모순되지 않는다. 이것은 사람마다 타인의 의지나 권위에 복종함 없이 자연상태에서 누리는 자유에 대한 평등한 권리로서, 앞에서 논한 것처럼, 자연상태에 고유한 평등이다.

55. 실상 아이들은, 비록 성인이 되면 평등해지겠지만, 처음부터 이처럼 완전한 평등의 상태에서 태어나는 것이 아니다. 부모는 아이들이 이 세

상에 태어났을 때부터 한동안 그들에 대해서 일종의 지배권(rule)과 통치권(jurisdiction)을 가진다. 그러나 그것은 일시적인 것이다. 이러한 복종의 유대는 연약한 영아 시절에 그들을 감싸고 보호하는 배내옷과 같은 것이다. 그들이 성장함에 따라 연령과 이성은 그러한 유대를 약화시키며 마침내 떨쳐버리게 하는데, 그 이후에는 그들 자신의 자유로운 처분에 맡겨진 성인이 되는 것이다.

56. 아담은 완전한 인간으로 창조되었고, 그의 몸과 마음은 힘과 이성을 완비하고 있었다. 따라서 그는 처음부터 자신을 부양하고 보존할 수 있었으며, 자신의 행위를 신이 그에게 심어준 이성의 법이 내린 명령에 따라 지배할 수 있었다. 그 이후 세계에는 그의 후손들이 살게 되었는데, 그들은 모두 지식이나 이해력(understanding)이 갖춰지지 않은 연약하고 무력한 영아(嬰兒)로 태어났다. 이처럼 불완전한 상태에서의 결함을 보완하기 위해서 아담과 이브 그리고 그 후의 모든 부모들은 자식들이 성장하고 적절한 연령에 도달하여 그들의 결함이 개선되고 제거될 때까지 자식들을 보존하고 부양하고 교육할 의무를 자연법에 의해서 부담하게 되었다. 자식들은 부모가 만든 작품이 아니라 부모 자신의 창조주인 전능하신 하느님의 작품으로서, 부모는 자식들에 대해서 하느님에게 책임을 진다.

57. 아담을 지배하게 된 법은 그의 모든 자손을 지배하게 된 것과 동일

한 이성의 법이었다. 그러나 그의 자손들은 그와 달리 자연적인 출생의 방식으로 이 세상에 출현했다. 그들은 무지하고 이성을 사용할 수 없는 상태에서 탄생했으므로, 태어날 당시에는 그 법의 지배 아래에 있지 않았다. 왜냐하면 누구도 그에게 공포되지 않은 법의 지배 아래에 있지 않기 때문이다. 또한 이 법은 이성에 의해서만 선언되고 공포되기 때문에 자신의 이성을 사용할 수 없는 자는 이 법의 지배 아래에 있다고 말할 수 없다. 그리고 아담의 자식들은 태어나자마자 곧 이러한 이성의 법의 지배 아래에 들어가는 것이 아니므로 자유롭지도 않다. 왜냐하면 참다운 의미에서 법이란 자유롭고 지적인 행위자가 자신의 적절한 이익을 추구하는 것을 제한하기보다는 인도하는 것으로서 그 법의 지배 아래에 있는 자들의 일반적 선(good)을 넘어서 지시하지 않기 때문이다. 만약 사람들이 법 없이도 행복할 수 있다면 법은 무용한 존재로서 저절로 사라질 것이다. 단지 수렁이나 절벽으로부터 우리를 보호하기 위해서 세워진 울타리를 구속이라는 이름으로 부르는 것은 적합하지 않다. 그러므로 법이 어떻게 오해되든, 법의 목적은 자유를 폐지하거나 제약하는 것이 아니라 보존하고 확장하는 것이다. 왜냐하면 능히 법을 이해할 수 있는 피조물은 어떠한 경우에도 법이 없는 곳에서는 자유를 누릴 수 없기 때문이다. 왜냐하면 자유란 타인의 구속과 폭력으로부터 자유로운 것인데, 법이 없는 곳에서는 그것이 가능하지 않기 때문이다. 그런데 자유란 우리가 들어온 것과 달리 모든 사람이 자신의 기분이 내키는 대로 행하는 것이 아니다. (사람마다 기질대로 힘을 휘두르고자 한다면 누가 자유로울 수 있겠는가?) 그것은 인간이 자신을 지배하는 법이 허용하는 한도 내에서 그 자신의 뜻대로 그의 인신, 행위, 소유물 및 그의 전 재산을 처리하고 규제할 수 있는 자유이다. 곧 그것은 타인의 자의적인 의지에 복종하는 것이 아니라, 그 자신의 의지를 자유롭게 따르는 데 있다.

58. 그렇다면 부모가 그 자식들에게 가지고 있는 권력이란 자식들을 불완전한 유년시절 동안 돌보기 위해 그들에게 부과된 의무에서 비롯되는 것이다. 이성이 자리를 잡아 부모의 노고를 덜어줄 때까지 아직 무지한 미성년기 동안 마음을 단련시키고 행동을 다스리는 것이야말로 자식들이 원하는 것이고 부모가 도와야 할 일이다. 왜냐하면 신은 인간에게 그의 행위를 인도할 이해력을 주면서 그를 지배하는 법의 한도 내에서 그에게 의지의 자유와 행위의 자유를 마땅히 그에게 속하는 것으로 허용했기 때문이다. 그러나 그가 그 자신의 의지를 지도할 수 있는 이해력을 가지지 못한 상태에 있는 동안, 그는 준수해야 할 그 자신의 의지를 가지지 못한 셈이다. 그를 대신해서 이해력을 사용할 수 있는 사람이 그를 위해서 또한 의지(will)를 행사해주어야 한다. 그[대행자]가 그의 의지에 지시를 하고 그의 행동을 통제해야 한다. 그러나 아들 역시 부친을 자유인으로 만들었던 상태에 이르게 되면, 자유인이 된다.

59. 이것은 인간을 지배하는 모든 법―자연법이건 시민법이건―에 적용된다. 인간은 자연법 아래에 있는가? 무엇이 그를 그 법의 지배 아래

서 자유롭게 만들었는가? 무엇이 그에게 그 법의 범위 내에서 그의 소유물을 그 자신의 의지에 따라 자유롭게 처분할 수 있게 했는가? 나는 대답하겠다. 그가 능히 그 법을 알 수 있다고 상정되며, 따라서 자신의 행동을 그 한도 내에서 규제할 수 있는 성인의 상태가 그것이다. 그러한 상태에 도달했을 때, 비로소 그는 그 법이 얼마만큼 그의 지침이 되는지를, 얼마만큼 그가 자신의 자유를 활용할 수 있는지를 아는 것으로 간주되며, 따라서 그러한 자유를 가지게 된다. 그때까지는 그 법이 얼마만큼 자유를 허용하는지 안다고 간주되는 다른 어떤 사람이 그를 지도해야 한다. 만약 그러한 이성의 상태, 그처럼 분별력 있는 연령이 그를 자유롭게 했다면, 동일한 것이 그의 아들 역시 자유롭게 만들 것이다. 어떤 사람이 영국법의 지배 아래에 있다면 무엇이 그를 영국법의 지배 아래서 자유롭게 만들었는가? 즉 무엇이 그에게 그 법의 허용한도 내에서 그의 행위와 소유물을 그 자신의 의지에 따라 처분할 수 있는 자유를 주었는가? 능히 그 법을 알 수 있는 능력이다. 그러한 능력은 영국법에 의해서는 21세로 상정되고, 경우에 따라서는 그보다 이른 나이로 상정되기도 한다. 만약 이러한 능력이 아버지를 자유롭게 만들었다면, 아들 역시 자유롭게 만들어야 할 것이다. 우리는 그때까지 그 법이 아들에게는 아무런 의지를 허용하지 않고, 아들은 단순히 그를 대신하여 이해력을 행사하는 아버지나 후견인의 의지에 따라서 지도되어야 한다는 점을 알고 있다. 그리고 만약 아버지가 죽어서 이러한 신탁을 위한 대리인을 세울 수 없다면, 만약 아버지가 아들의 미성년기 동안, 곧 이해력이 결여되어 있는 기간 동안 아들을 다스릴 후견인을 지정하지 않은 경우에는 법이 이를 맡아서 처리한다. 아들이 자유의 상태에 이르고 그의 이해력이 그 자신의 의지를 다스리기에 적합할 때까지, 다른 누군가가 그를 다스리며 그를 대신하여 의지를 행사한다. 그러나 그 후에 아버지와 아들은 마치 미성년기가 지난 후의 학생과 가정교사가 그렇듯이 평등하게 자유로워지고, 동일한 법에 함께 평등하게 복종하며, 아버지에게는 아들의 생명, 자유 또는 자산에 대한 어떠한 지배권도 남아 있지 않게 된다. 그들이 단지 자연상태에서 자연법의 지배 아래에 있든 아니면 확립된 정부의 실정법의 지배 아래에 있든 상관없이 말이다.

60. 그러나 자연의 정상적인 경로에서 벗어나 발생한 결함에 의해서 어떤 사람이 충분한 정도의 이성―그것을 통해서 능히 법을 이해할 수 있고 따라서 그 법의 지배에 따라서 생활할 수 있는―을 가지지 못하고 태어날 수도 있다. 그러한 사람은 결코 자유인이 될 수 없으며, 자신의 의지에 따라 처신하도록 허용될 수 없다(왜냐하면 그는 자신의 의지에 대한 한계를 알지 못하며, 그 의지의 적절한 지침인 이해력을 결여하고 있기 때문이다). 그 자신의 이해력이 능히 그러한 책임을 떠맡을 수 없는 기간 내내 그는 타인의 감독과 통치 아래 계속 있게 된다. 마찬가지로 제정신이 아닌 사람과 백치 역시 부모의 통치로부터 결코 자유롭지 못하다. 그러므로 후커는 다음과 같이 말한다:

올바른 이성을 가질 만한 나이에 도달하지 못한 아이들, 천성적인 결함에 의해서 이성을 가질 가능성이 원천적으로 배제된 백치, 세 번째로 자신들의 행위의 지침으로서 현재 올바른 이성을 사용할 수 없는 실성한 사람들은 그들의 복지를 추구하고 확보하기 위한 지침으로 다른 사람, 곧 그들 후견인의 이성을 사용해야 한다.(『교회정치론』, 제1권 제7절)

이 모든 것은 단지 신과 자연이 다른 피조물은 물론 인간에게 그들의 자식들을 돌보아 주도록 하기 위해서, 그들이 스스로의 힘으로 꾸려나갈 수 있을 때까지 부과한 의무에 불과한 것으로 보인다. 그러므로 이 모든 것은 부모가 군주와 같은 권위를 가지고 있다는 것의 실례나 증거가 거의 될 수 없다는 점을 보여준다.

61. 우리는 이성적 존재로 태어난 것과 마찬가지로 또한 자유롭게 태어났다. 하지만 처음부터 그 두 가지를 실제로 행사하는 것은 아니다. 나이가 들어 이성을 가지게 되면 자유도 더불어 따라온다. 그러므로 우리는 자연적인 자유와 양친에 대한 복종이 어떻게 서로 모순 없이 양립하게 되는가 그리고 어떻게 양자가 동일한 원칙 위에 근거하고 있는가를 이해할 수 있게 된다. 아이는 자신의 고유한 이해력을 가질 때까지 그를 통치하는 아버지의 자격, 즉 아버지의 이해력에 의존할 때만 자유롭다. 분별력이 있는 나이에 도달한 성인의 자유와 그 나이에 도달하지 못한 자식

이 부친에게 복종하는 것은 서로 양립될 뿐만 아니라 서로 구분된다. 따라서 군주제를 부권에 기반을 두고 가장 맹목적으로 옹호하는 자들도 이러한 차이점을 간과할 수 없으며, 이 점에서는 가장 완고한 자들도 그 양립성을 인정하지 않을 수 없다. 하지만 그들의 교의가 모두 참이라고 인정해보자. 아담의 정당한 상속자가 이제 알려졌으며, 그 자격에 의해서 군주가 즉위했고, 그는 로버트 필머 경이 말하는 것처럼 모든 절대적이고 무제한적인 권력을 가지고 있다고 가정해보자. 만약 그의 상속자가 태어나자마자 바로 그[군주]가 죽게 된다면 그 어린 상속자는 아무리 자유롭고 아무리 높은 지위에 있다 하더라도 나이와 교육을 통해서 자신과 타인을 통치할 이성과 능력을 가질 때까지 그의 어머니와 유모, 가정 교사와 감독자에게 복종해야 하지 않을까? 그는 생활 용품을 조달하고, 신체의 건강을 유지하고, 마음을 단련하기 위해서 그 자신의 것이 아닌 타인의 의지에 의해서 지도될 것이 요구된다. 그렇다고 해서 어느 누군가가 이러한 제한과 복종은 그가 권리로서 가지고 있는 자유 및 주권과 양립하지 않는다든가 또는 그것들을 훼손시킨다든가 또는 미성년기 동안 그를 지배하는 자들에게 그의 왕국을 넘겨주는 것이라고 생각할 것인가? 그에 대한 이러한 통치는 단지 그를 위해서 더욱 나은 그리고 더욱 신속한 통치를 준비시켜 주기 위한 것에 불과하다. 누군가가 나에게 '언제 내 아들이 자유롭게 되는 나이에 도달하는가?'라고 묻는다면 나는 그의 군주가 통치할 수 있는 나이에 도달한 바로 그 시기라고 대답하겠다. 이에 대해서 저 현명한 후커는 다음과 같이 말한다:

그런데 바로 어느 때에, 인간은 자신의 행동을 인도해야 하는 그 법을 능히 이해하기 위해서 충분히 이성을 사용할 수 있는 단계에 도달했다고 말할 수 있겠는가? 이것은 어떤 기능이나 학식으로 결정하기보다는 상식으로 분별하는 것이 훨씬 더 쉬울 것이다.(『교회정치론』, 제1권 제7절)

62. 국가 자체도 사람들이 자유인으로서 행동을 개시할 때가 있다는 점에 주목하고 이를 인정한다. 그렇기 때문에 그때까지는 그 나라의 정부에 대한 충성의 맹세나 다른 공적인 승인 또는 복종을 요구하지 않는다.

63. 그렇다면 인간의 자유, 자신의 의지에 따라 행동할 수 있는 자유는 이성을 가지는 데서 근거한다. 이성은 인간에게 자신을 통치하기 위해 준거해야 하는 법을 가르쳐줄 수 있고 자신의 의지의 자유에 얼마나 많은 것이 남아 있는지를 알게 해주기 때문이다. 그가 자신을 인도할 수 있는 이성을 가지기 전에 그를 제약받지 않는 자유상태에 방임하는 것은, 그에게 자유로울 수 있는 자연의 특권을 허용하는 것이 아니라 그를 야수들 사이에 내던져서 짐승과 마찬가지인 인간 이하의 비참한 상태로 방치하는 것이다. 이것이 미성년자인 자식들을 통치하기 위해서 부모의 손에 권위가 부여된 이유다. 신은 자식들에게 이러한 주의를 베푸는 것을 부모의 의무로 만들었으며, 자식들이 그 권력의 지배를 필요로 하는 동안 이러한 권력을 절제시키는 한편 신의 지혜가 의도하는 대로 그들의

복지를 위해서 행사할 수 있도록 부모에게 자상함과 배려라는 적절한 성향을 부여했던 것이다.

64. 그러나 어떤 이유로 부모가 자식들에게 베풀어야 할 보살핌이 아버지의 절대적이고 자의적인 지배권으로까지 진전되었는가? 아버지의 권력은 자식들의 신체에 힘과 건강을, 그들의 마음에 활력과 올바름을 불어넣는 데까지만 미친다. 이는 그가 발견한 가장 효과적인 기율에 의해서 자식들이 자신 및 타인들에게 가장 유용한 존재가 될 수 있도록, 그리고 상황에 따라 필요하다면 자식들이 자신들의 생계를 위해서 일할 수 있도록 준비시키는 것을 목적으로 한다. 그러나 이 권력에 어머니 또한 아버지와 동일한 몫을 가지고 있다.

65. 그런데 이러한 권력은 어떤 특이한 자연권에 의해서 아버지에게 속하는 것이 전혀 아니며, 그가 자식들의 보호자이기 때문에 그에게 속하는 것이다. 그러므로 자식들의 양육을 그만두게 되면 아버지는 양육 및 교육기간 동안만 지속되는, 따라서 그런 활동과 불가분적으로 결합되어 있는 권력을 잃게 된다. 그 권력은 아이를 낳은 아버지는 물론 버림받은 아이를 입양한 양아버지에게도 마찬가지로 속하는 것이다. 그런데 어떤 사람이 자식을 낳았으나 그의 보살핌이 거기서 끝난다면 그리고 그것이 아버지로서의 호칭과 권위에 대해서 그가 가지고 있는 자격의 전부라고 한다면, 자식에 대한 아버지의 권력은 아주 미약한 것이 된다. 그런데

한 여자가 동시에 두 명 이상의 남편을 가지는 지역에서 이 같은 부권은 어떻게 되는가? 또는 남편과 아내가 빈번히 헤어지고 자식들은 어머니에게 맡겨져 어머니를 따르며 전적으로 어머니의 보살핌과 양육을 받는 아메리카의 일부 지역에서 부권은 어떻게 될 것인가? 만약 아버지가 자식들이 어릴 때 죽으면, 그들은 어디에 살든 미성년인 동안은 아버지가 살아 있었을 때 아버지에게 그랬던 것처럼 자연스럽게 동일한 의무를 그들의 어머니에게 지지 않는가? 그렇다고 해서 누구든 어머니가 자식들에게 입법권을 가지고 있다고 말할 것인가? 그렇기 때문에 영구적으로 의무를 지우는 유효한 규칙을 만들 수 있으며 그 규칙에 따라 자식들은 평생 동안 그들의 재산과 관련된 일을 규제당하고 그들의 자유를 제약당해야 한다고 말할 것인가? 또한 그녀는 그 규칙의 준수를 사형의 처벌로써 강제할 수 있는가? 이것은 위정자에게 고유한 권력으로서 아버지 역시 추호도 가지지 못한 것이다. 자식에 대한 그의 명령은 단지 일시적이며, 그들의 생명이나 재산에는 미치지 않는다. 그것은 단지 미성년자인 자식들의 연약함과 불완전함을 돕기 위한 것이며, 그들의 교육에 필요한 기율일 뿐이다. 자식들이 물질적 궁핍으로 굶어죽을 위험에 처하게 할 염려가 없는 한, 아버지는 그 자신의 소유물을 임의로 처분할 수 있다. 하지만 그의 권력이 자식들의 생명이나 재산—자식들 자신의 근로를 통해서 또는 다른 사람의 기부에 의해서 그들의 소유가 된—에까지 미치는 것은 아니다. 또한 자식들이 일단 사리분별을 할 수 있고 참정권을 획득할 나이에 달하게 되면, 아버지의 권력은 그들의 자유에 미칠 수 없다. 그렇게 되면 아버지의 지배는 끝나게 되며 그때부터 그는 타인의 자유와 마찬가지로 아들의 자유도 처분하지 못한다. 그러므로 그 지배는 절대적인 또는 영구적인 통치권(jurisdiction)과는 전적으로 다른 것임이 분명하다. 왜냐하면 남자는 "어버이를 떠나 아내와 어울려 한 몸이 되게"(「창세기」, 제2장 제24절) 신의 권위로 허락받았기 때문에 스스로 그 지배로부터 벗어날 수 있기 때문이다.

66. 아버지 자신이 다른 사람의 의지에 복종하지 않고 자유로워지듯이 자식도 일정한 시기에 도달하면 아버지의 의지와 명령에 복종하는 것에서 자유로워지며, 그들은 그들 모두에게 공통된 제약—그것이 자연법이든 또는 그들 나라의 국내법이든— 이 아닌 다른 제약에 의해서 구속받지 않는다. 그러나 이 자유가 있다고 해서 신법과 자연법에 따라서 아들이 마땅히 부모에게 부담해야 하는 존경의 의무가 면제되는 것은 아니다. 신은 인류라는 종을 존속시키고 자식들에게 삶의 기회를 주기 위해 부모를 그 위대한 계획의 도구로 삼았으며, 이를 위해서 부모에게 아이들을 거두어 먹이고 보존하고 양육할 의무를 부과했다. 다른 한편 신은 자식들에게 부모를 존경해야 할 항구적인 의무를 부과했다. 그 의무는 마음속에서 우러나오는 존경과 존중을 외부로 한결같이 표현해야 하는 것을 포함하는데, 자식은 자신에게 생명을 부여한 자의 행복과 생명을 손상시키거나 모욕하거나 훼손하거나 위태롭게 하는 일이 없도록 구속된다. 또한 자식은 그를 태어나게 하여 삶을 즐기도록 만든 자들을

방어, 구호, 조력, 편안하게 하기 위해 필요한 모든 행동을 다해야 할 의무가 있다. 어떠한 상황도, 어떠한 자유도 그러한 의무로부터 자식들을 면제할 수 없다. 그렇다고 해서 이 의무로 인해 부모가 자식들에 대한 명령권이나 권위—법을 제정하고 그들이 원하는 바에 따라 자식들의 생명이나 자유를 능히 처분할 수 있는—를 가지게 되는 것은 전혀 아니다. 경의, 존경, 보은 및 조력을 빚고 있다는 것과 절대적인 복종 및 굴복을 해야 한다는 것은 전혀 별개의 것이다. 부모에게 바쳐야 하는 존경의 의무를 왕좌에 있는 군주 역시 그의 어머니에게 바쳐야 한다. 그러나 그렇다고 해서 이러한 의무가 그의 권위를 깎아내리는 것은 아니며 어머니의 통치에 그를 복종시키는 것도 아니다.

67. 미성년자의 복종으로 그의 아버지는 일시적인 통치권(government)을 획득하지만, 그것은 자식의 미성년기가 지남에 따라 종료된다. 그리고 자식이 지는 존경의 의무는 교육 중에 보여준 아버지의 배려, 비용 및 친절의 정도에 따라서, 양친에게 그에 상응하는 존경, 존중, 지원 및 복종을 받을 항구적인 권리를 부여한다. 그리고 이러한 권리는 미성년기와 더불어 끝나지 않고 자식의 일생을 통하여 온갖 경우와 상황에도 지속된다. 이러한 두 개의 권력, 곧 아버지가 미성년기에 후견의 권리를 통해서 가지게 된 권력과 그가 평생 동안 가지는 존경을 받을 권리를 구분하지 못했기 때문에 아마도 이 문제에 대한 오해의 대부분이 초래된 듯하다. 엄격히 말하자면, 이들 중에서 전자는 부모가 가진 권력에 따르는 특권

이라기보다는 자식의 특권이자 부모의 의무이다. 자식들의 양육과 교육은 자식의 복지를 위해서 부모에게 부과된 책무이며 어떤 상황도 부모가 그것을 이행할 의무를 면책할 수 없기 때문이다. 그리고 비록 자식들을 명령하고 처벌할 권력이 그것에 수반되지만, 신은 자기 자식들에 대한 다정한 마음을 인간 본성의 기본원칙으로 심어 넣었기 때문에 부모가 그 권력을 지나치게 엄격하게 사용할 염려는 거의 없다. 지나치게 엄격한 편으로 기우는 경우는 드물고, 자연이 심어놓은 강력한 편애에 의해서 오히려 그 반대편으로 기울기 마련이다. 그렇기 때문에 전능하신 하느님 역시 이스라엘인들을 부드럽게 다루는 것으로 표현되는데, 비록 그들을 벌하는 경우에도, "사람이 자기 자식을 잘 되라고 꾸짖듯이 여호와께서 꾸짖는다"(「신명기」, 제8장, 제5절)라고 묘사된다. 다시 말해, 자애롭고 다정하게 대했던 것이다. 그리고 신은 이스라엘인들을 위해서 절대적으로 최선인 한도를 넘어선 엄격한 기율로 다루지 않았으며, 만약 그 기율을 조금이라도 완화시켰더라면 오히려 [편애로 자식을 망치는 것처럼] 불친절한 편이 되었을 것이다. 이것은 부모의 노고와 근심이 늘어나거나 보답을 받지 못하는 일이 없도록 하기 위해서 자식들에게 복종하도록 명한 권력이다.

68. 다른 한편 존경과 지원은 부모에게서 받은 이득에 대한 보답으로서 보은의 정신이 요구하는 바로서, 이는 자식의 불가결한 의무이자 부모의 당연한 특권이다. 부모의 의무가 자식을 위한 것이듯이 이것은 부모의

이득을 위한 것이다. 부모의 의무인 교육은 분명히 규율의 행사이자 일종의 지배권으로서 아주 많은 권력을 가지고 있는 것처럼 보이기는 하지만, 그것은 유년기의 무지함과 연약함이 절제와 교정을 필요로 한 데서 비롯된 것이다. 그리고 비록 그 의무가 어린 자식보다는 성숙한 자식에게 좀 더 강하게 요구되는 것이기는 하지만, '존경'이라는 단어에 담긴 의무는 복종을 요구하는 정도가 약한 편이다. 왜냐하면 누가 '자식들이여 부모에게 복종하라'라는 명령이 이미 슬하에 자기 자식을 둔 사람에게도 마치 아직 어린 자식들이 아버지에게 바치도록 요구되는 것과 동일한 정도의 복종을 그의 아버지에게 바칠 것을 요구한다고 생각하겠는가? 또 누가 이러한 원칙에 의해서, 만약 권위에 대한 자부심에서 그의 아버지가 무분별하게 그를 아직도 여전히 소년으로 취급한다고 할지라도, 그가 아버지의 모든 명령에 복종해야 한다고 생각하겠는가?

69. 부권의 첫째 부분, 아니 차라리 의무라고 할 수 있는 교육은 아버지에게 속하는 것이며 일정한 시기가 지나면 종료된다. 교육의 업무가 마무리되면 그 권력은 저절로 끝나며, 또한 그전이라도 양도할 수 있는 것이다. 왜냐하면 사람은 자기 아들의 교육을 다른 사람에게 맡길 수도 있기 때문이다. 아들을 다른 사람의 도제로 보낸 사람은 그 기간 동안 아들에게 자신과 그의 어머니에 대한 복종의무의 대부분을 면제한 셈이다. 그러나 다른 한편 부모에 대한 자식의 존경 의무는 그렇다 해도 여전히 남아 있다. 그 어느 것도 그 의무를 취소시킬 수 없다. 더욱이 그

의무는 부모 모두로부터 분리할 수 없기 때문에, 아버지의 권위로도 어머니에게서 이 권리를 박탈할 수 없으며, 어떠한 아버지도 자기를 낳아준 어머니를 존경하는 아들의 의무를 면제할 수 없다. 그러나 이러한 두 가지 권력은 법을 제정하고 자산, 자유, 신체 및 생명에 미치는 형벌을 부과하면서 그 법을 집행할 수 있는 권력과는 전적으로 거리가 멀다. 명령을 내릴 수 있는 권력은 미성년기의 종료와 더불어 끝난다. 그리고 비록 그 후에도 명예와 존경, 지원과 보호, 그리고 한 인간이 자기가 본래 누릴 수 있었던 최상의 은혜에 대한 보답으로 응당 부담하는 것을 아들은 항상 부모에게 바쳐야 하지만, 그렇다고 이 모든 것이 아버지의 손에 왕권을 부여하는 것도 아니며 최고의 권력을 부여하는 것도 아니다. 아버지는 아들의 재산이나 행동에 대해서 아무런 지배권을 가지지 못하며, 그의 의지로써 아들의 의지를 모든 면에서 지시할 수 있는 권리를 결코 가지고 있지 않다. 물론 아들로서는 그 자신이나 가족에게 크게 불편하지 않은 많은 경우에 아버지의 의지에 순종하는 것이 적절하겠지만 말이다.

70. 무릇 사람은 노인이나 현명한 사람에게 존경과 경의를 표해야 하고 자식이나 친구들을 보호해야 하며, 어려운 처지에 빠진 사람을 구제하고 지원해야 하며, 은혜를 베푼 사람에게는 감사를 표해야 한다. 하지만 이 모든 일은 그가 가지고 있는 모든 것, 그가 할 수 있는 모든 것으로도 충분히 갚을 수 없는 법이다. 그러나 이 모든 의무로 인해 어떤 사람이

그러한 의무를 빚지고 있는 사람에 대해서 법을 제정할 수 있는 권위나 권리를 획득하는 것은 결코 아니다. 그리고 이 모든 것이 단순히 아버지라는 자격에서 발생하는 것이 아님은 분명하다. 이는 단순히 그것이 어머니에게도 속하기 때문만이 아니라, 부모에 대한 이러한 의무와 그것이 자식들에게 요구되는 정도는 배려와 친절, 노고와 비용—종종 한 자식에게 다른 자식보다 더 많이 지출되기도 하는—의 상이함에 따라 다양할 수도 있기 때문이다.

71. 이것은 어떻게 해서 부모 자신도 신민으로 있는 사회에서 자연상태에 있는 부모와 마찬가지로 자식들에 대해서 여전히 권력을 보유하는지 그리고 자식들의 복종에 대해서 동일한 권리를 가지는지에 대한 이유를 밝혀준다. 이는 만약에 모든 정치권력이 단지 부권적이라면 그리고 정치권력과 부권이 진정으로 하나의 똑같은 것이라면 아마도 가능하지 않은 일이다. 왜냐하면 만일 그렇다면 모든 부권은 군주에게 있으므로 신민은 그와 같은 권력을 추호도 가질 수 없는 것이 당연하기 때문이다. 그러나 이 두 가지 권력, 정치권력과 부권은 완전히 구분되고 분리된 것으로서 전적으로 상이한 토대에 기초하고 있고 전적으로 상이한 목적에 봉사하므로, 군주가 그 자식들에 대해서 가진 것과 똑같은 정도로 모든 신민은 아버지로서 자기 자식들에 대해 부권을 가진다. 그리고 가장 비천한 신민들이 자기 부모에 대해서 지고 있는 것과 똑같은 효도의 의무를 모든 군주 역시 자기 부모에 대해서 지고 있다. 그렇기 때문에 부권은 군주나

위정자가 그의 신민에 대해서 가진 것과 같은 지배권(dominion)을 조금도 포함하지 않는다.

72. 부모가 자식들을 양육할 의무와 자식들이 그 부모를 존경할 의무는 한편에는 모든 권력을 주고 다른 편에는 복종을 부과하는데, 그것은 이 관계에 고유한 것이다. 그러나 아버지에게는 자식의 복종을 확보할 수 있는 또 하나의 권력이 있다. 그 권력은 아버지들에게 공통적인 것이다. 그 권력은 사적인 가족의 아버지들에게 거의 항상 발생하지만, 다른 곳에서는 일어나는 사례가 드문데다가 사람들의 주목을 별로 끌지도 않기 때문에, 세상에서는 아버지가 가진 통치권(jurisdiction)의 일부로 통용되고 있다. 또한 이것은 사람들이 일반적으로 자기 자산을 가장 그들의 마음에 드는 자에게 수여할 수 있는 권력이다. 아버지의 소유물은 자식들에게 기대와 상속의 대상이며, 보통 각 나라의 법과 관습에 따라 일정한 비율로 자식들에게 상속된다. 그러나 그 소유물의 분배는 보통 아버지의 권력으로 남아 있으며, 자식의 행위가 아버지의 의지나 기질과 어느 정도 부합하느냐에 따라서, 어떤 자식에게는 조금 나누어주는 한편 다른 자식에게는 넉넉히 나누어 준다.

73. 이것은 자식들의 복종을 확보하는 데 결코 적지 않은 효과가 있다. 그리고 토지의 향유는 항상 그 토지가 속해 있는 나라의 정부에 대한 복종을 수반한다. 아버지는 그의 자손들을 자신이 신민으로 있는 정부에

복종하도록 만들 수 있으며, 그가 맺은 협정들이 그의 자손들을 구속한다고 보통 생각된다. 그러나 실상 그것은 토지에 부수된 필요조건에 불과하며, 그 정부의 지배 아래 있는 자산의 상속은 그러한 조건으로 자산을 취득하는 자들에게만 미치기 때문에, 그것은 자연적인 구속이나 협약의 결과라기보다는 자발적인 복종에 해당한다. 모든 인간의 자식들은 본래 자기 아버지 또는 자기 조상들과 마찬가지로 태어날 때부터 자유롭고, 그들이 자유로운 한 자기 자신을 어떤 사회에 가입시키고 어떤 국가의 지배 아래 둘 것인가를 선택할 수 있다. 그러나 만약 그들이 조상의 상속재산을 향유하고자 한다면, 그들은 그 조상들이 그것을 보유했던 것과 동일한 조건으로 그것을 인수해야 하며, 그 소유물에 부수되는 모든 조건에 복종해야 한다. 이러한 권력을 통해서 실로 아버지는 심지어 자식들이 미성년기가 지난 후에도 자신에게 복종하도록 할 수 있으며, 또 이처럼 가장 흔한 방식으로 자식들을 정치권력에 복종시킨다. 그러나 이러한 권력은 아버지라는 지위가 갖는 특별한 권리를 통해서가 아니라, 그가 수중에 가지고 있는 보상의 능력을 통해서 복종을 강제하고 [그 복종에] 보답하기 위해서 가지게 된 것이다. 이러한 권력은 가령 프랑스인이 영국인에 대해서 가지고 있는 권력—곧 어떤 프랑스인이 어떤 영국인에게 토지 자산을 남겨줄 것이라는 기대를 갖게 함으로써 영국인이 그에게 복종하도록 확실히 구속할 수 있게 된 경우—과 다를 바 없다. 그리고 만약 그 자산이 그[영국인]에게 남겨졌을 때, 그는 프랑스든 영국이든 그 토지가 있는 나라의 토지소유에 부수된 조건에 따라 그 토지를 취득해야, 비로소 그것을 향유할 수 있다.

74. 이제 지금까지의 논의를 결론지어보면 다음과 같다. 아버지의 명령권은 자식들이 미성년인 기간을 지나서까지 연장되지 않으며, 오직 미성년기의 기율과 통치에 적합한 정도로 제한된다. 그리고 존경과 존중 그리고 라틴 족들이 경애(piety)라고 부르던 모든 것은 부모를 지원하고 보호하는 의무와 더불어 자식들이 필수적으로 부모에게 평생 동안 어떤 상황에 있든지 부담하는 것이다. 하지만 이러한 것들이 아버지에게 통치의 권력, 곧 자식들에게 법을 제정하고 처벌할 권력을 주는 것은 결코 아니다. 이 모든 것을 통해서 아버지는 아들의 재산과 행동에 대해서 어떠한 지배권도 가지지 않는다. 그러나 인구가 희박했던 태초의 세계에서 가족들은 아직 어느 누구도 소유하지 않은 지역으로 뿔뿔이 흩어져 나갈 수 있었고, 살던 곳을 떠나서 아직 비어 있는 땅에 정착할 여지가 많았다. 그런 상황에서 아버지가 그 가족의 군주 역할을 떠맡는 것이 얼마나 쉬운 일이었는지를 상상하기란 그리 어렵지 않다.[1] 아버지는 자

---

1) "따라서 모든 가족의 우두머리는 이를테면 항상 왕과 같은 존재였다라는 대철학자의 의견이 결코 터무니없는 것은 아니다. 그러므로 몇몇 가족들이 결합하여 함께 시민사회를 형성했을 때, 왕정이 그들 간에 최초의 정부형태가 되었으며, 바로 이것이 아버지라는 명칭이 아버지로부터 시작하여 통치자가 된 사람들 간에 오늘날에도 계속 사용되는 이유인 것처럼 보인다. 마찬가지로 통치자들이 멜기세덱(Melchizedeck)처럼 행동하던 고대의 관습—곧 왕들이 본래 아버지들이 최초에 수행했던 제사장의 직책을 수행한 것—역시 아마도 동일한 계기에서 비롯된 것이었을 것이다. 하지만 왕정이 세계에서 수용되었던 유일한 종류의 정치 체제는 아니었다. 어떤 종류의 정치 체제든

식들이 어렸을 때부터 통치자였고, 어떤 형태든 통치가 없이는 그들이 함께 살아가기가 어려웠을 것이기 때문이다. 비록 자식들이 성장한 후에는 어떠한 변화 없이 그 통치가 거의 지속될 수 없는 것처럼 보이기도 했지만, 자식들의 명시적 또는 묵시적 동의에 의해서 그 통치가 아버지에게 남겨졌을 가능성이 가장 높았다. 실상 그 때 필요했던 것은 기껏해야 모든 자유인이 태어나면서부터 가지고 있던 자연법의 집행권에 대한 행사를 가족 중에서 오직 아버지에게게만 허용하는 것 그리고 허용의 결과 자식들이 가족의 성원으로 머물러 있으면서 아버지에게 일종의 군주적 권력을 양도하는 것에 지나지 않았다. 그러나 이러한 사실이 어떠한 경우에도 부권에서 기인한 것이 아니라 자식들의 동의에서 기인한 것이라는 점은 다음으로부터 명백하다. 만약 어떤 용무로 또는 우연히 그의 가족과 접촉하게 된 낯선 타인이 그의 자식들 중 어느 한 사람을 죽이거나 아니면 다른 범죄를 저지를 경우, 아버지가 자식들에게 하던 것과 마찬가지로 그를 재판해서 사형에 처하거나, 달리 그를 처벌할 수 있다는 점에 대해서 아무도 의문을 제기하지 않는다. 그런데 이 경우 그가 이러한 조치를 일종의 부권에 의거해서 자식이 아닌 다른 사람에게 취하는 것은 불가능하며, 다만 그 자신이 인간으로서 가지고 있는 권리인

그것이 지닌 폐단으로 인해서 여러 가지 정치 체제가 고안되었다. 요컨대 어떤 종류의 것이든 모든 공공의 정치체제는 그것이 편리하고 필요하다고 판단한 사람들 간의 신중한 조언, 협의 및 혼합을 통해서 유래한 것임이 분명하다. 기실 자연상태 자체만을 가지고 고려해 보면, 인간이 어떠한 공적인 정치 체제가 없이도 살 수 있었을 것이라는 점은 결코 불가능한 일이 아니기 때문이다"(후커, 『교회정치론』, 제1권 제10절).

자연법을 집행할 수 있는 권력에 의거해서만 취할 수 있다. 그리고 그의 가족 중에서 오직 아버지만이 그 낯선 타인을 처벌할 수 있다. 자식들이 아버지에 대한 존경의 결과 그러한 권력의 행사를 포기하고 가족의 다른 성원 누구보다도 아버지의 위엄과 권위—그들이 기꺼이 아버지에게 계속 남아 있기를 원했던—에 복종하기로 했기 때문이다.

75. 이와 같이 자식들이 묵시적이고 거의 불가피한 동의에 의해서 아버지의 권위와 통치를 받아들이게 된 것은 용이하고도 거의 자연스러운 일이었다. 자식들은 어린 시절부터 아버지의 지시를 따르는 데 그리고 그들 간의 사소한 분쟁에 관해서 아버지의 해결을 구하는 데 익숙해 있다. 따라서 그들이 성인이 되었을 때, 그들을 통치하는 데 누가 그 아버지보다 더 적합한 사람이 될 수 있었겠는가? 그들은 재산도 많지 않았고 탐욕도 적었기 때문에 상호간에 커다란 분쟁도 별로 없었다. 그리고 그러한 분쟁이 발생했을 때 아버지보다 더 적절한 심판관을 어디서 구할 수 있었겠는가? 특히 아버지의 보살핌으로 자식들 모두가 부양되고 양육되었으며, 아버지가 그들 모두에 대해서 자애심을 가지고 있다는 점을 고려한다면 말이다. 이처럼 자식들이 피보호자의 지위를 벗어나고 싶은 욕구가 전혀 없을 때, 그들이 미성년기와 성년기를 전혀 구분하지 않고, 또 그들 자신과 재산을 자유로이 처분할 수 있는 나이인 21세나 기타 다른 연령을 고대하지 않았다는 점은 전혀 놀라운 일이 아니다. 미성년기 동안 복종해온 통치는 그 후에도 제약이라기보다는 보호로 받

아들여지면서 여전히 지속되었던 것이다. 그리고 그들은 다른 어느 곳에서도 아버지의 지배 아래서 누리던 평화, 자유, 재산에 대한 커다란 보장을 발견할 수 없었다.

76. 그리하여 가족의 자연적인 아버지들 역시 감지하기 어려운 변화에 의해 가족의 정치적 군주가 되었다. 그리고 그들은 우연히 장수하기도 하고, 또 유능하고 탁월한 후계자들을 몇 대에 걸쳐 남겨놓은 경우도 있었고 그렇지 못한 경우도 있었다. 그리하여 그들은 우연, 의도적인 창안 및 기회가 영향을 미침에 따라 여러 가지 체제와 관행 아래 세습제적 왕국과 선거제적 왕국의 기초를 닦았던 것이다. 그렇다 해서 군주의 자격이 부권에서 유래한다고 하고 또한 아버지들이 일반적으로 사실상의 통치권을 행사하는 사람들이라는 점에 기초해 아버지에게 자연적 권리로서 정치적 권위를 인정할 수 있는 충분한 증거가 된다고 하자. 만약 이러한 논변이 유효하다면, 그 논변은 모든 군주는, 아니 오직 군주만이 제사장이 되어야 한다는 논변 역시 확실하게 증명할 것이다. 왜냐하면 태초에 가족의 아버지가 제사장이었다는 사실은 그가 그 집안의 지배자였다는 사실만큼이나 확실하기 때문이다.

제7장
정치사회 또는 시민사회의 기원에 관하여

77. 신은 인간을 피조물로 창조하면서 인간이 혼자 사는 것은 좋지 않다고 판단했다. 따라서 필요, 편익 및 성향이 강력히 요구하는 바에 따라 인간이 사회생활을 하도록 만들었으며, 나아가 이해력과 언어를 부여함으로써 사회생활을 지속적으로 영위하도록 만들었다. 최초의 사회는 남편과 아내의 사회였으며, 그로부터 부모와 자식 간의 사회가 생겨났다. 시간이 흐름에 따라 여기에 주인과 하인 사이의 사회가 더해지게 되었다. 그리고 이 모든 사회들이 한데 합쳐지게 되었고 그리하여 하나의 가족을 형성했으며, 실제로도 그렇게 되는 것이 보통이었다. 그 안에서 가족의 주인과 여주인이 가족에 적합한 일종의 지배권을 행사했다. 그러나 앞으로 우리가 살펴볼 것처럼, 이들 사회의 각각이나 또는 한데 합쳐진 것이나 각 사회의 목표, 결합방식 및 한계를 고찰해보면, 그것들은 정치사회라고 부르기에는 미흡한 것이었다.

78. 부부사회는 남자와 여자 사이의 자발적인 계약에 의해서 형성된다. 그리고 그 계약은 상대방의 육체에 대한 결합과 권리로 구성되는 바, 이는 그 주된 목적인 생식에 필요한 것이다. 하지만 그 계약은 동시에 상호 부양과 협조 및 이해관계의 공유를 수반한다. 이러한 것들은 그들의 배려와 애정을 통합하기 위해서뿐만 아니라 공동의 자식들을 위해서도 필요한 것이다. 왜냐하면 자식들은 스스로 생계를 꾸려나갈 수 있을 때까지 부모로부터 부양과 양육을 받을 권리를 가지고 있기 때문이다.

79. 남성과 여성 간의 결합은 단순히 생식뿐만 아니라, 종족의 지속에도 그 목적이 있기 때문에, 생식이 끝난 후에도 어린 자식들의 부양과 보호에 필요한 만큼 지속되어야 한다. 자식들은 스스로 생계를 꾸려나갈 수 있을 때까지 그들을 낳은 양친에 의해서 부양되어야 하기 때문이다. 이는 무한히 현명한 조물주가 그의 작품에 직접 각인해놓은 규칙으로, 인간보다 열등한 동물들도 충실하게 복종하고 있다. 풀을 먹고 사는 태생 동물들의 경우, 암수의 결합은 교미행위 이후에는 오래 지속되지 않는다. 왜냐하면 새끼가 스스로 풀을 뜯어먹을 수 있을 때까지 어미의 젖꼭지만으로도 새끼를 키우기에 충분하기 때문이다. 수컷은 새끼를 낳게만 할 뿐 암컷이나 어린 새끼들에게 전혀 관심을 보이지 않으며, 그들의 생존에 아무런 기여도 하지 않는다. 그러나 육식동물의 경우에는 그 결합이 좀 더 오래 지속된다. 왜냐하면 어미가 잡은 먹이만으로는 자신과 많은 새끼들을 충분히 먹여 살릴 수 없고, 이처럼 먹이를 잡아먹는 행위

는 풀을 뜯어먹는 행위보다 훨씬 더 위험하고 힘든 삶의 방식이기 때문이다. 수컷의 도움은 그들 공동의 가족을 유지하는 데 필수적이며, 암컷과 수컷이 함께 보살피지 않는다면 어린 새끼들은 스스로 먹이를 잡을 수 있을 때까지 생존할 수 없다. 동일한 현상을 모든 새들에게서도 볼 수 있다(먹이가 충분하기 때문에 수컷이 어린 새끼들을 먹이고 보살필 필요가 없는 약간의 가금류[家禽類]를 제외하고는 말이다). 둥지 속의 어린 새끼들은 물어다주는 먹이를 필요로 하기 때문에, 수컷과 암컷은 어린 새끼들이 스스로 날갯짓을 하여 먹이를 구할 수 있을 때까지 가정을 이루고 살아야 한다.

80. 그리고 인류의 경우 남성과 여성이 왜 다른 동물보다 더 오랫동안 결합해야 하는지에 대해 생각해 볼 때, 유일한 이유는 아닐지라도 주된 이유는 바로 여기에 있다고 나는 생각한다. 곧 그 이유란, 먼저 태어난 자식이 부모의 부양에 의존하는 것을 벗어나서 스스로 생계를 꾸릴 수 있게 되어 부모의 원조를 더 이상 받을 필요가 없어지게 되기 훨씬 오래 전에 어머니가 다시 임신을 할 수 있고, 실제로 다시 임신을 해서 새로운 아기를 출산하기도 한다는 것이다. 이로 인해서 그가 잉태시킨 자식들을 돌보아야 하는 아버지는 다른 동물들보다 더 오래 동일한 여자와 부부사회를 지속할 의무를 부담하게 된다. 다른 동물들의 경우에는 새로운 번식기가 돌아오기 전에 새끼들이 스스로 살 수 있을 만큼 이미 성장하기 때문에 암수의 결합은 저절로 해소되며, 그들은 히멘*이 통상적인 연례

기념축제에서 새로운 짝을 선택하도록 부를 때까지 자유롭다. 이 점에서 우리는 위대한 조물주의 지혜에 감탄하지 않을 수 없다. 조물주는 인간에게 선견지명과 당면한 필요를 충당할 수 있는 능력은 물론 미래에 대비하여 저축할 수 있는 능력을 주었으며, 남편과 아내의 사회가 다른 동물의 결합보다 오래 지속될 필요가 있도록 만들었다. 그 목적은 그들의 근면을 장려하고 그들의 이해관계가 잘 합치되도록 하여 그들이 공동으로 낳은 자식들에게 필요한 생활 용품을 공급하고 물품을 비축하기 위한 것이었다. 그러한 목적은 남녀의 결합이 불확실하다든가 또는 부부관계가 쉽고 빈번하게 해소되었더라면 어렵지 않게 좌절되었을 것이다.

81. 바로 이와 같은 인류의 결합방식으로 인해서 인간의 부부관계는 다른 종(種)보다 더 견고하고 영속적인 것이 되었다. 그러나 그것은 다음과 같은 질문을 던질 이유를 제기한다. 왜 이 계약은 생식과 교육이 확보되고 상속의 문제가 해결된 이후에도 다른 자발적인 계약과 마찬가지로 동의에 의해서, 아니면 일정한 시기의 도래에 의해, 아니면 일정한 조건의 성취에 의해서 종료되어서는 안 되는 것일까? 그 계약이 평생 동안 언제나 유효해야 한다는 것은 사물의 본성에 따른 필연도 아니며 그 목적 달성에 필수적인 것이 아닌데도 말이다. 이 같은 질문은, 그런 모든 계약이 항구적이어야 한다고 명하는 실정법상의 제약이 없을 때는 합당

---

* Hymen : 그리스 신화에 나오는 결혼의 신.

하게 제기될 수 있다.

82. 그러나 남편과 아내는, 비록 오직 하나의 공통된 관심을 가지고 있기는 하지만 각자 다른 이해력을 가지고 있기 때문에 때로는 불가피하게 서로 다른 의지를 가지게 된다. 그렇기 때문에 최종적인 결정권, 곧 지배권이 누군가에게 주어져야 하는데, 그것은 당연히 좀 더 유능하고 힘이 센 남자의 몫으로 떨어진다. 그러나 이러한 지배권은 단지 그들 공동의 이해관계나 재산과 관련된 사안에만 미치며, 계약에 따라서 정해진 아내의 특유한 권리는 그 아내가 완전하고 자유롭게 소유한다. 그 지배권은 아내가 남편의 생명에 대해서 아무런 권력을 가지지 않듯이 남편에게 아내의 생명에 대한 어떠한 권력도 부여하지 않는다. 남편의 권력은 절대 군주의 권력과는 전적으로 거리가 멀며, 아내는 자연권이나 그들의 계약이 허용하는 많은 경우에 남편과 헤어질 자유가 있다. 그들이 그 계약을 자연상태에서 체결했건 그들이 살고 있는 나라의 관습이나 법에 따라서 체결했건 상관없이 말이다. 그리고 부부가 헤어지게 되면 자식들은 계약이 정하는 바에 따라 아버지나 어머니 어느 한편을 따라가게 된다.

83. 결혼의 모든 목적은 자연상태에서는 물론 정치적인 지배 아래에서도 달성되어야 하는 것이기 때문에 시민정부의 위정자들은 그 목적, 곧 부부가 함께 사는 동안의 생식과 상호 부조 및 부양이라는 목적에 당연

히 필요한 권리나 권력을 그들 어느 쪽으로부터도 박탈해서는 안 되며, 다만 남편과 아내 사이에서 그것을 둘러싸고 일어나는 분쟁을 심판할 뿐이다. 만약 그와 다르다면, 곧 절대적인 주권과 생사여탈권이 당연히 남편에게 속하고 그것이 부부 간의 사회에 필수적이라면, 남편에게 그처럼 절대적인 권위가 인정되지 않는 나라들에서는 결혼이라는 것이 결코 있을 수 없게 되는 셈이 된다. 그러나 결혼의 목적은 남편에게 그러한 권력을 요구하지 않고, 부부사회의 조건은 그러한 권력을 그에게 인정하지 않으며, 그것은 그 상태에 전혀 필요하지도 않다. 부부사회는 그것 없이도 존속할 수 있고 그 목적을 달성할 수 있다. 아니 재물의 공유, 그 재물에 대한 처분권, 상호 부조, 기타 부부사회에 속하는 것들은 일정한 사회에서 남편과 아내를 결합시키는 계약— 그 계약이 생식 그리고 자녀가 스스로 돌볼 수 있을 때까지의 양육과 양립 가능한 한—에 의해서 변경될 수 있고 규제될 수 있다. 어떤 사회든 그 사회가 만들어진 목적에 필수적이지 않은 것은 그 어느 것도 그 사회에 필수적이지 않기 때문이다.

84. 부모와 자식 간의 사회 그리고 그들 각각이 갖는 상이한 권리와 권력을 나는 이미 앞장에서 충분히 다룬 바 있기 때문에 여기서 그것에 관해서 더 이상 언급할 필요는 없을 것이다. 그리고 그 사회가 정치사회와 현저하게 다르다는 점은 이제 분명하다고 생각한다.

85. 주인과 하인은 유구한 역사만큼이나 오래된 명칭이지만, 그 명칭은 너무나 상이한 조건에 처해 있는 자들에게 적용되어왔다. 왜냐하면 자유인이라도 그가 받게 될 임금을 대가로 하여 자신을 팔아서 다른 사람에게 일정 기간 동안 노무를 제공하는 하인이 될 수 있기 때문이다. 그리고 그러한 상황에서 보통 그는 주인 가족의 일원이 되어 그 가족의 통상적인 기율에 지배받는다. 하지만 그 계약은 주인에게 그에 대한 단지 일시적인 권력을 주는 것이지, 그들 간의 계약에 포함된 것 이상의 권력을 주는 것은 아니다. 그러나 또다른 종류의 하인이 있는데, 우리는 특별한 명칭에 따라 노예라고 부른다. 노예란 정당한 전쟁에서 포로가 된 자들인데, 자연권에 의해서 주인의 절대적 지배와 자의적인 권력에 복종하도록 되어 있다. 이러한 사람들은 그들의 생명을 몰수당한 자들로서 그것과 더불어 자유도 몰수당했으며, 자산도 상실했다. 그들은 능히 재산을 소유할 수 없는 노예의 상태에 있으므로, 그 상태에서는 시민사회의 일원으로 생각될 수 없다. 시민사회의 주된 목적은 재산의 보존이기 때문이다.

86. 그러면 이제 한 가족의 가정적(domestic) 지배 아래에서 결합되어 있는 아내, 자식, 하인 및 노예가 종속관계를 맺고 있는 가족의 가장에 대해 고찰해보도록 하자. 가족은 그 상하관계, 직무 및 구성원 수에서 비록 작은 나라(commonwealth)와 닮은 점을 많이 가지고 있다 할지라도, 그 구조, 권력 및 목적에서는 나라와 전혀 다르다. 만약 가족을 군주제

로, 가부장을 절대군주로 생각해야 한다면, 절대군주제라는 것은 단지 매우 취약하고 단기적인 권력만을 가진 것에 불과하게 될 것이다. 왜냐하면 지금까지 논의한 것을 상기해볼 때, 가족의 주인은 가족의 성원들에게 시간과 범위 양면에서 매우 독특하고 상이하게 제한된 권력을 가지고 있음이 분명하기 때문이다. 왜냐하면 노예를 제외한다면(노예가 있건 없건 가족은 여전히 가족이며 가부장으로서 그의 권력은 강력하다) 그는 가족 성원의 생사여탈에 관한 아무런 입법권을 가지고 있지 않으며, 가족의 여주인도 그가 가진 만큼의 권력을 가지고 있기 때문이다. 그리고 가족의 개별 성원에게 매우 제한된 권력을 가진 데 불과한 그가 전 가족에게 절대적 권력을 가지지 못함은 분명하다. 그러나 가족이든 그 밖의 어떤 사회이든 그것이 본래의 정치사회와 어떻게 다른지는 정치사회의 목적을 고찰함으로써 가장 잘 이해될 수 있다.

87. 지금까지 논의에서 입증된 것처럼, 인간은 완전한 자유와 자연법상의 모든 권리 및 특권을 간섭받지 않고 누릴 수 있는 자격을 다른 여느 인간 또는 세계의 많은 인간들과 더불어 평등하게 가지고 태어났다. 그리고 인간은 본래 타인의 침해와 공격으로부터 자신의 재산, 곧 생명, 자유, 자산을 보존할 권력뿐만 아니라 다른 사람들이 그 법을 위반한 것을 심판하고, 그 위반행위가 마땅히 치러야 한다고 그가 확신하는 바에 따라서 다른 사람을 처벌할 수 있는 권력도 가지고 있다. 그리고 그가 생각하기에 사건의 가증스러움으로 인해 사형이 요구되는 범죄인 경우

에는 심지어 사형으로 처벌할 수 있는 권력도 가지고 있다. 그러나 어떠한 정치사회도 재산을 보존할 권력 그리고 이를 위해서 그 사회의 모든 범죄를 처벌할 수 있는 권력을 그 자체 내에 가지지 않고서는 존재하거나 존속할 수 없다. 따라서 각각의 구성원이 이 자연적 권력을 포기하고, 공동체가 제정한 법에 따라 모든 사건에 관해서 그 보호를 호소할 수 있는 공동체의 수중에 그 권력을 양도한 곳, 오직 그곳에서만 비로소 정치사회가 존재하게 된다. 그리하여 특정한 개별 구성원의 사적 재판권은 완전히 배제되고, 공동체가 상시적인 규칙에 따라서 모든 당사자에게 무사공평한 심판관이 된다. 또한 공동체는 이러한 규칙의 집행을 위해서 자신의 권위를 위임받은 사람들이 그 사회의 구성원들 간에 권리를 둘러싸고 발생하는 모든 분쟁을 결정하도록 하며, 어떤 구성원이 사회에 저지른 범죄를 법이 규정한 벌칙에 따라 처벌하도록 한다. 이를 통해서 누가 정치사회에 함께 있고 함께 있지 않은지를 용이하게 분별할 수 있다. 서로 결합하여 하나의 단체를 결성한 자들이 그들 간의 분쟁을 해결하고 위반자를 처벌하기 위해서 그러한 권위를 가진 공통의 확립된 법과 재판소를 만들었다면, 그들은 서로 시민사회에 있으며, 지상에서 그처럼 공통된 호소수단을 가지고 있지 않은 자들은 달리 재판관이 없으므로 각자가 자기를 위한 재판관이고 집행자인 자연상태에 여전히 머물러 있다. 그것은 내가 이전에 보여준 것처럼 완전한 자연상태이다.

88. 그러므로 국가(commonwealth)는 그 사회의 구성원들 사이에서 저질

러진, 마땅히 처벌되어야 한다고 생각되는 이러저러한 범죄에 어떤 처벌을 가할 것인가를 결정하는 권력(곧, 법을 제정하는 권력)을 가지게 된다. 동시에 국가는 국가의 외부인이 그 구성원에게 침해를 가했을 경우 그를 처벌할 수 있는 권력(곧 전쟁과 평화에 관한 권력)도 가지고 있다. 그리고 이 모든 것은 가능한 한 사회의 전 구성원의 재산을 보존하기 위한 것이다. 따라서 시민사회에 가입하여 어떤 국가의 구성원이 된 사람은 모두 자연법의 위반행위를 자신의 사적인 판단에 따라 처벌할 권력을 포기한 것이다. 그 사람은 또한 위정자에게 호소할 수 있는 모든 사건에 관해서 범죄에 대한 재판권을 입법권에 양도한 것은 물론, 언제든 국가가 스스로의 재판을 집행하기 위해서 그에게 요청할 때는 그의 힘을 사용할 수 있는 권리를 국가에게 내준 것이다. 그리고 국가의 재판은 그 자신이나 대표자가 하는 것이기 때문에 사실상 그 자신의 재판이나 다름없다. 그리고 바로 여기에서 우리는 시민사회에 있는 입법권과 집행권의 기원을 찾아볼 수 있다. 그와 같은 권력은 국가 내에서 범죄가 저질러졌을 때 그것을 어느 정도까지 처벌해야 하는가를 명시적인 법에 따라 심판하고, 또한 외부로부터 저질러진 침해에 대해서 어느 정도로 대응해야 하는가를 당면한 상황에 근거하여 수시로 내려진 판단에 따라 결정하는 권력이며, 양자는 필요한 경우 구성원들이 가진 모든 힘을 사용할 수 있는 권력이다.

89. 그러므로 일정한 수의 사람들이 서로 결합하여 하나의 사회를 형성

하고, 각자 모두 자연법의 집행권을 포기하여 그것을 공공체(the publick)에게 양도하는 곳에서만 비로소 정치사회 또는 시민사회가 존재하게 된다. 그리고 이러한 일은 자연상태에 있는 일정한 수의 사람들이 최고의 통치권력 아래로 들어가 하나의 인민(people)이 되고 하나의 정치체를 결성하기 위해 사회에 가입하는 곳이면 어디에서나 일어나고, 그밖에 어떤 사람이 이미 결성된 정부에 가담하여 그것과 일체(一體)가 된 경우에도 일어난다. 왜냐하면 이를 통해서 그는 사회에 또는 그것과 다름없는 입법부에 사회의 공공선이 요구하는 바에 따라 그를 위해서 법을 제정할 권한을 위임한 셈이 되기 때문이다. 그리고 그는 법의 집행에 (그자신의 명령에 대해서와 마찬가지로) 조력을 제공해야 한다. 이처럼 모든 분쟁을 재결(裁決)하고 국가의 구성원들에게 발생하는 침해를 보상해줄 권위를 가진 재판관을 지상에 설정함으로써 인간은 자연상태에서 벗어나 국가(commonwealth)의 상태로 들어가게 된다. 그 재판관은 입법부 또는 입법부가 임명한 위정자이다. 여하한 수의 사람들이 어떻게 결합되어 있든, 그들이 호소할 수 있는 그러한 재결권(decisive power)이 없는 곳에서 그 사람들은 여전히 자연상태에 있다.

90. 그러므로 일부 사람들에 의해서 세계의 유일한 지배형태로 간주되는 절대군주제가 실로 시민사회와 양립 불가능하며, 따라서 결코 시민적 지배형태가 될 수 없다는 점은 명백하다. 자연상태에서는 모든 사람이 자신의 사건에 관해 재판관이 되기 때문에 필연적으로 폐단이 발생하는

데, 시민사회의 목적은 그러한 폐단을 피하고 치유하는 데 있다. 이 목적은 그 사회의 모든 사람들이 각자 침해를 받거나 분쟁이 일어나면 호소할 수 있는 권위를 확립하고, 사회의 구성원은 모두 그 권위에 복종함으로써 달성된다.[2] 어떤 사람들이든 그들 사이에 발생하는 분쟁을 해결하기 위해서 호소할 수 있는 권위를 가지지 못한 자들은 어디에 있든지 여전히 자연상태에 있는 셈이다. 그러므로 모든 절대군주는 그의 지배 아래에 있는 사람들에 대해서 자연상태에 놓여 있다.

91. 절대군주는 혼자서 입법권과 집행권을 모두 가지고 있다. 따라서 군주가 저지른 또는 그의 명령에 의해서 발생한 침해나 폐해에 대해서는 재판관, 곧 권위를 가지고 무사공평한 결정을 내리며 그 결정에 따른 구제와 보상을 기대할 수 있는 재판관이 존재하지 않으며, 따라서 이를 호소할 수 있는 길이 어느 누구에게도 열려 있지 않다. 그러므로 차르(czar)라고 부르든 대군주(grand signior)라고 부르든 기타 여러분이 원하는 어떤 칭호로 부르든 그러한 군주는 그의 지배 밖에 놓여 있는 사람에 대해서와 마찬가지로 그의 지배 아래에 있는 모든 사람들과도 자연상태에 놓여 있다. 왜냐하면 임의의 두 사람이 어디에 있든, 그들 사이의

---

2) "모든 사회에서 공적인 권력은 그 사회의 구성원인 모든 사람들보다 상위에 있다. 그리고 그 권력의 주된 용도는 그 권력의 지배 아래 있는 모든 사람들에게 법을 제정하는 것이다. 우리들은 그 법에 복종해야 한다. 이성의 법이나 신의 법이 그것과 반대되는 것을 명하고 있다고 생각할 수밖에 없는 이유가 제시되지 않는다면 말이다"(후커, 『교회정치론』, 제1권 제16절).

권리에 관한 분쟁을 결정하기 위해서 지상에 호소할 수 있는 유효한 규칙이나 공통된 재판관이 없는 경우에 그들은 여전히 자연상태[3]와 그것이 수반하는 모든 폐단을 겪어야 하는 처지에 놓여 있기 때문이다. 따라서 절대군주의 신민, 아니 차라리 그 노예에게는 [통상적인 자연상태와 비교하여] 다음과 같은 비참한 차이가 있을 뿐이다. 곧 통상적인 자연상태에서 인간은 자신의 권리에 대해서 심판할 자유가 있으며 자신의 권력을 최대한 활용하여 그것을 유지할 수 있다. 그러나 절대군주 아래 있는 신민은 이제 그의 재산이 군주의 의지와 명령에 의해서 침해될 때, 사회에 있는 인간들이 의당 가지고 있는 호소의 수단은 아무것도 가지고 있지 않으며, 마치 이성적인 피조물이 평상시[그가 누리던 상태]에서 추락한 것처럼, 그의 권리를 판단하고 방어할 자유마저 부정당하게 된다. 그

---

3) "그러한 모든 상호간의 불평, 위해 및 비행들을", 곧 자연상태의 인간에게 수반되는 그러한 것들을 "제거하기 위해서는 그들 간에 조화와 합의를 도출하도록 노력하고 무언가 공적인 정부를 임명하며, 그들이 통치하고 다스릴 수 있는 권한을 부여한 정부에 복종하고 그런 정부를 통해 사회의 평화, 평온 및 행복한 상태를 확보하는 것 이외에는 다른 방도가 없었다. 사람들은 무력과 침해가 가해진 곳에서는 자신들을 방어할 수 있다는 점을 항상 알고 있었다. 어떤 식으로든 사람들이 자신들의 편리를 추구해도 무방하지만, 만약 그것이 다른 사람에게 피해를 끼친다면 그것은 용납될 수 없으며, 모든 사람이 온갖 효과적인 방법을 동원하여 그것을 저지해야 한다는 점을 그들은 알고 있었다. 마지막으로 사람들은 모든 사람이 자신과 자신들이 아끼는 사람들에 대해서 편파적인 성향이 있는 한, 어떤 사람이든 스스로 자신의 권리를 판정하거나 그 자신의 판정에 따라 그것을 관철시키고자 하는 것이 정당하지 않다는 점을 알고 있었다. 따라서 그들 모두가 합의를 통해 선정한 누군가의 명령에 따르도록 동의하지 하지 않는 한 분쟁과 재난이 그치지 않을 것이라는 점과 만약 그러한 동의가 없다면 어떤 사람이 다른 사람의 지배자가 되거나 재판관이 되어야 할 이유가 결코 없다는 점을 알고 있었다"(후커, 『교회정치론』, 제1권 제10절).

리하여 아무런 제약을 받지 않는 자연상태에 있음에도 불구하고, 이미 아첨에 의해서 타락하고 권력으로 무장한 사람으로부터 맛볼 수 있는 온갖 비참함과 폐해를 겪게 된다.

92. 절대적 권력이 인간의 피를 정화시키고 인간성의 비열함을 교정한다고 생각하는 사람은 다만 이 시대나 다른 시대의 역사를 들여다보는 것만으로도 사실은 그와 반대라는 점을 확인할 수 있다. 아메리카의 삼림에서 거만하고 공격적이었던 자는 설사 그가 왕위에 오른다고 해도 아마 크게 달라지지 않을 것이다. 그럴 경우[그런 자가 왕위에 오를 경우] 아마도 그가 신민들에게 저지르게 될 모든 행동을 정당화하기 위해서 학식과 종교를 동원할 것이고, 이의를 제기하는 모든 자들을 무력으로써 즉각 침묵시킬 것이다. 이러한 종류의 정부가 극에 달한 상태에서 절대 군주제가 베푸는 보호는 무엇인가? 그것은 군주들을 자기 나라에서 어떠한 종류의 아버지로 만드는가? 그리고 그것은 시민사회에 어느 정도의 행복과 안전을 가져오는가? 이에 관해서는 무릇 실론에 관한 최근의 저술*을 읽어본 자는 누구나 쉽게 이해할 수 있을 것이다.

93. 하기야 세계의 다른 정부 형태와 마찬가지로 절대 군주제에서도 사

---

* 로버트 녹스(Robert Knox)가 집필한 『실론 섬의 역사적 고찰(*Historical Relation of the Island of Ceylon*)』(1680)을 지칭한다. 녹스는 영국의 상인으로서 20년 가까이 실론 섬에 붙잡혀 있다가 간신히 탈출하여 영국에 돌아온 후에 이 책을 저술했다.

실 신민들은 법에 호소할 수 있으며, 신민들 상호간에 일어나는 분쟁을 해결하고 폭력을 억제하기 위해 재판관을 둘 수 있다. 모든 사람은 이러한 제도가 필요하다고 생각하며, 그것을 박탈하려고 시도하는 자는 마땅히 사회와 인류의 공공연한 적으로 간주되어야 한다고 믿는다. 그러나 이러한 믿음이 인류와 사회에 대한 참된 사랑에서 그리고 우리 모두가 서로에게 빚지고 있는 인류애에서 나온 것인지에 대해서는 의심할 이유가 있다. 왜냐하면 그러한 제도는 누구든 자신의 권력, 이윤 또는 위대함을 사랑하는 사람이 오직 자기의 쾌락과 이득을 얻으려는 목적으로 노동하고 수고하는 동물들이 서로 해치고 죽이지 못하도록 보살피기 위해, 아마도 그리고 당연히 설립해야 하는 것이기 때문이다. 즉, 그런 행위는 그 동물들에 대한 어떤 사랑에서 비롯되는 것이 아니라 그 자신에 대한 사랑과 그 동물들이 가져다주는 이익에서 비롯되는 것이다. 그와 같은 상태에서 그런 절대적 지배자의 폭력과 억압에 대한 어떠한 안전책과 어떠한 울타리가 존재하는가라는 질문이 제기되면 어떻게 될 것인가? 그런데 이와 같은 질문은 거의 성립되지도 않을 것이다. 그들[절대 군주제의 옹호자들]은 그러한 안전을 요구하는 것만으로도 당연히 죽음을 당할 만하다고 기꺼이 이야기할 것이다. 그들은 신민과 신민 사이에는 상호간의 평화와 안전을 위해서 일정한 기준, 법, 재판관이 있어야 한다는 점은 인정할 것이다. 그러나 그들은 통치자에 관한 한 그는 절대적이어야 하며 그것은 상황을 불문한다고 주장한다. 왜냐하면 그는 단순히 가해와 부정 이상을 행할 수 있는 권력을 가지고 있기 때문에, 그가 그것을 저지른다고 해도 정당하다는 것이다. 가장 강력한 자들이 그러한 해악이나 비행을 저지르는 상황에서 어떻게 그러한 것들로부터 나 자신을 보호할 수 있는가를 묻는 것은 즉각적으로 분열과 반란을 조장하는 목소리로 들릴 것이다. 이러한 상황은 마치 인간이 자연상태를 떠나 사회에 들어가면서, 한 사람을 제외한 모든 사람들은 법의 구속 아래 있어야 하지만, 그 한 사람만은 자연상태에서 누리던 모든 자유를 여전히 보유할 뿐만 아니라, 그것을 권력에 의해서 증대시키고 또 무절제하게 사용하더라도 책임을 묻지 않겠다고 합의하는 것이나 다름없다. 이는 인간이 스컹크나 여우로부터 받을지도 모르는 해악을 피하기 위해서는 조심을 하면서도, 사자에게 잡혀 먹히는 데는 만족하거나 아니 심지어 안전하다고 생각할 정도로 어리석다고 생각하는 것과 마찬가지이다.

94. 그런데 아첨꾼들이 인민의 이해력에 혼란을 주기 위해서 무슨 말을 하든, 그것이 사람들의 감정까지 속일 수는 없다. 사람들은, 자신들이 속해 있는 시민사회의 경계 밖에서 어떤 지위에 있는 누군가에게 해악을 당하고 또한 그것을 호소할 수 있는 수단이 지상에 없다는 점을 발견하게 되면, 그 사람에 관한 한 자연상태에 있다고 생각하게 되며 가능한 한 빨리 시민사회의 안전과 보장—그것을 위해서 최초에 시민사회가 설립되고, 오직 그것을 위해서 그들이 시민사회에 들어간—을 확보하는 조치를 취할 것이다. 아마도 최초에는 (이 논고의 뒷부분에서 상세히

밝혀지겠지만) 선량하고 탁월한 어떤 사람이 남보다 뛰어났고, 사람들은 그의 선량함과 미덕에 대해서 일종의 자연적 권위처럼 존경을 바치게 되었을 것이다. 그 결과 사람들은 그의 올바름과 지혜를 확신한 나머지 달리 아무런 방비책을 강구하지 않고, 암묵적 동의에 의해서 사람들 간의 분쟁을 중재하는 권력과 더불어 주된 통치업무를 그의 수중에 위임했다. 초기의 부주의함과 앞을 내다보지 못하는 무지함에서 비롯된 관습은 시간이 흐름에 따라 권위와 (일부 사람들이 주장한 것처럼) 성스러움을 획득하게 되었지만, 동시에 전혀 별개의 속성을 지닌 후계자들이 나타나기 시작했다. 그리하여 그들의 재산이 그러한 정부 아래에서는 (정부는 오직 재산의 보존만을 목적으로 함에도) 그전처럼 안전하지 않음을 발견하게 된 인민[4]은 입법부가 인간의 집단적 기구— 그것이 원로원(senate)으로 불리거나 의회로 불리거나 기타 무엇으로 불리든 상관없이 — 에 맡겨지기 전에는 결코 안전할 수 없고, 평온할 수도 없으며, 시민사회에 있다고 생각할 수 없다는 점을 깨닫게 되었다. 따라서 입법부를 설치함으로써 모든 개인은 가장 비천한 인간과도 평등하게 법에 복종하는 신민

---

4) "최초에 어떤 종류의 통치체제가 일단 수립되었을 때, 통치를 담당하는 자의 지혜와 재량에 통치의 방법에 관한 모든 것을 일임하는 것 외에는 전혀 생각이 미치지 못했을 것이다. 그러나 그들은 경험을 통해서 이러한 통치가 모든 면에서 매우 불편하며, 사실 그들이 치료책으로 고안한 것이 치료했어야 할 상처를 오히려 더 악화시킨다는 점을 발견하게 되었다. 그들은 1인의 의지에 따라 사는 것이 만인의 불행의 원인이 된다는 점을 깨달았다. 이로 인해서 그들은 법에 의존하게 되었는데, 법을 통해서 만인이 사전에 그들의 의무와 그 법을 위반하는 데 따르는 처벌을 익히 알게 되었던 것이다"(후커, 『교회정치론』, 제1권 제10절).

이 되었는데, 그 법은 또한 그가 입법부의 일원으로서 제정한 것이기도 했다. 그리고 누구도 일단 법이 제정되면 그 위력을 자신의 권위를 빙자하여 피할 수 없었으며, 또한 우월성을 주장하는 어떠한 명분을 내세워 자기 자신이나 부하의 비행을 허용하는 면책을 주장할 수도 없었다. 시민사회의 어떤 사람도 그 법의 적용으로부터 면제될 수 없다.[5] 왜냐하면 만약 어떤 사람이 그 자신이 적절하다고 생각하는 것은 무엇이든 해도 좋고, 그가 저지른 해악에 대해서 그 보상이나 안전을 호소할 수 있는 수단이 지상에 존재하지 않는다면, 그는 여전히 완전한 자연상태에 남아 있으며, 따라서 시민사회의 일부나 구성원이 아니라는 점에 대해서는 의문의 여지가 없기 때문이다. 어떤 자가 자연상태와 시민사회가 똑같은 것이라고 말한다면 몰라도 말이다. 그러나 나는 그것을 긍정할 정도로 무정부 상태를 옹호하는 자를 여태껏 본 적이 없다.

---

5) "시민법은 정치체 전체의 결정이므로 동일한 정치체의 각 부분보다 우월하다"(후커, 『교회정치론』, 제1권 제10절).

제8장

정치사회의 기원에 관하여

95. 앞에서 말한 것처럼 본래 인간은 모두 자유롭고 평등하고 독립된 존재이므로, 어떤 인간도 자신의 동의 없이 이러한 상태를 떠나서 타인의 정치권력에 복종할 수 없다. 어떤 사람이 자신의 자연적 자유를 포기하고 시민사회의 구속을 받아들이는 유일한 방도는 재산을 안전하게 향유하고 공동체에 속하지 않는 자들로부터 좀 더 많은 안전을 확보하면서, 그들 상호간에 편안하고 안전하고 평화스러운 삶을 영위하기 위해서 다른 사람들과 함께 공동체를 결성하기로 합의하는 것이다. 이러한 합의는 사람 수의 많고 적음과 상관없이 어떠한 수의 사람들에 의해서도 가능하다. 왜냐하면 그것은 나머지 사람들의 자유에 아무런 해를 끼치지 않기 때문이다. 곧 나머지 사람들은 그 이전과 마찬가지로 여전히 자연상태에서의 자유를 누리고 있기 때문이다. 일정한 수의 사람들이 하나의 공동체나 정부를 구성하기로 동의할 때, 그들은 즉시 하나의 단체로 결합되어 하나의 정치체를 결성하게 되며, 거기서는 다수(majority)가 나머

지 다른 사람들을 움직이고 결정할 권리를 가진다.

96. 그 이유는 그 숫자와 상관없이 일정한 수의 사람들이 각자 개별적인 동의에 의해서 공동체를 결성했을 때, 그들은 그 행위를 통해서 그 공동체를 하나의 단체(one body)로 만들었기 때문이다. 그 결과 공동체는 일체(一體, one body)로서 행동할 수 있는 권력을 가지게 되며, 그 권력은 오직 다수의 의지와 결정에 따르게 된다. 왜냐하면, 어떤 공동체든 그것을 움직이게 하는 것은 오직 그 구성원들의 동의뿐인데, 무릇 단체란 한 방향으로 나갈 수밖에 없으므로 가장 커다란 힘, 곧 다수의 동의가 이끄는 방향으로 움직이지 않을 수 없기 때문이다. 만약 그렇지 않다면 그것은 한 단체, 한 공동체로서 활동하거나 존속하는 것이 불가능해진다. 실상 공동체를 결성한 각 개인은 동의를 통해서 그렇게 하기로 합의한 셈이다. 그러므로 동의에 의해서 모든 개인은 다수가 결정하는 바에 구속된다. 그러므로 우리는 실정법에 의해서 활동할 권한[의결권]을 부여받은 회의기구에서 그 실정법이 특별한 수[의결 정족수]를 명시하지 않은 경우, 다수의 결의가 전체의 결의로서 통용되는 것을 목격하게 된다. 즉 다수가 자연법과 이성의 법에 의해서 전체의 권력을 가지고 결정을 내리는 것이다.

97. 그러므로 모든 개인은 다른 사람들과 하나의 정치체(body politick)를 결성하여 하나의 정부 아래 있는 데 동의함으로써, 다수의 결정에 승복

하고 구속될 의무를 그 사회의 모든 구성원들에 대해서 부담하게 된다. 그렇지 않다면, 다시 말해 그가 이전의 자연상태에 있었을 때와 마찬가지로 자유롭게 남아 있고 아무런 구속을 받지 않는다면, 다른 사람들과 더불어 하나의 사회를 결성한 원초적 계약은 무의미하며 협정이라고 말할 수도 없을 것이다. 대체 거기에 협약이라고 할 수 있는 어떤 외형이 남아 있겠는가? 그 자신이 스스로 적절하다고 생각한 것과 실제로 동의한 것 이외에는 사회의 어떠한 법령에도 구속되지 않는다면, 도대체 어떻게 새로운 협약이라는 것이 가능할 수 있겠는가? 이는 그가 협정 이전에 가졌던 자유 또는 누구든 자연상태에서 가지고 있는 만큼의 커다란 자유를 여전히 향유하는 것이나 다름없으며, 그러한 사람은 오직 자신에게만 복종하고 자신이 적합하다고 생각한 사회의 결정에만 동의할 것이다.

98. 만약 다수의 동의가 전체의 결의로서 합당하게 받아들여지지 않고 또한 각 개인을 구속하지 않는다면 오직 개개인 모두의 동의만이 어떤 결정을 전체의 결의로 만들 것이다. 그러나 그러한 동의를 얻는 것은 거의 불가능에 가깝다. 허약한 건강문제나 잡다한 직업적인 상황 때문에, 비록 국가 인구의 일부에 불과하겠지만, 어쩔 수 없이 공공집회에 참석할 수 없는 사람들이 있기 때문이다. 거기에다 모든 인간집단에서 일어나게 마련인 의견의 다양성과 이해관계의 대립을 감안한다면, 그러한 조건에 입각해서 사회를 결성하는 것은 마치 단지 퇴장하기 위해서

극장에 입장하는 대(大) 카토*의 행위와 같을 것이다. 이와 같은 체제 (Constitution)는 강력한 리바이어던**이라 할지라도 가장 연약한 피조물보다 훨씬 생명력이 약할 것이며, 태어난 날을 넘기지도 어려울 것이다. 그러나 이성적인 피조물이 곧바로 해체되어 버릴 사회를 원하고 구성한다는 것은 도저히 상상하기 힘든 일이다. 다수가 나머지를 구속할 수 없는 곳에서는 사회가 일체로서 행동할 수 없으며, 그 결과 즉각적으로 해체되고 말 것이다.

99. 그러므로 자연상태를 벗어나 공동체를 결성한 사람들은 누구든지 사회를 결성한 목적에 필요한 모든 권력을 명시적으로 다수보다 많은 숫자로 합의하지 않은 이상, 공동체의 다수에게 양도한 것으로 이해해야 할 것이다. 그리고 이 같은 권력의 양도는 하나의 정치사회를 결성하고자 단순히 합의하는 것으로써 이루어지는데, 이러한 합의야말로 국가에 가입하거나 그것을 결성하는 개개인들 간에 실제 체결되고, 또 반드시 체결될 필요가 있는 협정의 전부이다. 그러므로 어떠한 정치사회든지, 그것을 시작하고 실제로 구성하는 것은 다수결을 산출할 수 있는 일정

---

 * Cato Censorius(234−149 B.C.E.) : 로마의 정치가, 장군, 저술가로서 입법을 통해 대단히 엄격한 도덕적 기준을 부활시키고자 했다. 그는 연극의 부도덕성을 몹시 혐오했기 때문에 어쩌다 극장에 들어가더라도 곧 퇴장해버렸다고 한다. 여기서 로크는 이러한 카토의 태도를 비유로서 사용하고 있다.
** Leviathan : 구약성서의 「욥기」에 나오는 거대한 수생동물의 이름. 1651년에 간행된 홉스의 위대한 저작의 명칭이기도 하다.

수의 자유인들이 단체를 구성하여 사회를 결성하기로 동의하는 것과 다르지 않다. 그리고 이것이, 오직 이것만이 지상에서 모든 합법적인 정부를 출범시켰고, 또 출범시킬 수 있었다.

100. 이러한 주장에 대해서는 다음과 같은 두 개의 반론이 제기되는 것으로 알고 있다.

첫째, 독립된 그리고 상호 평등한 일단의 사람들이 함께 모여서 이런 식으로 정부를 시작하고 창설했다는 이야기의 실례는 어디서도 발견되지 않는다.

둘째, 인간이 그렇게 행동해야 한다는 것은 도덕적으로 불가능하다. 왜냐하면 모든 인간은 이미 존재하는 정부 아래서 태어나고, 그 정부에 복종하며, 따라서 새로운 정부를 창설할 만큼 자유롭지 못하기 때문이다.

101. 첫 번째 반론에 대한 답변은 다음과 같다. 역사가 자연상태에서 함께 산 인간들에 대해서 매우 적은 설명만을 제공한다는 사실은 전혀 놀라운 일이 아니다. 그 상태가 가지는 폐단 그리고 사회에 대한 갈구와 필요로 인해서, 사람들은 서로 만나게 되자마자 계속 함께 살기를 의도한 것처럼, 즉각적으로 결합하여 단체를 결성했기 때문이다. 그리고 만약 우리가 사람들이 자연상태에 있었다고 들은 적이 거의 없기 때문에 그들이 실제 그런 적이 있었다고 상상할 수 없다면, 그것은 우리가 살마나사르*나 크세르크세스**의 병사들이 성인이 되어 군대에 동원될 때

까지 그들에 관해서 들은 바가 거의 없기 때문에 그들이 결코 아이들이 었던 적이 없었다고 상상하는 것이나 다름없다. 정부는 모든 곳에서 문서상의 기록보다 훨씬 먼저 발생했으며, 문자라는 것은 다른 필수적인 기예의 발명과 더불어 시민사회가 오래 지속되면서 구성원들의 안전, 편안, 풍족함이 보장된 연후에야 비로소 일반 사람들에게 보급되기에 이르렀다. 그리고 나서야 그들은 창립자들의 역사를 더듬어보고 그 기원을 연구하기 시작했는데, 그때는 그것에 대한 기억이 이미 사라진 연후였다. 특정한 개인에 대해서와 마찬가지로 국가(commonwealth)에 대해서도 사람들은 보통 국가 자체의 출생과 유아기에 관해서 무지하기 마련이다. 설사 그들이 국가의 기원에 대해서 무언가 안다고 해도 그것은 다른 사람들이 보관한 우연한 기록에 힘입은 바가 크다. 그리고 세계에서 어떤 정치체의 출발에 관해서 우리가 가지고 있는 기록은 모두, 내가 언급한 것과 같은 그러한 출발의 명백한 실례이거나 아니면 그러한 출발의 명백한 발자취를 보여주는 것들이다. 하느님 자신이 직접 개입한 유대인의 정치체의 경우는 예외에 해당하는데, 그 사례도 부권적 지배이론에 유리한 것은 결코 아니다.

---

 * Salmanassar : 고대 아시리아의 3인의 군주들의 명칭을 말한다. 로크가 이들 중에서 누구를 지칭하는지는 분명하지 않다.
** Xerxes(재위 486~465 B.C.E.) : 고대 페르시아의 다리우스 1세(Darius I)의 아들로서 부친의 유지(遺志)에 따라 그리스를 공격했지만 살라미스 해전(480 B.C.E.)에서 그리스 연합군에 패퇴했다.

102. 로마와 베네치아의 출발은 서로 아무런 자연적인 우월성이나 복종 관계에 있지 않던 자유롭고 상호 독립적인 일단의 사람들이 서로 결합한 데서 비롯되었다. 이러한 사실을 인정하지 않는 사람은, 사태의 명백한 증거가 자신의 가설과 일치하지 않을 때, 그것을 부정해버리는 기이한 성향을 보여주고 있음이 분명하다. 만일 호세 데 아코스타*의 말을 받아들인다면, 그는 아메리카의 많은 지역에 아무런 정부가 없었다고 우리에게 말하면서 페루 사람들에 대해서 다음과 같이 언급한다 :

> 이 사람들[말하자면, 페루 사람들]이 오랫동안 왕도 국가도 없이 집단을 이루며 살아왔다는 것은 확실하고도 타당한 추측이다. 플로리다에 사는 종족, 체리콰나 족**, 브라질 사람들 및 많은 다른 민족들이 오늘날까지 일정한 왕도 없이 무리지어 살다가, 평화나 전쟁 시에 상황이 요구하는 바에 따라 그들이 원하는 방식으로 우두머리를 선출하듯이 말이다(제1권 제25장).

가령 거기 사는 모든 사람들이 나면서부터 그 아버지나 가족의 우두머리에게 복종한다고 가정해보자. 그러나 아버지에게 자식이 복종한다

---

* José de Acosta(1539-1600) : 페루에 파견된 스페인의 예수회 선교사로서『신대륙 자연-문화사(*Historia Natural y Moral de las India*)』(Sevilla, 1590)라는 유명한 저작을 남겼는데, 본문에서 로크는 이 책을 인용하고 있다.
** Cheriquanas : 안데스 산맥 동쪽에 살던 인디오 족속.

고 해서 자식이 그가 적절하다고 생각한 정치사회에 가입할 자유를 빼앗기는 것은 아니라는 점은 이미 충분히 밝혀졌다. 그러므로 사정이 어떻든지 간에 이 사람들이 실제로 자유로웠다는 점은 이제 분명하다. 그리고 이제 일부 정치인들이 이러한 사람들 중의 누군가에게 우월성을 인정해주고자 해도, 이들은 스스로 이를 받아들이려 하지 않았다. 모두가 동의에 의해 지배자를 세울 때까지, 그들은 모두 동의에 의해 평등했다. 그러므로 그들의 정치적 사회는 모두 자발적인 결합 그리고 그들의 통치자와 정부형태를 선택함에 있어서 자유롭게 행동하는 사람들 상호간의 합의에서 시작했던 것이다.

103. 유스티누스*가 기술한 바와 같이(제3권 제4장), 나는 팔란투스와 함께 스파르타를 떠난 사람들이 서로 독립된 자유인이며 그들 스스로의 동의에 의해서 그들 위에 정부를 창설했다는 사실이 인정되기를 희망한다.** 지금까지 나는 자연상태에 있는 자유로운 인민이 서로 만나서 단체를 결성하고 국가를 출범시킨 역사상의 몇몇 실례를 제시했다. 그리고

---

* Marcus Justinus : 3세기의 로마의 역사가. 고대 역사학의 고전인 트로구스(Trogus)의 『필립포스 역사(Historiae Philippicae)』를 요약해서 편찬했다.
** 여기서 로크는 제1차 메시니안(Messinian) 전쟁 기간 중에 스파르타를 탈출한 청년들의 일화를 지칭하고 있다. 그들은 혼외자들이었기 때문에 스파르타의 다른 자유시민들이 누리던 평등한 권리를 부정당했고, 그로 인해 팔란투스(Palantus)의 지도 아래서 스파르타를 떠나 타렌툼(Tarentum)에 도착하여 그곳을 정복했으며, 강제로 주민들을 쫓아낸 후, 팔란투스를 통치자로 옹립하여 새로이 독립된 정치체를 창건했다.

그러한 사례가 좀처럼 드물다는 점이, 정부는 그렇게 시작되지 않았거나 그렇게 시작될 수도 없다는 점을 입증하는 논변이 된다고 해도, 부권에 의한 지배(empire)를 주장하는 자들은 그 논변을 자연적 자유에 반대하는 근거로 제시하기보다는 차라리 단념하는 편이 낫다고 나는 생각한다. 왜냐하면 만약 그들이 역사에서 부권에 의해서 시작된 정부에 관한 많은 실례를 제시할 수 있다면, (비록 '여태껏 그래왔다'에서 '당연히 그래야 한다'로 넘어가는 논변은 그다지 설득력이 없지만) 나는 우리가 큰 위험 없이 그들의 주장에 양보할 수 있다고 생각하기 때문이다. 그러나 이 문제에 관해서 내가 그들에게 충고를 해도 무방하다면, 그들은 실제 그들이 착수한 것처럼 정부의 기원에 관해서 너무 많은 것을 연구하지 않는 편이 나을 것이다. 그렇게 해보았자 대부분의 정부의 기원에는 그들이 추진하는 이론적 구도나 그들이 주장하는 그러한 권력에 유리한 사실이 거의 없다는 점을 발견하게 될 것이기 때문이다.

104. 그러나 결론적으로 인간은 본래 자유로운 존재이며, 역사상의 사례들은 세계에서 평화롭게 시작된 정부들이 그 기원을 그러한 토대에 두고 있으며, 인민의 동의에 의해서 창설되었다는 점을 보여준다는 점에서 이성은 명백히 우리 편에 서 있다. 정부의 최초의 수립에 관한 올바른 설명이 어디에 있는지에 대해서나 지금까지 그것에 관한 인류의 의견 또는 관행이 무엇이었는지에 대해서나 거의 의문의 여지가 있을 수 없다.

105. 만약 우리가 역사가 지시해주는 바에 따라 국가의 기원에 관해서 최대한 거슬러 올라가보면, 우리가 일반적으로 1인의 정부와 행정으로 운영되던 국가들을 발견하게 될 것이라는 점을 나는 부정하지 않는다. 또한 가족 구성원의 수가 많아서 그 자체로 존속할 수 있고, 종종 그렇듯이 땅은 넓고 인구가 적어서 다른 인간들과 섞이지 않고 가족이 전부 모여서 산 곳에서는 정부가 통상 아버지로부터 시작되었다고 나 역시 믿는 편이다. 왜냐하면 다른 모든 사람과 마찬가지로 아버지는 자연법에 의해 그가 적합하다고 생각하는 바에 따라 자연법을 위반한 범죄를 처벌할 수 있는 동일한 권력을 가지고 있었으므로, 거기에 근거하여 자식들이 성인이 되었을 때에도 그들에 대한 후견인적 지위에서 자식들의 위반 행위를 처벌했을 것이기 때문이다. 그리고 자식들은 그의 처벌에 순순히 복종했을 가능성이 높다. 또한 자식들은 그들이 누군가를 처벌해야 하는 상황이 발생하면 모두 아버지와 힘을 모아서 범죄자에 대항했을 것이며, 그러한 과정에서 아버지에게 위반사항에 대해 판결을 집행할 수 있는 권력을 부여했을 것이고, 그리하여 결과적으로 아버지를 가족 성원 모두에 대한 입법자와 통치자로 만들었을 것이다. 그는 신뢰를 받기에 가장 적당한 인물이었다. 아버지의 애정은 그의 보호 아래 있는 자식들의 재산과 이익을 확실히 지켜주었다. 그리고 어린 시절부터 아버지에게 복종하던 습관은 다른 사람보다는 그에게 복종하는 것을 용이하게 만들었다. 따라서 함께 사는 인간들 사이에서 정부란 거의 피할 수 없는 제도이기 때문에 그들이 누군가 한 사람을 지배자로서 옹립해야 했다면, 누가 그

들 공통의 아버지보다 더 적합한 인물이 될 수 있었겠는가? 게으름, 잔혹함 또는 심신상의 다른 결함 때문에 그가 그 지위에 부적합하다면 몰라도 말이다. 그러나 아버지의 사후에 그의 다음 상속자가 연령, 지혜, 용기 또는 다른 자질이 부족하기 때문에 통치자로서 적합하지 않은 경우 또는 몇몇 가족이 모여서 계속 같이 살기로 동의한 경우에, 그들이 자신들의 자연적인 자유를 활용하여 자신들이 판단하기에 가장 유능하고 적합한 자를 그들의 통치자로 추대했을 것이라는 점에 대해서는 의심의 여지가 없다. 이에 부합하는 설명을 아메리카의 원주민들 사이에서 발견할 수 있다. 팽창하고 있는 페루와 멕시코 두 제국의 지배력이 미치지 않는 곳에서 살기 때문에 그들 자신의 자연적 자유를 누리고 있는 원주민들은 그들의 왕이 죽은 후에 다른 조건이 동일하다면 통상 그 상속자를 선호한다. 그러나 만약 그 상속자가 어떤 면에서든 연약하거나 무능하다는 점을 발견하면, 그들은 그를 버리고 가장 강건하고 용감한 인물을 통치자로 추대한다.

106. 그러므로 역사적 기록이 허용하는 최대한으로 거슬러 올라가 세계에 사람들이 살게 된 과정에 대한 설명이나 여러 민족들의 역사를 살펴보면, 우리는 통상 정부가 한 사람의 수중에 있는 것을 발견하게 된다. 그러나 그러한 사실이 나의 주장, 곧 정치사회의 시작은 단일의 사회를 결성하고 가입하고자 하는 개개인들의 동의에 의존하며 사람들이 그렇게 하나의 단체로 결성되면, 그들은 자신들이 생각하기에 적합한 정부형

태를 수립할 수 있다는 주장을 무효화하지는 않는다. 하지만 이러한 사실은 사람들에게 정부란 본래부터 군주제이며 아버지에게 속하는 것이라고 오판할 수 있는 계기를 마련해주었다. 따라서 왜 사람들이 처음에 이러한 형태를 채택하게 되었는가를 여기서 고찰하는 것도 그리 나쁘지 않을 것이다. 이 같은 통치형태는, 어떤 국가가 처음으로 창설되었을 때 아마도 아버지의 우월적 지위로 인해서 애초부터 한 사람[곧 아버지]의 수중에 권력이 장악된 결과일 것이다. 그러나 한 사람이 통치하는 정부형태가 계속된 이유가 아버지의 권위에 대한 존중이나 존경의 결과가 아니었다는 점은 명백하다. 모든 소군주국들은, 곧 거의 대부분의 군주국들은 그 초창기에는 대개 선거제였으며, 적어도 때로는 그러했기 때문이다.

107. 그렇다면 처음 유년기 동안 아버지가 자신에게서 태어난 자식들을 통치하는 것은 사람들을 1인에 의한 지배에 익숙하게 하는 한편, 그 통치가 아랫사람들에 대해서 신중하고 능숙하게 그리고 애정과 사랑으로 베풀어지는 경우, 그것은 사람들에게 그들이 사회에서 추구하는 모든 정치적 행복을 확보하고 보존하기에 충분하다는 점을 가르쳐주었다고 할 수 있다. 따라서 그들 모두가 어린 시절부터 익숙하며, 또 경험을 통해서 편안하고 안전한 것으로 밝혀진 정부형태를 선택하고 자연스럽게 받아들인 것은 조금도 이상한 일이 아니다. 게다가 덧붙인다면, 사람들에게 군주제는 간단하고 가장 명료한 정부형태였다. 왜냐하면 사람들

은 경험을 통해서 다양한 정부형태를 아직 습득하지 못했고 제국의 야심이나 오만함으로부터 대권(大權, prerogative)*의 침해나 절대적 권력—군주제가 세습을 거듭함에 따라 주장하고 사람들에게 부과하게 마련인—의 폐해를 조심해야 한다는 점을 미처 배우지 못했기 때문이다. 그렇기 때문에 권위를 위임받은 자들의 권력 남용을 억제하는 방법 또는 권력을 몇 가지로 나누어 서로 다른 자들에게 맡김으로써 정부권력의 균형을 유지하는 방법을 강구하기 위해서 사람들이 고심하지 않은 것은 전혀 이상한 일이 아니었다. 그들은 전제적인(tyrannical) 지배의 압제를 경험한 적도 없었을 뿐만 아니라 (탐욕이나 야심을 키울 여지가 거의 없었던) 당시의 풍습, 그들의 소유물, 또는 생활양식으로 인해서 그것을 두려워하거나 대비해야 할 아무런 이유를 발견하지 못했던 것이다. 그러므로 그들이 자신들을 그러한 정부형태에 내맡긴 것은 전혀 놀라운 일이 아니었다. 그것은 내가 말한 것처럼 가장 명료하고 단순할 뿐만 아니라 그들의 당면한 상태와 상황—다양한 법규보다는 외적의 침입과 침해에 대한 방어를 더욱 필요로 하던—에 가장 적합한 것이었다. 게다가 사람들의 욕구를 각자의 많지 않은 재산의 협소한 영역 내로 한정시킨, 소박하고 가난한 생활상의 평등으로 인해서 분쟁이 거의 일어나지 않았으며, 따라서 그것을 해결하기 위해 많은 법을 필요로 하지 않았다. 그리고

---

* 대권(prerogative) 개념에 대한 로크의 논의를 이해하기 위해서는 이 책의 제14장을 참조하라.

위반사항이나 범죄자가 별로 없던 상황에서는 재판에 대한 수요도 별로 없었다. 당시에 사람들은 서로를 너무 좋아해서 사회를 결성한 셈이므로 서로 간에 면식(面識)이나 우정, 게다가 상호간의 신뢰가 없었을 리가 없었다. 이로 인해 그들은 서로에 대해서보다는 외부인에 대해서 더 많은 경계를 하지 않을 수 없었다. 그러므로 그들의 최초의 걱정과 관심은 외적으로부터 자신들을 어떻게 지킬 것인가에 있었음이 분명하다. 따라서 그들이 그러한 목적에 가장 잘 봉사할 수 있는 정부형태에 자신들을 맡기고자 한 것 그리고 가장 현명하고 용감한 사람을 선출하여 전쟁에서 외적에 대항해 그들을 지휘하고 인솔하게 한 것, 나아가 주로 이 점을 염두에 두고 그들의 통치자를 정한 것은 당연했던 것이다.

108. 그러므로 우리는 아메리카 인디언의 왕들이 그들 군대의 장군과 별로 다르지 않다는 점을 발견하게 된다. 이 점에서 아메리카는 아직 아시아와 유럽의 초기 유형에 해당하는데, 그 이유는 나라에 비해서 주민들의 수가 너무 적고, 인구와 화폐의 부족으로 인해서 사람들이 그들이 소유한 땅을 확대하고자 하는 유혹이나 좀 더 많은 땅을 확보하려고 서로 싸우는 따위의 유혹을 느끼지 못하기 때문이다. 따라서 왕들은 전쟁에서는 절대적인 명령권을 가지고 있지만, 대내적으로 그리고 평화시에는 매우 적은 지배권만을 가지고 있으며, 단지 매우 제한된 주권을 가지고 있을 뿐이다. 평화와 전쟁에 대한 결정은 통상 인민 전체나 평의회에 맡겨진다. 그러나 전쟁은 다수의 통치자를 허용하지 않기 때문에

명령권은 자연히 왕의 유일한 권위로 집중된다.

109. 그러므로 이스라엘에서도 그들의 판관과 초창기 왕들의 주된 업무
는 전쟁이 일어났을 때, 지휘관이 되어 군대를 통솔하는 것이었다. 이
점은 ('인민보다 앞에서 나아가고 들어온다'는 말이 의미하는 것, 곧 자
기 군대의 선두에 서서 전쟁에 나아가고 또 개선한다는 의미 이외에도)
입다의 이야기에도 분명히 나타나 있다. 암몬 사람들이 이스라엘에 대해
서 전쟁을 일으켰을 때, 겁에 질린 길르앗 사람들은 이전에 그들이 가문
의 사생아라고 쫓아냈던 입다에게 사람을 보내어 만약 그가 자신들을
도와 암몬 사람들을 물리친다면, 그를 지도자로 삼겠다는 계약을 맺었
다. 그들은 그 계약을 이러한 말로 표현했다 : "백성들이 그를 수령이자
사령관으로 받들어 모시게 되자……"(「판관기」, 제11장 제11절). 그런
데 그것은 판관이 되는 것과 동일한 것으로 보인다 : "길르앗 사람 입다
는 6년 동안 이스라엘의 판관으로 있다가……"(「판관기」, 제12장 제7
절). 곧 입다가 6년 동안 그들의 우두머리이자 장군이었다는 뜻이다.
그래서 요담이 세겜 사람들을 책망하여 그들의 판관이자 통치자였던
기드온에 대해서 그들이 빚지고 있는 의무를 지적할 때도 그는 그들에
게 다음과 같이 말한다 : "내 아버지가 죽음을 무릅쓰고 싸워 여러분을
미디안의 손에서 건져내었거늘……"(「판관기」, 제9장 제17절). 이 구절
에서 기드온이 장군으로서 행한 업적 이외에는 그에 대해서 어떠한 것도
언급되지 않고 있다. 실제로 그것이 그의 경력에 관해서 발견할 수 있는

것의 전부이며, 이는 다른 판관들의 경우에도 마찬가지이다. 아비멜렉도 기껏해야 그들의 장군에 불과했지만, 특별히 왕이라고 불렀다. 그리고 이스라엘의 자손들이 사무엘의 아들들의 악행에 지쳐 "그래야 우리도 다른 나라들처럼 되어야 하지 않겠습니까?"라고 말하면서, "우리를 다스려줄 왕, 전쟁이 일어나면 앞장서서 우리를 이끌고 나가 싸워줄"(「사무엘 상」, 제8장 제20절) 왕을 원했을 때, 하느님께서는 그들의 소원을 들어주시면서 사무엘에게 다음과 같이 말한다. "사람 하나를 네게 보낼 터이니, 너는 그에게 기름을 부어 성별(聖別)하고 내 백성 이스라엘의 지도자로 삼으라. 수령으로 세워라. 그가 내 백성을 블레셋 사람의 수중에서 구해낼 것이다"(「사무엘 상」, 제9장 제16절). 마치 왕의 유일한 직무가 군대를 인솔하여 나라를 방어하기 위해서 싸우는 데 있는 것처럼 말이다. 따라서 사무엘은 사울의 취임식에서 그의 머리 위에 기름 한 병을 부으면서 사울에게 "야훼께서 그에게 기름을 부어 당신의 백성 이스라엘의 수령으로 성별(聖別)해 세우시는 것이오"라고 선언한다(「사무엘 상」, 제10장 제1절). 그러므로 사울이 엄숙하게 추대되고 미스파에서 부족들에 의해서 왕으로 영접받았을 때, 그를 왕으로 모시는 것을 탐탁치 않게 여긴 자들은 "이 친구가 어떻게 우리를 구할 수 있으랴?"(「사무엘 상」, 제10장 제27절)라는 반대 이외에는 그 밖의 어떠한 반대도 제기하지 않고 있다. 그들은 마치 '이 사람은 전쟁에서 우리를 방어하기에 충분한 기량이나 자질이 없기 때문에 우리의 왕으로서 적합하지 않다'라고 말한 것이나 다름없다. 하느님께서 통치권을 다윗에게 넘기기로 결심하셨을 때에도 그것은 다음과 같은 말로 표현되고 있다: "그러나 이제 왕의 나라는 더 이상 이어가지 못할 것이니라. ……야훼께서는 당신의 마음에 드는 사람을 다시 찾아 당신의 백성을 다스릴 우두머리로 세우실 것이니라"(「사무엘 상」, 제13장 제14절). 마치 왕의 모든 권위가 그들의 장군이 되는 것 이외에는 아무것도 아닌 것 같다. 그러므로 사울의 가문을 끝까지 지지하여 다윗의 통치에 반대했던 여러 부족들이 다윗에게 복종한다는 조건으로 헤브론에 왔을 때, 그들은 자기네들의 왕으로서 다윗에게 복종해야 한다는 여러 논거들 중에서 '다윗이 사실상 사울의 시대부터 자신들의 왕이었기 때문에 이제 와서 그들이 그를 자기네들의 왕으로 받아들이지 못할 아무런 이유가 없다'는 점을 그에게 역설하고 있다. 그들은 다음과 같이 말한다: "전에 사울이 우리의 왕이었을 때에도 우리 이스라엘을 거느리고 출전하신 것은 임금님이었습니다. 야훼께서도 임금님께 '너는 내 백성 이스라엘의 목자로서 이스라엘의 영도자가 되라'고 하지 않으셨습니까?"(「사무엘 하」, 제5장 제2절).

110. 그리하여 한 가족이 점차 커져서 한 국가로 성장하고 부친의 권위가 장자에게 계승된 경우, 모든 사람은 그러한 권위 아래서 성장했으므로 묵시적으로 그 권위에 복종했다. 그 권위는 편안하고 [누구에게나] 평등했으며, 어느 누구의 비위도 거슬리지 않았기 때문에 모든 사람이 거기에 묵종했다. 시간이 흐름에 따라 그 권위는 확고해졌고, 관례에 의해서 계승권이 정착되었다. 이와 달리 몇몇 가족들이나 그 가족들의

후손들이 우연한 기회에, 가까이 인접해서 살게 되어 또는 거래관계로 서로 만나게 되어 사회를 결성한 경우도 있었다. 그 경우 최초에 국가(commonwealth)를 시작한 사람들은, 전시에 외적으로부터 그들을 방어해줄 지도력을 갖춘 장군이 필요하다는 사실, 그리고 가난하지만 덕이 넘치던 시대의 순진하고 성실한 마음 덕택에 사람들(일찍이 세계에 존속했던 모든 정부의 시작은 거의 그러한 사람들에 의해서였다)이 서로에게 커다란 신뢰를 가지고 있었다는 사실로 인해서 사물의 본성과 정부의 목표가 요구하는 것 이외에는 명시적인 제약이나 억제장치를 달리 부과하지 않고 통치를 한 사람의 수중에 맡겼다. 처음에 통치를 한 사람의 손에 위임한 이유가 둘 중 어느 것이든, 통치권은 누구에게나 오직 공공선과 안전을 목적으로 한 경우에 한정하여 위탁되었던 것이다. 그리고 국가의 초창기에 통치권을 가진 자들은 그 목적을 위해서 그것을 사용했다. 만약 그들이 그렇게 하지 않았더라면, 초창기의 유약한 사회는 존속할 수 없었을 것이다. 공공복지를 자상하게 보살피는 아버지들이 없었더라면 모든 정부는 유년기의 허약성으로 무너지고 말았을 것이며, 군주와 백성도 모두 머지않아 사라졌을 것이다.

111. 황금시대(인간의 마음이 헛된 야망, 흉악한 소유욕, 사악한 탐욕으로 타락하여 참된 권력과 명예에 관해서 그릇된 생각을 품게 되기 이전의)에는 더욱 많은 덕이 있었고, 그 결과 덜 사악한 신민들 그리고 좀 더 훌륭한 통치자들이 있었다. 당시에는 한편으로 특권을 확장하여 백성

을 탄압하려는 일도 없었고, 다른 한편으로 특권에 이의를 제기하여 위정자의 권한을 축소시키거나 억제하려는 일도 없었다.[6] 따라서 지배자와 백성 사이에 통치자나 통치에 관한 아무런 분쟁이 없었다. 그러나 그 후 군주들이 야망과 사치심으로 그 직무를 소홀히 한 채 권력을 유지·확장하는 데 몰두하고 아첨에 현혹되어 자신들의 인민과 구분되는 별도의 이해관계를 가지게 되었을 때, 사람들은 정부의 기원과 권리를 좀 더 주의 깊게 검토하는 일이 필요하다는 점을 깨닫게 되었다. 그리고 그들은 오직 자신들의 복지를 위해서 다른 사람의 손에 맡겼던 권력이 그들을 침해하기 위해서 사용되는 것을 발견함에 따라, 권력의 전횡을 억제하고 남용을 방지하기 위한 대책을 마련하는 것도 필요하다는 점을 인식하게 되었다.

112. 그리하여 우리는 다음과 같은 설명이 매우 사실에 부합할 것이라는 점을 납득하게 된다. 본래 자유로운 인민들은 스스로의 동의에 의해

---

6) "최초에 어떤 종류의 통치체제가 일단 승인되었을 때, 통치를 담당하는 자의 지혜와 재량에 통치의 방법에 관한 모든 것을 일임하는 것 외에는 전혀 생각이 미치지 못했을 것이다. 그러나 그들은 경험을 통해서 이러한 통치가 모든 면에서 매우 불편하며, 사실 그들이 치료책으로 고안한 것이 치료했어야 할 상처를 오히려 더 악화시킨다는 점을 발견하게 되었다. 그들은 1인의 의지에 따라 사는 것이 만인의 불행의 원인이 된다는 점을 깨달았다. 이로 인해서 그들은 법에 의존하게 되었는데, 법을 통해서 만인이 사전에 그들의 의무와 그 법을 위반하는 데 따르는 처벌을 익히 알게 되었던 것이다"(후커, 『교회정치론』, 제1권 10절). [이 인용문은 앞의 주 4)의 인용문과 한 단어를 제외하고 동일하다_옮긴이 주.]

서 그들 아버지의 정부에 복종하거나 아니면 몇몇 가족이 서로 결합하여 정부를 창설했다. 어느 경우에나 사람들은 일반적으로 통치권을 한 사람의 수중에 맡겼으며 한 인물의 통치 아래에 있기를 선택했다. 그들은 그의 권력을 제약하거나 규제하는 명시적인 조건을 전혀 부과하지 않았는데, 이는 그들이 그의 정직성과 신중함을 믿어 그 권력이 안전하다고 믿었기 때문이었다. 그렇다고 해도 그들은 군주제가 신권(神權)에서 비롯한다고는 꿈에도 생각하지 않았다. 그러한 생각은 최근의 신학이 우리들에게 알려주기 전까지는 전혀 들어본 적이 없는 것이다. 마찬가지로 부권이 지배권을 가진다든가 모든 정부의 토대가 된다는 주장도 통용된 적이 없었다. 지금까지 논의된 것만으로도 역사가 최대한 보여준 바에 따라 우리가 '정부의 모든 평화적인 시작은 인민의 동의에 기초를 두고 있다'라고 결론을 내릴 만한 이유를 가지고 있다는 점을 보여주기에 족하다. 내가 '평화적인'이라고 말한 이유는 일부 사람들이 정부 기원의 한 방식으로 보는 정복에 관해서 다른 곳에서 다룰 기회가 있을 것이기 때문이다.

내가 앞에서 언급한 정치체의 기원에 관해서 제기되는 다른 반론이 있는데, 그것은 다음과 같다.

113. '모든 사람은 이러저러한 정부 아래서 태어나기 때문에, 어떤 사람들도 자유로운 적이 없으며, 따라서 사람들이 자유롭게 서로 결합하여 새로운 정부를 시작하거나 아니면 합법적인 정부를 창설하는 것은 불가

능하다'라는 반론이 그것이다.

만약 이 반론이 유효하다면, 나는 '어떻게 그토록 많은 합법적인 군주국들이 이 세계에 출현하게 되었는가?'라고 묻고 싶다. 만일 누군가가 앞의 반론에 근거하여 내게 어느 시대든 합법적인 군주정을 시작할 수 있을 만큼 자유로운 한 인간을 보여줄 수 있다면, 나는 그 사람에게 그것과 동일한 시대에 서로 결합해서 새로운 정부—그것이 군주정이든 다른 형태이든—를 시작할 수 있는 자유를 가진 열 명의 다른 자유인들을 보여주겠다. 타인의 지배 아래서 태어난 어떤 사람이 다른 새로운 절대적인 지배권(empire)을 수립하여 신민들에게 명령할 권리를 획득할 만큼 자유롭다는 점이 입증된다면, 타인의 지배 아래서 태어난 모든 사람 역시 자유로울 것이고 상이한 별도의 정부의 지배자나 신민이 될 수 있을 것이라는 결론이 나온다. 이렇게 되면 그들 자신의 원리는, 모든 인간은 어떻게 태어나든 자유롭다든가 아니면 세계에는 오로지 단 한 사람의 합법적인 군주, 단 하나의 합법적인 정부만이 있다든가 중 어느 한편이 되어야 할 것이다. 그렇다면 그들이 해야 할 일은 오직 그런 합법적인 군주가 누구인지를 우리에게 보여주는 것이다. 만약 그들이 그 작업을 성취한다면, 나는 모든 인류가 그 사람에게 복종하기로 쉽게 합의할 것이라는 점을 믿어 의심치 않는다.

114. 그들이 상대방을 궁지에 빠뜨리기 위해 사용하는 반론은, 오히려 그들 역시 똑같은 궁지에 빠지게 한다. 이 점을 보여주는 것만으로도

그들의 반론에 대한 충분한 답변이 되겠지만, 나는 그 반론의 약점을 좀 더 상세히 지적하고자 한다.

그들은 이렇게 말한다 : "모든 인간은……일정한 정부 아래서 태어난다. 그러므로 그들은 새로운 정부를 시작할 만큼 자유롭지 못하다. 모든 사람은 아버지나 군주의 신민으로 태어나기 때문에 복종과 충성이라는 항구적 구속 아래 산다." 하지만 인류가 아버지나 군주 및 그들의 후계자들에게 태어날 때부터 스스로의 동의 없이 자연적인 복종에 의해서 구속된다는 주장을 인정하거나 고려한 적이 없다는 점은 명백하다.

115. 왜냐하면 성서의 역사에서든 세속의 역사에서든 일단의 사람들이 자신들이 태어난 통치권(統治圈; jurisdiction)과 자신들이 자라난 가족이나 공동체로부터 떨어져 나와 더 이상 복종하지 않고, 다른 곳에 새로운 정부를 창설했다는 실례만큼 빈번히 관찰되는 것은 없기 때문이다. 역사의 초창기에 많은 소국들이 그런 식으로 출현했다. 그리고 그러한 나라들의 수는, 좀 더 강력한 나라 또는 운이 좋은 나라들이 연약한 나라들을 집어삼킬 때까지는, 충분한 공간이 있는 한 항상 증가해왔다. 그러다가 큰 나라들 역시 해체되어 소국으로 분열되기도 했다. 이 모든 사실은 가부장적 주권이론을 부정하는 반증이 되며, 초창기에 정부를 만든 것은 아버지의 자연권이 그의 상속인에게 전해진 결과가 아니라는 점을 명백히 보여준다. 왜냐하면 아버지의 주권이 세습된다는 논리로는 그토록 많은 작은 왕국들이 존재한다는 사실을 설명하는 것이 불가능하기 때문

이다. 만약 사람들이 가족과 정부— 기존의 정부가 어떤 형태든지 간에
— 로부터 자유롭게 떨어져 나와 그들이 적합하다고 생각하는 독자적인
국가나 다른 정부를 세울 수 없었더라면, 이 모든 소국들은 단지 하나의
보편적인 군주제로 남아 있었어야 함이 분명하다.

116. 이러한 사실은 태초의 세계로부터 오늘날에 이르기까지 지속된 관
행이다. 사람들이 확립된 법과 안정된 정부형태를 가진 잘 구성되고 오
래된 정치체제 아래서 태어났다고 해서 그 사실이 삼림 속에서 아무런
구속을 받지 않고 떠돌아다니는 주민들 사이에서 태어난 경우에 비해
인류의 자유에 더 커다란 방해가 되는 것은 아니다. 어떠한 형태든 일정
한 정부 아래서 태어남으로써 우리는 자연적으로 그 정부의 신민이 되
며 따라서 자연상태에서의 자유를 주장할 어떤 자격이나 명분이 없다는
점을 우리에게 설득시키려고 하는 자들은 (우리가 이미 논박한 부권이
라는 논거를 제외한다면) 그 주장을 지지하기 위해서 오직 하나의 이유,
곧 우리의 아버지나 조상들이 그들의 자연적인 자유를 양도해버렸으며
그럼으로써 그들 자신과 그 후손들은 그들이 속한 정부에 항구적으로
복종해야 할 의무가 부과되었다는 이유를 제시할 수 있을 뿐이다. 누구
나 스스로 맺은 협정이나 약정에 대해서는 그것이 무엇이든 준수할 의
무가 있지만, 그렇다고 그 사람이 협정에 의해서 그의 자식들이나 후손
을 구속할 수는 없다. 왜냐하면 아들도 성인이 되면 아버지처럼 전적으
로 자유로운 존재가 되기 때문에, 아버지의 어떠한 행위도 기타 다른

사람의 자유를 어떻게 할 수 없듯이 자식의 자유를 양도해버릴 수 없기 때문이다. 실상 아버지는 그 나라의 신민으로서 향유하던 토지를 그 아들이 향유하겠다고 한다면, 아들에게 그 나라의 신민이 되어야 하는 의무를 부과하는 조건을 부가할 수 있다. 그 자산은 그의 아버지의 소유물이므로, 아버지는 그것을 자신이 원하는 바에 따라서 처리할 수 있기 때문이다.

117. 하지만 이런 사실이 일반적으로 이 문제에 관한 오해를 불러일으키는 계기가 되었다. 왜냐하면 국가는 그 영토의 어떠한 부분이든 분할하거나 공동체의 성원이 아닌 다른 사람이 향유하는 것을 허용할 수 없으므로, 아들은 아버지가 향유했던 것과 동일한 조건에서가 아니면, 다시 말해 사회의 구성원이 됨으로써가 아니면, 통상 그의 아버지의 소유물을 향유할 수 없기 때문이다. 사회의 구성원이 됨으로써 곧바로 그는 그 국가의 다른 신민들과 마찬가지로 확립되어 있는 정부의 지배 아래에 놓이게 된다. 이처럼 일정한 정부 아래에서 태어났다고 할지라도 오직 자유인들의 동의만이 그들을 그 정부의 구성원으로 만드는데, 각자가 성인이 됨에 따라 개별적으로 동의를 하는 것이지, 많은 사람이 함께 하는 것은 아니다. 사람들은 이 점을 알아채지 못하고, 그러한 일이 전혀 일어나지 않았거나 또는 필요하지 않다고 생각하면서 성인이 되면 자연적으로 신민이 되는 것이라고 결론지어버린다.

118. 그러나 정부 자체가 그러한 사실을 달리 이해하고 있다[성인이 되면 자연적으로 신민이 된다는 인식을 갖고 있지 않다]는 점은 분명하다. 그들은 아버지에 대해서 권력을 가졌다는 이유로 아들에 대해서까지 권력을 주장하지 않으며, 아버지가 신민이었다고 해서 자식들까지 신민으로 보지 않는다. 만약 프랑스에서 영국의 신민이 영국 여자와의 사이에서 아이를 낳았다면, 자식은 어느 나라의 신민인가? 결코 영국 국왕의 신민은 아니다. 왜냐하면 그가 영국 신민으로서의 특권을 인정받으려면 허가를 받아야 하기 때문이다. 프랑스 왕의 신민도 아니다. 만일 그렇다면 어떻게 해서 그의 아버지가 자신이 원하는 대로 그를 다른 곳으로 데려다가 키울 자유가 있겠는가? 어느 누구든 양친이 외국인으로서 머무르던 어떤 나라에서 단지 태어났다는 이유로 인해, 그 나라를 떠났을 때나 또는 그 나라에 대항하는 전쟁에 가담했을 때 탈주자나 반역자로 재판받은 적이 있는가? 그렇다면 정부 자체의 관행에 의해서건 올바른 이성의 법에 의해서건 자식은 어떤 나라나 정부의 신민으로 태어나는 것이 아니라는 점은 명백하다. 그는 사리분별을 할 수 있는 성인이 될 때까지 아버지의 후견과 권위에 복종한다. 그리고 성인이 되면 자신을 어떤 정부에 복종시킬 것인지, 어떤 정치체에 자신을 가입시킬 것인지를 자유로이 결정할 수 있는 자유인이 된다. 만약 프랑스에서 태어난 영국인의 아들이 자유롭고 또 그렇게 [자유로이 결정]할 수 있다면, 그의 아버지가 이 왕국[영국]의 신민이라는 사실이 그에 대한 구속이 되지 않는다는 점은 명백하다. 그는 그의 조상이 맺은 협정에 의해서도 구속되지

않는다. 그렇다면 그 아들이 설사 다른 곳에서 태어났다고 하더라도 동일한 이유로 동일한 자유를 가지지 못할 이유가 어디 있겠는가? 아버지가 본래 자식에 대해서 가지는 권력은 자식이 어디에서 태어나건 동일한 것이며, 자연적 의무라는 유대는 왕국이나 공화국(commonwealth)의 실정법상의 제약에 구속받지 않기 때문이다.

119. 이미 밝혀진 바와 같이, 모든 사람은 본래 자유로우며, 그 자신의 동의가 아니라면 그 어떤 것도 그를 지상의 권력에 복종시킬 수 없다. 그렇다면 대체 무엇이 한 인간을 어떤 정부의 법에 복종하는 신민으로 만들기에 충분한 동의의 선언이라고 인정될 수 있는지를 고려해보아야 한다. 보통 동의는 명시적 동의와 묵시적 동의로 구분되는데, 이것은 현재 우리가 논의하고 있는 문제와도 관련이 있다. 어느 누구도 사회에 들어가겠다는 어떤 사람의 명시적인 동의가 그를 그 사회의 완전한 구성원이자 그 정부의 신민으로 만든다는 점을 의심하지 않는다. 그런데 어려움은 다음과 같은 질문들과 관련하여 제기된다. 무엇을 묵시적 동의로 간주해야 하는가? 그리고 그것은 얼마만큼의 구속력을 가지는가? 곧 어디까지 어떤 사람이 동의를 한 것으로 보아야 하며, 그럼으로써 그가 전혀 명시적 동의를 표하지 않은 정부에 대해서 어디까지 그 정부에 복종하기로 한 것으로 보아야 하는가? 이 문제에 대해서 나는 어떤 정부의 영토의 일부분을 소유하거나 향유하는 사람은 누구나 그럼으로써 묵시적 동의를 한 셈이며, 적어도 그러한 향유를 지속하는 동안, 그 정부

아래에 있는 사람들과 같은 정도로 그 정부의 법에 복종할 의무를 진다고 말하겠다. 그러한 향유가 그와 그의 상속인을 위한 영구적인 토지소유이건, 단지 1주일 동안 머무르는 것이건, 단순히 대로상을 자유롭게 여행하는 것이건 별로 문제가 되지 않는다. 사실상 그 정부의 영토 내에 어떤 사람이 존재한다는 사실 자체만으로도 그에게 복종의무가 미친다고 할 것이다.

120. 이 문제를 좀 더 잘 이해하기 위해서 다음과 같은 사실을 고려하는 것이 적절할 것이다. 사람은 누구나 처음으로 어떤 국가(commonwealth)에 가입할 때, 그 국가와 결합함으로써 그가 가지고 있는 또는 미래에 획득할 소유물로서 이미 다른 정부에 속해 있지 않은 것들을 그 공동체에 부속시키고 그 지배 아래에 둔다. 왜냐하면 누구든 재산을 보호하고 규제하기 위해서 다른 사람들과 함께 사회에 들어갔는데, 그 사회의 법에 의하여 규제되어야 할 재산인 그의 토지가 그 토지의 주인이 신민으로 되어 있는 정부의 지배권으로부터 면제되어야 한다는 것은 직접적인 모순이기 때문이다. 그렇기 때문에 어떤 사람이 이전에 자유로웠던 자신의 인신을 어떤 국가에 결합시킬 때, 동시에 그 행위를 통해서 그전에 자유로웠던 그의 소유물도 국가에 결합시키는 것이다. 그리하여 인신과 소유물 양자는 그 국가가 지속되는 한 그 국가의 정부와 지배에 복종하게 되는 것이다. 그렇기 때문에 그 국가에 부속되어 있고 그 정부의 지배 아래에 있는 토지의 일부를 상속·구입·허가 등 기타 다른 방법으로 장차 향유하고자

하는 사람은 그 토지에 부가된 조건, 곧 그 토지를 관할하고 있는 국가의 정부에 다른 신민들과 동일하게 복종한다는 조건으로 그것을 취득해야 한다.

121. 그러나 정부는 오직 토지에 대해서만 직접적인 통치권(jurisdiction)을 가지고 있고 그 소유자에게는 (그가 실제로 그 사회에 가입하기 전에는) 오직 그가 거기에 살고 그것을 향유할 때에만 통치권이 미친다. 그러므로 그러한 향유로 인해서 비롯된 그의 복종 의무는 그 향유와 더불어 시작하고 종료된다. 그러므로 정부에 대해서 단지 묵시적 동의만 한 소유자가 기부·판매 또는 다른 방법으로 앞에서 말한 소유물을 양도하게 되면, 그는 자유롭게 떠나서 다른 공동체에 가입하거나 또는 다른 사람들과 합의하여 세계의 어느 곳이든 아무도 소유하지 않은 자유로운 빈 땅에 새로운 사회를 세울 수 있다. 이와 달리 구체적인 합의에 의해서 그리고 명시적인 표명에 의해서 어떤 공동체의 성원이 되기로 동의한 사람은 불가불 영구적으로 그 국가의 신민으로 남아 있어야 하며 이를 변경시킬 수 없고, 또 자연상태에서의 자유를 다시는 누릴 수 없다. 어떤 재앙에 의해서 그의 위에 군림하던 정부가 해체되거나 아니면 어떤 공적 행위에 의해서 그를 그 국가의 구성원에서 배제시키지 않는 한 말이다.

122. 그러나 어떤 사람이 어느 나라의 법에 복종하며 평온하게 살면서 그 법이 제공하는 특권과 보호를 향유한다는 사실이 그 사람을 그 사회

의 구성원으로 만드는 것은 아니다. 이것은 전쟁 상태가 아닌 상황에서 어느 정부에 속하는 영토 내로, 즉 그 나라의 법의 힘이 미치는 모든 지역으로 들어오는 모든 사람들이 마땅히 제공받고 제공해야 하는, 단지 지역적인 차원의 보호와 복종에 불과하다. 어떤 사람이 어느 집에 일정 기간 동안 머무르는 것이 편리하다고 생각하여 그 집에 머무른 사실이 그를 그 집의 구성원으로 만들지 않는 것과 마찬가지로, 이 사실이 그 사람을 그 사회의 구성원, 곧 그 국가의 영구적인 신민으로 만들지는 않는다. 비록 그 국가에 있는 동안, 그는 그 법에 순종하고 거기에 존재하는 정부에 복종할 의무가 있지만 말이다. 그렇기 때문에 우리는 외국인들이 다른 정부 아래서 평생을 살면서 그 정부의 특권과 보호를 향유하게 되면, 심지어 양심상으로도 특별 귀회인이 히는 만큼 그 국가의 행정에 복종해야 하지만, 그렇다고 하여 그 나라의 신민이나 구성원이 되는 것은 아니라는 점을 납득하게 된다. 어떠한 사람도 그가 적극적인 협정이나 명시적인 약속 및 협약을 통해서 실제로 어떤 국가에 가입하지 않는 한, 그 국가의 신민이나 구성원이 될 수 없다. 이것이 정치사회의 기원 그리고 어떤 사람을 어느 공동체의 성원으로 만드는 동의에 관해서 내가 생각하는 것이다.

제9장

정치사회와 정부의 목적에 관하여

123. 만약 자연상태에 있는 인간이 앞에서 말한 바와 같이 그토록 자유롭다고 한다면, 만약 그가 자신의 인신과 소유물에 대한 절대적인 주인이고 가장 위대한 사람과도 평등하며 어느 누구에게도 종속되지 않는다고 한다면, 대체 그는 왜 그러한 자유와 결별하는 것일까? 왜 그는 이같은 절대적 지배권(empire)을 포기하고 자신을 타인의 권력의 지배와 통제에 복종시키려고 하는 것일까? 이러한 질문에 대해서는, 자연상태에서 그는 그러한 권리를 가지고 있기는 하지만 그 향유가 매우 불확실하고, 끊임없이 다른 사람이 침해할 위험에 놓여 있기 때문이라고 분명히 답할 수 있다. 왜냐하면 모든 사람이 그와 마찬가지로 왕이고 모든 사람이 그와 평등하며, 그들 대부분이 형평과 정의의 엄격한 준수자들이 아니므로 그가 이 상태에서 가지고 있는 재산의 향유가 매우 불안전하고 매우 불확실하기 때문이다. 이로 인해서 그는 비록 자유롭지만 두려움과 지속적인 위험으로 가득 찬 이 상황을 기꺼이 떠나고자 한다.

그러므로 그가 이미 결합되어 있는 다른 사람들 또는 그럴 생각이 있는 다른 사람들과 더불어 그들의 생명, 자유, 자산(estate) — 내가 '재산(property)'이라는 일반적 명칭으로 부르는 것 — 의 상호 보존을 위해서 사회를 결성하려고 하거나 기꺼이 사회에 가입하려고 하는 것은 오히려 당연한 일이다.

124. 그러므로 인간이 공동체를 결성하고 스스로 정부의 지배 아래 들어가고자 하는 가장 크고 주된 목적은 그들의 재산을 보존하기 위함이다. 그러나 자연상태에는 이를 위한 많은 것들이 결여되어 있다.

첫째, 자연상태에는 옳고 그름을 판별하는 기준이자 사람들 사이에서 모든 분쟁을 해결하는 공통된 척도인 법, 사람들 공통의 동의를 통해서 수용되고 인정된, 확립되고 널리 알려진 법이 없다. 즉, 비록 자연법이 모든 이성적인 피조물들에게 명백하고 이해 가능한 것이기는 하지만, 사람들은 공부를 하지 않아서 그 법에 대해서 무지할 뿐만 아니라 자신들의 이해관계에 따라 편파적이기 때문에, 자연법을 자신들이 관련된 특정한 사건에 적용할 때 자신들을 구속하는 법으로 인정하지 않으려는 경향이 있다.

125. 둘째, 자연상태에는 확립된 법에 따라 모든 다툼을 해결할 수 있는 권위를 가진, 널리 알려진 무사공평한 재판관이 없다. 그 상태에서는 모든 사람이 자연법의 재판관이자 집행자인데, 인간은 자신에게 편파적이

므로 다른 사람들의 사건인 경우에는 게으름이나 무관심으로 인해서 태만하기 십상이고, 자신들이 관련된 사건에서는 격정이나 복수심으로 극단으로 치닫거나 흥분하기 십상이다.

126. 셋째, 자연상태에는 비록 올바른 판결이 내려지더라도, 이를 뒷받침해서 지원해주고 또 그 적절한 집행을 확보해주는 권력이 종종 결여되어 있다. 부정의를 저지른 자들은 좀처럼 실패하지 않는다. 할 수만 있다면 무력으로라도 저항하여 그들의 부정의를 관철시킬 수 있기 때문이다. 그러한 저항 때문에 많은 경우에 처벌은 위험한 일이 되며, 그것을 시도하는 자들이 빈번히 파멸에 빠지기도 한다.

127. 그리하여 인류는 자연상태에 따르는 온갖 특권에도 불구하고 그들이 거기에 남아 있는 동안 단지 열악한 상황에 시달리게 되므로 급기야는 사회에 들어가려고 서두른다. 그렇기 때문에 우리는 일정한 수의 사람들이 잠시라도 함께 이러한 상태에서 사는 것을 발견하기가 어렵게 된다. 그들이 거기서 당면하게 되는 폐단, 곧 타인의 위반행위를 처벌하기 위해 모든 사람이 가진 권력이 불규칙적이고 불확실하게 행사됨으로써 생기는 폐단으로 인해 그들은 정부의 확립된 법이라는 성역으로 도망가며 거기서 그들 재산의 보존을 꾀한다. 바로 이를 위해서 사람들은 각자 기꺼이 자신의 처벌권을 포기하여 그것이 그들 중에서 임명된 사람들에 의해서만 행사되도록 그리고 공동체나 그러한 목적을 위해서 그들

로부터 권위를 위임받은 자들이 합의하는 규칙에 따라서만 행사되도록 하는 것이다. 그리고 바로 여기에서 우리는 정부와 사회 그 자체는 물론 입법권과 집행권 양자의 본래의 권리와 기원을 볼 수 있게 된다.

128. 자연상태에서 인간은 순박한 즐거움을 누릴 수 있는 자유를 제외하더라도 두 가지 권력을 가지고 있다.

첫째는 자연법이 허용하는 한도에서 인간이 자신과 타인의 보존에 적합하다고 생각하는 바가 무엇이든 그것을 행하는 권력이다. 그들 모두에게 공통된 자연법에 의해서 그와 나머지 모든 인류는 하나의 공동체를 형성하며, 다른 피조물과 구분되는 하나의 사회를 구성한다. 그리고 타락한 인간들의 부패와 사악함이 없었더라면 그 밖의 어떤 다른 사회를 필요로 하지 않았을 것이며, 사람들이 이처럼 위대하고 자연적인 공동체로부터 떨어져 나와서, 명시적인 합의에 의해서 좀 더 작고 분열된 사회들(associations)로 결합할 필요성도 없었을 것이다.

자연상태에서 인간이 가진 또다른 권력은 자연법을 위반하여 저질러진 범죄를 처벌하는 권력이다. 이러한 두 가지 권력을 인간은 그가 사적(私的)인 사회―만약 내가 그렇게 불러도 무방하다면―또는 특정한 정치적 사회에 가입하거나 여타 인류로부터 분리된 별도의 국가를 형성할 때 포기하는 것이다.

129. 첫째의 권력, 곧 인간은 자신과 여타 인류를 보존하는 데 적합하다

고 생각한 바를 무엇이든 행할 수 있는 권력을 포기하는데, 이는 그 자신과 그 사회의 여타 사람들을 보존하는 데 필요한 만큼 사회가 제정한 법에 의해서 규율되도록 하기 위해 포기한 것이다. 사회의 법은 많은 면에서 그가 자연상태에서 누리던 자유를 제약한다.

130. 둘째로, 그는 처벌권을 전적으로 포기하며, 사회의 법이 요구하는 바에 따라 사회의 집행권을 돕는 데 그의 자연적 권력(이전에 그가 자신이 적합하다고 생각하는 바에 따라 자신의 독자적 권위에 의거해서 자연법의 집행을 위해서 사용하던)을 사용한다. 이제 공동체 전체의 힘을 통한 보호는 물론, 동일한 공동체에 있는 타인의 노동, 조력 및 교제로부터 많은 편리함을 향유할 수 있는 새로운 상태에 처하게 됨에 따라 그는 사회의 선(善), 번영 및 안전에 필요한 만큼 자신을 부양하는 데 사용하던 자연적 자유를 내놓아야 한다. 그것은 사회의 다른 성원들도 내놓기 때문에 단순히 필요할 뿐만 아니라 정의로운 것이다.

131. 사람들은 사회에 들어갈 때 그들이 자연상태에서 가졌던 평등, 자유 및 집행권을 사회의 선이 요구하는 바에 따라 입법부가 처리할 수 있도록 사회의 수중에 양도한다. 그러나 그것은 모든 사람이 그 자신, 그의 자유 및 그의 재산을 더욱 잘 보존하려는 의도에서 오직 행하는 것이다(왜냐하면 어떠한 이성적 피조물도 현재보다 더 나쁘게 만들 의도로 그의 상태를 변화시키려고 한다고는 상상할 수 없기 때문이다). 사회의 권력 또는 사회

에 의해서 구성된 입법부의 권력이 공동선을 넘어서까지 확대된다고는 결코 상상할 수 없다. 그 권력은 자연상태를 그토록 불안하고 불편하게 만드는 상술한 세 가지 결함을 제거함으로써 모든 사람에게 재산을 보장해 줄 의무를 부담한다. 그러므로 누구든 국가의 입법권이나 최고의 권력을 가진 자는 즉흥적인 법령이 아니라 국민에게 공포되어 널리 알려지고 확립된 일정한 법으로 다스려야 한다. 그는 또한 무사공평한 재판관을 임명하여 그러한 법에 따라 분쟁을 해결하도록 해야 한다. 그리고 공동체의 물리력을 국내에서는 오직 그러한 법의 집행을 위해서 사용하고, 대외적으로는 외국의 침해를 방지하거나 시정하고 침입이나 침략으로부터 공동체의 안보를 보장하기 위해서 사용해야 한다. 이 모든 것은 인민의 평화, 안전 및 공공선이 아닌 다른 목적을 위해서 행사되어서는 안 된다.

제10장

국가의 형태에 관하여

132. 이미 밝힌 것처럼, 인간이 처음으로 결합하여 사회를 형성했을 때, 자연스럽게 공동체의 모든 권력을 장악한 다수는 그 권력을 공동체를 위해서 수시로 법을 제정하고 그들이 임명한 관리가 그 법을 집행하도록 하는 데 사용할 수 있다. 그렇게 되면 정부형태는 완전한 민주정이 된다. 또는 그것과 달리 선택된 소수 또는 그들의 상속인들이나 후계자들의 수중에 입법권을 위임할 수도 있다. 그렇게 되면 정부형태는 과두정이 된다. 또는 그와 달리 한 사람의 손에 맡길 수도 있는데, 그렇게 되면 군주정이 된다. 만약 군주와 그의 상속인들의 수중에 맡겨지면 세습 군주정이 된다. 만약 살아 있는 동안만 군주에게 맡기고, 그가 죽은 후에는 후계자를 지명하는 권리가 다수에게 돌아가면 선거 군주정이 된다. 따라서 이러한 형태들 중에서 공동체는 자신들이 좋다고 생각하는 바에 따라 복합적이고 혼합적인 정부형태를 만들 수 있다. 그리고 만약 입법권이 처음에는 다수에 의해서 한 사람 또는 몇몇 사람들에게 그 일생 동안

또는 제한된 기간 동안만 주어지고, 그러고 나서 그 최고의 권력이 다수에게 되돌아간다면, 그것이 다시 되돌아올 때 공동체는 그것을 그들이 원하는 사람들의 수중에 새롭게 맡길 수 있으며 그리하여 새로운 정부형태를 구성할 수 있다. 왜냐하면 정부형태는 최고의 권력, 곧 입법권을 어떻게 배치하는가에 따라 좌우되며 하위 권력이 최고의 권력에게 명령을 내린다거나 최고의 권력 이외의 권력이 법을 만든다는 일은 상상할 수 없기 때문이다. 따라서 법을 만드는 권력이 어디에 있는가에 따라서 국가의 형태는 달라지게 마련이다.

133. 내가 지금까지 사용해온 국가(commonwealth)라는 말은 민주정이나 여하한 정부형태를 의미하는 것이 아니라, 라틴 사람들이 키비타스(civitas)라는 말로 지칭하던 '독립적인 공동체'를 의미하는 것으로 이해해야 할 것이다. 우리말에서 키비타스에 가장 상응하는 단어는 국가이며, 키비타스는 영어에서 공동체(community)나 도시(city)가 표현하지 못하는 인간사회를 적절히 지칭한다. 왜냐하면 하나의 정부 안에 많은 하위의 공동체가 존재할 수 있고, 우리에게 도시라는 것은 국가와는 매우 상이한 관념이기 때문이다. 따라서 모호성을 피하기 위해서, 그것과 같은 의미로 국가라는 단어를 사용하는 것을 허락해주기를 바란다. 국왕 제임스 1세*

---

* James the First(1566-1625) : 스코틀랜드의 여왕 메리(Mary)의 유일한 자식으로서 제임스 6세라는 칭호로 스코틀랜드를 1567년부터 1625년까지, 제임스 1세라는 칭호로 잉글랜드를 1603년부터 1625년까지 통치했다. 조지 뷰캐넌(George Buchanan)에게 교육을 받았지만, 그는 왕권신수설의 가장 강력한 주창자가 되었다. 『자유로운 군주제의 참된

가 그 단어를 이와 동일한 의미로 사용한 적이 있는 것으로 알고 있는데, 나는 제임스 1세가 사용한 것이 그 말의 참된 의미라고 생각한다. 만약 누구든 마음에 들지 않는다면, 그 사람이 제안하는 좀 더 적절한 단어로 바꾸는 데 동의한다.

법(*The True Law of Free Monarchies*)』이라는 유명한 저술을 남기고 있다.

제11장

입법권의 범위에 관하여

134. 사람들이 사회에 들어가는 커다란 목적은 그들의 재산을 평온하고 안전하게 향유하는 것이며, 이를 달성하기 위한 주요한 도구와 수단이 사회에서 확립된 법이다. 모든 국가의 기본이 되는 최초의 실정법은 입법권을 확립하는 것이다. 입법권 자체마저 지배하는 자연법의 기본적인 첫째 조항은 사회의 보존이며 (공공선과 양립 가능한 한도에서) 그 안에 있는 모든 사람의 보존이다. 입법부는 국가의 최고 권력일 뿐만 아니라 공동체로부터 일단 그 권력을 위임받은 자들의 수중에서는 성스럽고 변경할 수 없는 것이 된다. 그 밖의 다른 사람이 내린 어떠한 명령도, 어떠한 형태로 표현되건 또는 어떤 권력에 의해서 발해지건 상관없이, 공공이 선출하고 임명한 입법부로부터 승인을 받지 못하면 법으로서의 효력과 의무를 가지지 못한다. 왜냐하면 이런 승인이 없으면 법은 그것이 법이 되기 위해 절대적으로 필요한 사회의 동의를 얻지 못한 셈이 되기 때문이다. 어느 누구도 사회 자체의 동의나 사회로부터 권위를 위임받

은 자의 동의가 없이는 사회에 대한 법을 제정할 수 없다.[7] 그러므로 가장 엄숙한 유대에 의해서 누구든지 이행해야 하는 모든 복종의무는 궁극적으로 이 최고의 권력에서 절정에 달하는 것이며, 그것이 제정하는 법에 의해서 규정된다. 사회의 성원이 외국의 권력에 대해서 또는 국내의 하위 권력에 대해서 어떠한 서약을 했든지 상관없이 그 서약을 이유로 사회의 신탁에 근거를 두고 작용하는 입법권에 대한 복종의무를 면제받지 못하며, 입법부에 의해서 제정된 법에 반대되거나 그 법이 규정하는 것을 넘어서는 복종의무를 부담할 수 없다. 사람이 사회에서 최고가 아닌 권력에 궁극적으로 복종하도록 구속되어 있다고 상상하는 것은 우스꽝스럽기 때문이다.

135. 입법권은, 그것이 1인의 수중에 있건 또는 그보다 많은 사람들의 수중에 있건, 상시적으로 존재하건 또는 수시로 존재하건 상관없이, 모

---

7) "인간들의 정치사회 전체에 명령을 내릴 수 있는 법을 제정하는 합법적인 권력은 당연히 사회 전체에 속해야 한다. 따라서 지상의 어떤 군주나 권력자든 신으로부터 직접적이고 개인적으로 받은 명시적인 위임 없이 또는 그들이 법을 부과하려는 사람들의 최초의 동의에서 유래하는 권위에 근거하지 않고 스스로 이러한 권력을 행사하고자 한다면 그것은 단순한 폭정보다 결코 나을 것이 없다. 따라서 공적인 승인을 통해서 제정되지 않은 것은 법이라 할 수 없다"(후커, 『교회정치론』, 제1권 제10절).
　"따라서 이 점에 관해서 우리는 그러한 사람들이 당연히 정치적 다중 전체에 명령을 내릴 온전하고 완벽한 권력을 가지고 있지 않으며, 그렇기 때문에 우리의 동의한 적이 없다면 우리는 결코 어느 누구의 명령 아래서도 살고 있지 않다는 점에 주목해야 한다. 그리고 우리가 그 구성원인 사회가 일찍이 동의한 경우에는 비슷한 보편적 합의에 의해서 그 동의를 취소하지 않는 한, 우리는 명령을 받는 것에 동의한 것이다. 그러므로 어떤 종류의 것이든 인간의 법은 동의에 의해서만 유효하게 된다"(같은 곳).

든 국가에서 최고의 권력이다. 그러나 [다음과 같은 제한이 입법권에 존재한다]

첫째, 입법권은 인민의 생명과 재산을 절대적이며 자의적(恣意的)으로 다룰 수 있는 권력이 아니며 또 그러한 권력이 될 수도 없다. 왜냐하면 입법권은 사회의 모든 구성원이 한데 결합시킨 권력을 입법자인 개인이나 의회(assembly)에 양도한 것이기 때문이다. 따라서 그것은 사람들이 사회에 들어가기 전 자연상태에서 가지고 있다가 공동체에 양도한 것 이상의 권력이 될 수 없다. 어떤 사람도 다른 사람에게 그 자신이 가지고 있는 것보다 더 많은 권력을 양도할 수 없으며, 자기 자신에 대해서나 다른 어떤 사람에 대해서 절대적이며 자의적인 권력, 곧 그 자신의 생명을 파괴하거나 다른 사람의 생명 혹은 재산을 박탈할 수 있는 권력을 가지고 있지 않기 때문이다. 이미 밝혀진 것처럼 사람은 자기 자신을 타인의 자의적인 권력에 종속시킬 수 없다. 그리고 사람은 자연상태에서 타인의 생명, 자유, 소유물에 대해서 아무런 자의적인 권리를 가지고 있지 않으며, 단지 자연법이 그 자신과 나머지 인류의 보존을 위해서 부여한 권력만을 가지고 있을 뿐이다. 이것만이 그가 공동체에 그리고 공동체를 통해서 입법권에 양도하고 양도할 수 있는 모든 것이며, 입법권은 이보다 더 많은 것을 가질 수 없다. 그 권력의 최대치는 사회의 공공선에 의해서 제한된다. 그것은 보존 이외에 그 밖의 어떠한 목적도 가지지 않는 권력이며, 그렇기 때문에 신민들을 죽이고, 노예로 삼고, 의도적으로 궁핍하게 만드는 권리를 결코 가지고 있지 않다.[8] 자연법상의 의무는 사회에서도 중단되지 않으며, 많은 경우에 좀 더 다듬어지고, 그 의무에 인정법(人定法, human law)이 부과한 널리 알려진 처벌이 부가됨으로써 그 준수가 강제된다. 그러므로 자연법은 일반 사람들은 물론 입법자들을 포함하여 만인에게 영구적인 규칙으로 남아 있다. 입법자들이 타인의 행위― 타인은 물론 그들 자신의 행위― 를 규제하기 위해서 만든 규칙들은 자연법, 곧 신의 의지에 부합되는 것이어야 한다. 자연법이란 신의 의지를 선언한 것과 다름없기 때문이다. 자연법의 근본적인 요소는 인류의 보존이므로 어떠한 인간적 규칙도 그것에 반해서는 정당하거나 유효할 수 없다.

136. 둘째, 입법권 또는 최고의 권위는 즉흥적이고 자의적인 명령을 통해서라면 통치권을 행사할 수 없다.[9] 그것은 공포된 영속적인 법 그리고

---

8) "공적 사회를 지탱하는 두 개의 기초가 있다. 하나는 모든 인간이 사교적인 삶과 우애를 원한다는 자연적인 성향이고 다른 하나는 함께 살기 위해 결합하는 방식에 관해서 명시적 또는 묵시적으로 합의한 질서이다. 후자는 우리가 국가의 법이라고 부르는 것으로서 정치체의 영혼이라고 할 수 있으며, 정치체의 부분들은 법에 의해서 활력을 부여받고, 함께 결속되며, 공동선이 요구하는 바에 따라 활동을 개시하게 되는 것이다. 사람들 사이의 외적 질서와 지배를 위해서 제정된 정치적 법은 인간이 마땅히 살아야 하는 바에 따라 그 기본구조를 구축할 수 없다. 그 법은 인간의 의지가 내면적으로는 완고하며, 반항적이고, 신성한 자연법에 대한 일체의 복종을 싫어한다고 가정해야 한다. 한마디로 말해, 인간이 타락된 심성은 잔인한 야수보다 별로 나을 것이 없다고 가정해야 한다. 따라서 정치적 법은 그러한 인간의 심성이 그렇다 해도 사회가 설립된 목적인 공동선에 방해가 되지 않도록 그의 외부적인 행동을 규제하는 것을 목적으로 한다. 그렇게 규정하지 않으면, 법은 완전한 것이 되지 못한다"(후커, 『교회정치론』, 제1권 제10절).

권위를 위임받은 널리 알려진 재판관에 의해서 정의를 시행하고 신민들의 권리를 결정해야 한다. 자연법은 문자화된 것이 아니어서 사람들의 마음 속 이외에는 어디서도 찾아볼 수 없는 것이므로, 격정이나 이해관계로 그것을 잘못 인용하거나 잘못 적용할 자는 정해진 재판관이 없는 한 자신들의 과오를 쉽게 깨닫지 못하기 때문이다. 따라서 자연법은 그 영향 아래 살고 있는 모든 이들이 동시에 자연법의 재판관이고 해석자이며 그 집행자인 데다가 심지어 자기 자신이 관련된 사건에서도 그렇기 때문에 그들의 권리를 확정하고 재산을 보호하는 데 도움이 되어야 함에도 그 본연의 기능을 수행하지 못하고 있다. 게다가 정당함(right)이 자신의 편에 있는 자도 통상 개인 혼자의 힘을 보유하고 있는 데 불과하기 때문에 자신을 가해행위로부터 보호하거나 범법자를 처벌하기에 충분한 힘을 가지고 있지 못하다. 자연상태에서 인간의 재산을 교란시키는 이러한 폐단을 피하기 위해서 사람들은 사회를 결성하는데, 그 결과 그들은 자신들의 재산을 확보하고 방어할 수 있는 사회 전체의 힘을 보유하게 되며 그 사회를 구속하는 상시적 규칙―그것을 통해서 모든 사람

---

9) "인간이 제정한 법은 인간의 행동을 지도하는 척도이다. 하지만 그러한 척도 역시 그것을 측정하는 상위의 척도인 두 개의 규칙을 가지는데, 그것은 바로 신법(神法)과 자연법이다. 따라서 인간의 법은 일반적인 자연법에 부합되도록 그리고 성서에 나오는 명문의 법과 모순됨이 없도록 제정되어야 한다. 그렇지 않다면 그 법은 잘못 제정된 것이다"(후커, 『교회정치론』, 제3권 제9절).

"무엇이든 사람들에게 불편한 일을 강요하는 것은 불합리한 것으로 보인다"(후커, 같은 책, 제1권 제10절).

이 자신의 것이 무엇인지를 알게 되는— 을 가지게 된다. 이런 목적을 달성하기 위해서 사람들은 모든 자연적 권력을 그들이 들어가는 사회에 양도하며, 공동체는 선언된 법에 의해 자신들이 지배될 것이라는 신뢰에 따라 입법권을 그들이 생각하기에 적절한 자들의 수중에 위임한다. 그렇지 않으면 그들의 평화, 평온 및 재산은 자연상태에서 그러했던 것과 같은 불확실성에 처하게 될 것이다.

137. 절대적이고 자의적인 권력 또는 확립된 상시적인 법이 없는 통치는 그 어느 것도 사회 및 정부의 목적과 양립할 수 없다. 자신들의 생명, 자유, 재물(fortunes)을 보존하기 위해서가 아니었더라면, 그리고 권리와 재산(property)에 관한 명시적 규칙을 통해서 평화와 안녕을 확보하기 위해서가 아니었더라면, 사람들은 자연상태에서의 자유를 포기하거나 사회에 자신들을 구속시키려고 하지 않았을 것이기 때문이다. 또한 설사 그들이 어떤 한 사람 또는 그보다 많은 사람들에게 그들의 인신과 자산(estate)에 대한 절대적이고 자의적인 권력을 양도할 수 있는 권력을 가지고 있었다고 할지라도 그리고 위정자의 수중에 그의 무제한적 의지를 자의적으로 자신들에게 집행할 수 있도록 무력을 위탁할 수 있는 권력을 가지고 있었다고 할지라도, 그들이 그렇게 하고자 의도했다고는 가히 상상할 수 없다. 만약 그와 같이 된다면 그들은 자연상태보다 더 열악한 상태에 처하게 되는 것이다. 왜냐하면 자연상태에서는 타인의 침해에 대해서 그들의 권리를 방어할 자유를 가지며, 그 권리가 한 개인에 의해

서 침해되건 단합된 다수에 의해서 침해되건 그 권리를 유지하기 위한 힘을 평등하게 가지고 있기 때문이다. 그와 반대로 그들이 자신들을 절대적이고 자의적인 권력과 입법자의 의지에 내맡긴다면, 자신들의 무장은 해제하면서 그를 무장시키고 기분 내키는 대로 자신들을 먹이로 삼도록 만드는 셈이 된다. 10만 명을 그 휘하에 거느린 한 개인의 자의적인 권력에 직면한 자는 자의적인 권력을 가진 개별 인간 10만 명에 직면한 자보다 훨씬 더 어려운 상황에 처해 있다. 10만 배나 강한 힘을 가진 그리고 자의적인 명령권을 가진 자의 의지가 다른 개인들의 의지보다 더 선량할지는 어느 누구도 확신하지 못하기 때문이다. 그렇기 때문에 국가가 어떠한 형태를 취하든, 통치권은 즉흥적인 명령과 불확실한 결정이 아니라 선포되고 승인된 법에 따라야 한다. 만약 인류가 한 사람이나 몇몇 사람들을 다중의 결합된 권력으로 무장시키고―그들의 행동을 지도하고 정당화할 아무런 기준도 제시되지 않은 채―그들의 즉흥적인 생각 또는 무절제하고 그 순간까지 알려진 적이 없는 의지에 근거한 터무니없고 무제한적인 명령에 순순히 복종하도록 강요받는다면, 인류는 자연상태에서보다 훨씬 더 열악한 상황에 처하게 될 것이기 때문이다. 정부가 가진 모든 권력은 오직 사회의 선을 위한 것이므로, 그것은 자의적이거나 제멋대로 행사되어서는 안 되며, 따라서 확립되고 선포된 법에 따라 행사되어야 한다. 왜냐하면 이를 통해서 한편으로 인민은 그들의 의무를 알 수 있고 법의 한도 내에서 안심하고 안전을 누릴 수 있기 때문이며, 다른 한편 통치자 역시 적절한 한계 내에서 처신하면서 자신들의 수중에 가진 권력의 유혹에 빠져 그들이 이제껏 알지 못했고 기꺼이 승인하지 않았을 법한 그런 목적을 위해서 그리고 그런 조치에 의해서 권력을 행사하는 일이 없도록 방지할 수 있기 때문이다.

138. 셋째, 최고의 권력은 어떤 사람에게서든 그의 재산의 일부를 그 자신의 동의 없이 취할 수 없다. 재산의 보존이 정부의 목적이고 오직 그 목적을 위해서 인간이 사회에 들어간다는 사실은 필연적으로 인민이 재산을 가지고 있다는 것을 상정하고 또 당연히 요구하기 때문이다. 만약 그렇지 않다면 사람들은 그들이 사회에 가입한 목적인 재산을 사회에 가입함으로써 잃게 되는 셈이 된다. 그것은 어떤 사람이든 납득하기 힘든 터무니없는 일임에 분명하다. 그러므로 사회에서 재산을 가지고 있는 사람들은 공동체의 법에 의해서 그들의 것인 재물에 대해서 권리를 가지게 되며, 어느 누구도 그들의 재산이나 그 일부를 그들로부터 그들의 동의 없이 취할 수 있는 권리를 가지고 있지 않다. 만약 이것이 없다면, 그들은 전혀 재산을 가지고 있지 않은 셈이 된다. 왜냐하면 어떤 사람이 나의 동의에 반해 그의 뜻대로 내 재산을 취할 수 있는 권리를 가졌다면 나는 실로 아무런 재산권을 가지지 못한 것이기 때문이다. 그러므로 국가(commonwealth)의 최고권력 또는 입법권을, 그것이 원하는 대로 무엇이나 할 수 있으며 신민의 자산을 자의적으로 처분하거나 그 일부를 제멋대로 취할 수 있는 권력이라고 생각하는 것은 오류이다. 이런 일은 다음과 같은 정부, 곧 입법권이 전체적으로 또는 부분적으로 그 구성원

이 유동적인 의회[상원이나 하원]에 속하기 때문에 그 구성원들 역시 그 집회가 해산되면 다른 사람들과 마찬가지로 그 나라의 공통된 법의 신민이 되는 정부에서는 크게 두려워할 문제가 못 된다. 그러나 입법권이 항상 동일한 하나의 영구적인 의회나 절대군주제에서와 같이 한 인물에게 속해 있는 정부 아래서는 다음과 같은 위험이 있다. 곧 그들 스스로 공동체의 일반구성원과 구분되는 독자적인 이해관계를 가지고 있다고 생각하고 인민들로부터 그들 자신이 적절하다고 생각하는 바를 취함으로써 그들 자신의 부와 권력을 증대시키기 쉬운 위험이 있는 것이다. 왜냐하면 설사 권력자와 그의 동료 신민들 사이에 그 한계를 정하는 정당하고 형평에 맞는 법이 있다고 해도, 신민들에게 명령을 내리는 자가 어떤 개인으로부터 그의 재산 중에서 자신의 마음에 드는 부분을 취하거나 자신이 좋다고 생각한 바에 따라 그 재산을 사용하고 처분한다면 그 사람의 재산은 전혀 안전하지 않기 때문이다.

139. 그러나 내가 이미 밝힌 대로, 정부는 누구의 손에 맡겨지든 간에, 사람들이 그들의 재산을 소유하고 보호할 수 있다는 조건으로 그리고 그러한 목적을 위해서 신탁한 것이다. 따라서 군주건 귀족원이건, 그들이 신민들 사이에서 재산을 규제하는 법 제정의 권력을 가지고 있다고 할지라도 신민들의 동의 없이 그들의 재산의 전부나 일부를 스스로 취할 수 있는 권력은 결코 가질 수 없다. 왜냐하면 이것은 결과적으로 신민들에게 전혀 아무런 소유권을 남겨놓지 않는 것이나 다름없기 때문이다.

심지어 절대적 권력조차도 그것이 필요해서 인정된 경우에는, 절대적이라는 이유로 자의적이지 않으며 그 권력이 절대적일 것을 요구한 이유와 목적에 의해서 여전히 제약을 받는다는 점을 이해할 필요가 있다. 이를 위해서 우리는 군대 기율의 공통된 관행을 살펴보는 것으로 족하다. 군대의 보존 그리고 그것을 통한 국가 전체의 보존은 모든 상관의 명령에 절대적으로 복종할 것을 요구하며, 명령 중에서 설사 가장 위험한 것이나 불합리한 것이 있다 할지라도 이에 불복종하거나 이의를 제기하는 것은 마땅히 사형감이다. 그러나 우리가 이해하는 바와 같이, 어느 사병에게 대포의 포구(砲口)를 향해 진격하라고 또는 거의 전사할 것이 확실한 공격에 맞서라고 명령을 내릴 수 있는 상사(上士)라 할지라도 그 사병에게 그의 수중에 있는 단 한 푼의 돈이라도 내놓으라고 명령할 수는 없다. 마찬가지로 탈영이나 긴급명령에 대한 불복종을 이유로 그 사병을 사형에 처할 수 있는 장군 역시 그 사병의 생명을 좌지우지할 수 있는 권력을 포함한 절대적 권력을 가지고 있음에도 불구하고 그의 자산 중에서 단 한 푼의 돈이라도 마음대로 처분할 수 없고, 그의 재물의 한 치라도 취할 수 없다. 비록 그가 그 사병에게 무엇이든 명령할 수 있고, 가장 사소한 불복종에 대해서도 그를 교수형에 처할 수 있지만 말이다. 왜냐하면 그러한 맹목적인 복종은 그 사령관이 권력을 가진 목적, 곧 다른 사람들의 생명을 보존하기 위해서는 필요한 것이지만, 그 사병의 재물을 처분하는 것은 그것과 아무런 상관이 없기 때문이다.

140. 정부를 지탱하기 위해서는 막대한 비용이 필요한 것이 사실이며, 따라서 자기 몫의 보호를 받는 사람은 누구나 자기 자산에서 정부의 유지를 위해서 필요한 할당 분을 지불해야 할 것이다. 그러나 그것은 여전히 그 자신의 동의, 곧 다수의 동의—그들 자신에 의해서 주어진 것이건 그들이 선출한 대표자들에 의해서 주어진 것이건—가 있어야 한다. 왜냐하면 누군가가 그 자신의 권위에 의거하여 인민의 동의 없이 인민에게 세금을 부과하고 징수할 권력을 주장한다면, 그는 그 행위로 재산에 관한 기본법을 침해하는 것이며 정부의 목적을 전복하는 것이기 때문이다. 다른 사람이 마음 내키는 대로 내 물건을 취하는 것이 정당화된다면 나는 그 물건에 대해서 소유권을 가진 것이라고 도대체 말할 수 있겠는가?

141. 넷째, 입법부는 법을 제정할 권력을 다른 사람들의 수중에 양도할 수 없다. 그것은 단지 인민들로부터 위임받은 권력에 불과하므로, 그것을 가진 자들이 타인에게 양도할 수 없기 때문이다. 오직 인민만이 국가의 형태를 지정할 수 있으며, 그 지정행위는 입법부를 구성함으로써 그리고 그 권력을 행사할 자를 임명함으로써 수행된다. 그리고 인민이 '우리는 통치에 복종할 것이며 이러저러한 사람들이 이러저러한 형태로 제정한 법에 의해서 지배 받겠다'고 말한다면 어느 누구도 다른 사람들이 인민을 위해서 법을 만들도록 하겠다고 말할 수 없다. 인민 역시 그들이 선출하여 그들을 위해서 법을 만들도록 권위를 부여한 사람들에 의해서

제정된 법을 제외하고는 그 어떤 법에도 구속될 수 없다. 입법부의 권력은 명시적이고 자발적인 인가나 제도화에 의해서 인민으로부터 유래하는 것이기 때문에 명시적인 인가가 규정하는 것 이외의 것이 될 수는 없다. 곧 입법부는 법을 제정할 수 있을 뿐이지 입법자를 만들 수는 없기 때문에, 그들이 법을 제정할 권한을 양도해서 그것을 다른 사람의 수중에 맡길 수 있는 권력은 가지고 있지 않다.

142. 이것들이 사회가 입법부에 위임한 신탁의 한계이며, 그 정부형태가 어떻든지 간에 신법과 자연법이 모든 국가의 입법권에 부여한 한계이기도 하다.

첫째, 모든 정부는 공포되고 확립된 법에 따라 다스려야 한다. 이는 그 법이 사건에 따라 다르지 않고 부자나 빈자, 궁정의 특권층이나 시골의 농사꾼에게나 단일한 규칙으로 적용될 것을 요구한다.

둘째, 이러한 법은 다른 목적이 아니라 궁극적으로 인민의 복지를 위해서 입안되어야 한다.

셋째, 모든 정부는 인민의 직접적인 동의 또는 그들 대리인을 통한 동의 없이는 인민의 재산에 세금을 부과할 수 없다. 그리고 이 점은 입법부가 상시적으로 존재하는 정부 또는 적어도 인민이 수시로 선출한 대표자들에게 입법권의 일부를 유보하지 않은 정부에 고유하게 해당된다.*

---

* 옮긴이에게 영어 원문의 이 문장은 바로 앞의 문장과 잘 호응하지 않고, 그 의미 역시

넷째, 입법부는 법을 제정할 권력을 그 밖의 다른 사람[또는 기관]에게 양도해서는 안 되며, 또 양도할 수도 없다. 또한 인민이 그 권력을 설정한 곳 이외의 다른 곳에 설정해서는 안 되며 또 설정할 수도 없다.

명료하게 들어오지 않는다. 옮긴이는 원문의 'not'이 잘못 들어간 것으로 빠져야 한다고 생각한다. 그 경우 "입법권의 일부를 유보하지 않은 정부"가 아니라 "입법권의 일부를 유보한 정부"가 될 것이고, 그렇게 해야 앞뒤가 호응한다고 생각한다. 그런데 다양한 영문본의 편집자들이 이 구절에 대해 아무런 이의를 제기하지 않고 있기 때문에 부득이 원문대로 옮겼다.

제12장

국가의 입법권, 집행권 및 연합권에 관하여

143. 입법권이란 공동체와 그 구성원들을 보존하기 위해서 국가 (commonwealth)의 힘을 어떻게 사용할 것인가를 지도할 수 있는 권리를 가진 권력이다. 그런데 법은 지속적으로 집행되어야 하고 그 효력이 항상 유지되어야 하기는 하지만, 단기간에 만들어질 수 있다. 따라서 입법부는 항상 업무가 있는 것이 아니기 때문에, 상시적으로 개회 중일 필요가 없다. 그리고 인간에게는 권력을 장악하고 싶어 하는 약점이 있기 때문에 법을 제정할 권력을 가진 동일한 사람들이 법을 집행할 권력까지 그들의 수중에 가지고자 하는 엄청난 유혹을 뿌리치기 어려울 것이다. 그리하여 그들은 스스로 만든 법에 대한 복종으로부터 자신들을 면제시키고, 법을 제정하고 집행하는 과정에서 자신들의 사적인 이득에 적합하게 그 법을 뜯어고치며, 그럼으로써 사회 및 정부의 목적과 반대되는 그리고 공동체의 여타 성원들로부터 구분되는 이해관계를 가지려고 하게 될 것이다. 그렇기 때문에 전체의 선이 적절히 고려되는 잘 정비된

국가에서 입법권은 마땅히 그래야 하는 것처럼 적법하게 소집된 다양한 사람들의 수중에 맡겨지며, 그들은 그들만으로 또는 다른 사람들과 더불어 법을 제정할 권력을 가진다. 그리고 그들은 그 일을 완수하면, 다시 해산해서 그들 자신이 제정한 법에 복종하는 신민으로 되돌아간다. 이러한 사정은 그들이 고려해야 하는 새롭고 당면한 구속으로 작용하기 때문에, 그들은 법을 공공선을 위해서 만들게 된다.

144. 법은 즉각적으로 그리고 단기간에 만들어지지만 항구적이고 지속적인 효력을 가지므로, 지속적인 집행 혹은 관심을 필요로 한다. 그렇기 때문에 제정된 법이 유효하도록 집행을 담당하는 권력이 상시적으로 필요하다. 그리하여 입법권과 집행권은 종종 분리된다.

145. 모든 국가에는 또 하나의 권력이 있다. 이것은 자연적인 권력이라고 부를 수 있는데, 그 이유는 그 권력이 모든 사람이 사회에 들어가기 전에 자연적으로 가지고 있는 권력과 상응하는 것이기 때문이다. 국가 내에서 구성원들은 상호간에 여전히 독자적인 인격체이고 그러한 존재로서 사회의 법에 의해서 지배된다. 그런데 여타 인류에 대해서 그들은 하나의 단체(one body)를 구성하며, 그 단체는 이전에 구성원들이 처했던 상황과 마찬가지로 그 외의 인류에 대해서 자연상태에 놓여 있다. 그러므로 사회의 구성원과 사회 밖의 사람들 사이에서 일어나는 분쟁은 공공체에 의해서 처리된다. 그리고 그 단체의 구성원들에게 가해진 침

해에 대해서는 전체가 배상을 받기 위해서 행동한다. 따라서 이러한 고찰에 따르면, 공동체 전체는 그밖의 모든 국가들(states)이나 그 공동체 밖의 인간들에 대한 관계에 있어서는 자연상태에 있는 하나의 단체를 구성한다.

146. 그렇기 때문에 상술한 권력은 전쟁 및 강화(講和)의 권력과 연맹 및 동맹의 권력 그리고 국가 밖에 있는 모든 사람 및 공동체와 모든 교섭을 할 수 있는 권력을 포함하고 있으며, 그것은 다른 사람들이 원한다면 '연합적 권력(federative power)'이라고 부를 수 있을 것이다. 이와 같은 사정이 제대로만 이해된다면, 나는 명칭에 대해서는 개의치 않겠다.

147. 이들 두 개의 권력, 집행권과 연합권은 그 자체로서는 참으로 상이한 것이다. 즉 전자는 사회 내에서 사회의 구성원 모두를 대상으로 하여 사회의 국내법의 집행을 담당하는 권력이며, 후자는 대외적으로 사회가 이득이나 손해를 받을 수 있는 모든 자들을 대상으로 하여 공공의 안전과 이익을 다루는 권력이다. 하지만 양자는 거의 항상 결합되어 있다. 그리고 이 연합권이 잘 행사되느냐 또는 잘못 행사되느냐는 국가에 대단히 중대한 일이기는 하지만, 그것은 집행권과는 달리 미리 제정된 상설된 실정법으로 규제하기가 어렵다. 따라서 연합권이 공공선을 위해서 행사되도록 하려면 그것은 반드시 그 권력을 장악하고 있는 자의 신중함과 현명함에 일임되어야 한다. 신민들 상호간에 관련이 있으면서 그들의

행위를 규율하는 법은 마땅히 그들의 행위에 앞서 미리 제정되어 있는 것이 바람직하다. 그러나 외국인을 상대로 행해지는 것은, 그들의 행동 그리고 그들의 의도 및 이해관계에 따라 좌우되는 일이 많기 때문에 그것들을 관리하는 권력을 부여받은 자들이 국가의 이득을 위해서 자신들의 능력을 최대한 발휘하면서 추구할 수 있도록 대부분 그들의 신중한 재량에 일임되어야 한다.

148. 내가 말한 것처럼, 모든 공동체의 집행권과 연합권은 참으로 그 자체로서는 구분되는 것이기는 하지만, 그것들이 분리되어 상이한 인격체들의 수중에 맡겨지는 경우란 거의 없다. 왜냐하면 둘 다 그 행사를 위해서 사회의 힘을 필요로 하는데, 국가의 무력을 분리하여 별개의, 서로 독립된 기관에 맡기는 것, 또는 집행권과 연합권을 서로 독자적으로 행동하는 인격체들에게 맡기는 것은 거의 실천 불가능하기 때문이다. 만약 그렇게 되면 공공의 힘은 상이한 명령권자들 아래 놓이게 되며, 그것은 조만간 무질서와 파멸을 초래할 염려가 있다.

제13장

국가권력의 종속에 관하여

149. 잘 조직된 국가는 그 자체의 기반 위에서 그 자신의 본성, 곧 공동체의 보존을 위해서 활동한다. 그런 국가에는 단일의 최고의 권력, 곧 입법권이 있고, 다른 모든 권력은 입법권에 종속되어 있고 또 종속되어야 한다. 그러나 입법권은 일정한 목적을 위해서만 활동할 수 있는 단지 신탁된 권력이므로 입법부가 그들에게 맡겨진 신탁에 반해서 행동하는 것이 발견될 때 입법부를 폐지하거나 변경할 수 있는 최고의 권력은 여전히 인민에게 있다. 모든 권력은 일정한 목적을 달성하기 위해서 신탁으로 부여되는 것으로서 그러한 목적에 따라 제한되기 때문에, 권력이 그 목적을 명백히 소홀히 하거나 위반하면 신탁은 필연적으로 철회되며, 그 권력은 그것을 내준 자들의 손에 되돌아간다. 그리고 권력을 회수한 자들은 자신들의 안전과 안보를 위해서 최선이라고 생각하는 곳에 그 권력을 새롭게 맡길 수 있다. 그러므로 공동체는 항상 타인의 책동과 음모로부터 자신들을 보호할 수 있는 최고의 권력을 보유하고 있다. 물

론 이 타인에는 입법자들도 포함되는데, 그들이 신민의 자유와 재산에 대해서 음모를 꾸미고 수행할 정도로 어리석거나 사악한 경우에 그러하다. 왜냐하면 어떠한 인간 또는 어떠한 인간사회도 그들의 보존, 또는 결과적으로 그 보존에 필요한 수단을 타인의 절대적인 의지와 자의적인 지배에 양도할 수 있는 권력을 가지고 있지 않기 때문이다. 누구든 그들을 그런 노예상태로 몰고 가고자 할 때면 언제나, 그들은 스스로도 포기할 수 없는 자기 보존의 권리 그리고 기본적이고 성스러운, 불변의 자기 보존의 법칙—그들이 사회에 들어간 목적인—을 침해하는 자를 제거할 수 있는 권리를 가진다. 그러므로 공동체는 이 점에서 항상 최고의 권력을 가지고 있다고 말할 수 있다. 그러나 일정한 정부형태가 존속하는 한은 공동체가 이러한 권력을 가지고 있는 것으로 간주되지 않는다. 왜냐하면 인민의 이 권력은 정부가 해체되어야만 비로소 발생하기 때문이다.

150. 정부가 존속하는 경우에는 언제나 입법부가 최고의 권력이다. 왜냐하면 다른 사람을 상대로 법을 만드는 자가 그 다른 사람보다 우월한 것이 당연하기 때문이다. 입법부가 입법부인 까닭은 다름 아니라 그것이 사회의 모든 부분들 및 구성원들을 위해서 법을 제정하고, 그들의 행동을 규제하는 규칙을 작성하며, 그 법과 규칙이 위반된 경우 집행권을 부여하는 권리를 가지고 있기 때문이다. 따라서 입법권은 필히 최고의 권력이 되어야 하며, 사회의 구성원이나 부분들이 가진 다른 모든 권력

은 입법권에서 비롯되며 또한 그것에 종속된다.

151. 입법부가 상시적인 기관이 아닌 상황에서 집행부가 1인에게 맡겨져 있고 그 사람이 입법부에도 관여하는 경우가 있는데, 그런 경우에는 그 사람을 매우 넓은 의미에서 최고의 권력자라고 불러도 무방할 것이다. 물론 이것은 그가 최고의 권력, 곧 입법권을 전적으로 독차지하고 있기 때문이 아니라, 그가 최고의 집행권을 가지고 있고, 그로부터 모든 또는 적어도 대부분의 하급 위정자들이 종속되어 권력을 얻기 때문이다. 게다가 입법부가 그의 상위에 있지 않으므로 어떠한 법도 그의 동의 없이는 제정될 수 없다. 곧 이러한 상황은 그 사람이 입법부에 종속된다면 기대할 수 없는 것이므로, 그는 이러한 의미에서 마땅히 최고라고 불릴 만하다. 그런데 그 사람에게 충성선서를 한다면, 그것은 그가 최고의 입법자이기 때문이 아니라 그와 다른 사람들이 합동으로 만든 법의 최고 집행권자이기 때문이다. 하지만 충성이라는 것은 법에 따른 복종과 다르지 않기 때문에, 그가 법을 위반할 때, 그는 복종을 받을 권리가 없으며, 그 역시 법의 힘(power)에 의해서 위임받은 공적 인격으로서가 아니면 복종을 요구할 수 없다. 따라서 그는 국가의 이미지, 표상 또는 대표자로서 법에서 선언된 사회의 의지에 따라서 행동하는 것으로 간주되어야 한다. 그러므로 그는 법의 의지나 권력이 아닌 어떠한 의지나 권력도 가지고 있지 않다. 그러나 그가 대표자로서의 지위와 공적 의지를 포기하고 그 자신의 사사로운 의지에 따라 활동하게 되는 경우 그는 강등된

셈이며, 복종을 요구할 수 있는 어떠한 권리를 가진 공적 의지나 권력이 없는 일개 사인(私人)에 불과할 뿐이다. 왜냐하면 구성원들이란 사회의 공적 의지 이외에는 달리 어떠한 것에 대해서도 복종의 의무가 없기 때문이다.

152. 입법권에 일정한 몫을 가지지 않은 1인에게 집행권이 부여된 경우, 그 집행권은 입법부에 분명히 종속되고 책임을 져야 하며, 또한 입법부의 뜻에 따라 변경되고 해임될 수 있다. 그러므로 그것은 종속의무가 면제된 최고의 집행권이 아니다. 그러나 최고의 집행권을 가지고 있는 자가 입법권에도 일정한 몫을 가지고 있는 경우 그에게는 자신이 참여하고 동의하는 것 이상으로 복종하고 책임져야 하는 별도의 독립된 최고의 입법부가 없는 셈이다. 그러므로 그는 자신이 적합하다고 생각하는 것 이상으로 종속되지 않으며, 따라서 종속된다고 해도 그 종속의 정도가 미미할 것이라고 단언해도 무방하다. 국가에는 그밖에도 보조적이고 종속적인 권력들이 있는데, 이에 대해서는 언급하지 않아도 무방할 것이다. 그러한 권력들은 독립된 국가들의 상이한 관습 및 헌법에 따라 무한한 다양성을 가지고 있으므로 그것들을 일일이 설명하는 것이 불가능하기 때문이다. 따라서 단지 현재 목적에 비추어 우리는 그러한 권력들에 관해서 그것들은 명시적인 인가 또는 허가에 의해서 위임된 것을 넘어설 수 있는 어떤 고유한 권한도 가지고 있지 않으며, 국가의 다른 권력들에 책임을 져야 한다는 점에 주목하는 것으로 족하다고 하겠다.

153. 입법부가 항상 개회한 상태로 존재해야 한다는 것은 필요하지도 않을 뿐만 아니라 그만큼 편리한 것도 아니다. 그러나 집행부가 상시적으로 존재해야 한다는 것은 절대적으로 필요하다. 새로운 법을 제정할 필요가 항상 있는 것은 아니지만, 법의 집행권은 항상 행사될 필요가 있기 때문이다. 입법부는 자신들이 만든 법의 집행을 다른 사람들에게 맡긴 후에도 정당한 이유가 있을 때 그리고 법에 반한 잘못된 행정을 처벌하기 위해서 집행권을 그들로부터 회수할 수 있다. 동일한 이야기가 연합권에 대해서도 적용된다. 연합권과 집행권은 양자 공히 입법권— 이미 밝힌 대로 잘 조직된 국가에서는 최고인— 에 대해서 보조적이고 종속적이기 때문이다. 이 경우에도 입법권은 여러 사람의 수중에 맡겨진 것으로 상정되며(왜냐하면 만약 입법권이 한 사람의 수중에 위임되면 그것은 상시적으로 존재할 수밖에 없으며, 최고의 권력이 입법권과 더불어 최고의 행정권마저 가지게 되기 때문이다), 그들은 그들이 만든 최초의 기본법(original constitution) 또는 그들 자신이 휴회를 결정할 때 정한 시기에 회의를 열어 입법권을 행사하게 된다. 만약 이들 중의 어느 것도 집회시기를 규정하지 않거나 집회를 소집하기 위한 다른 규정이 없는 경우에는 그들 자신이 원하는 시기에 집회를 개최한다. 왜냐하면 인민이 최고의 권력을 입법부에 부여했으므로 그 권력은 항상 입법부에 있고, 따라서 그들은 자신들이 원하는 시기에 입법권을 행사할 수 있기 때문이다. 그들이 만든 최초의 기본법이 입법부가 일정한 시기에만 집회를 하도록 제한하고 있거나 또는 입법부 자체의 최고 권력에 의해서 일정 시

기까지 휴회를 결정한 경우를 제외하고는 말이다. 그리고 [휴회결정을 한 경우에는] 재개의 시기가 도래했을 때, 그들은 회의를 소집하여 활동을 재개할 권리를 가진다.

154. 만약 입법부 전체 또는 그 일부를 일정한 임기를 가지고 국민에 의해서 선출된 대표자들로 구성한다면 그리고 그 대표자들 역시 나중에는 통상적인 신민의 지위로 되돌아가고 새롭게 선출되지 않아 입법부에 참여하지 못한다면, 인민은 선출권을 지정된 일정한 시기에 또는 달리 입법부가 소집될 때 행사한다. 그리고 후자의 경우에 입법부를 소집하는 권력은 보통 집행부에 있으며 그 시기에 관해서는 두 가지 제약이 있다. 하나는 최초의 기본법에 따라 일정한 기간을 두고 입법부를 소집하여 활동을 요구하는 것인데, 그 경우 집행부는 적절한 형식을 밟아 그들의 선거와 집회에 관해서 행정적으로 지시를 하는 것에 불과할 뿐이다. 다른 하나는 일반 공공의 필요 혹은 긴급사태로 인해 낡은 법을 수정하거나 새로운 법을 제정할 필요가 있는 경우 또는 인민을 억압하고 위협하는 불편을 구제하거나 방지할 필요가 있는 경우, 집행권자가 신중한 판단에 따라 새로운 선거를 실시하고 입법부를 소집하는 것이다.

155. 여기서 다음과 같은 질문이 제기될 수 있다. 만약 국가의 무력(force)을 장악하고 있는 집행부가 최초의 기본법이나 공공의 긴급사태로 인해 입법부의 소집과 활동이 요청됨에도 불구하고 이를 방해하기 위해

서 무력을 사용한다면 어떻게 되겠는가? 나는 다음과 같이 답변하겠다. 아무런 [정당한] 권한 없이 그리고 그에게 맡겨진 신탁에 반해 인민들에게 무력을 사용하는 것은 인민과 전쟁상태에 돌입하는 것이며, 인민은 그들의 권력을 행사하여 그들의 입법부를 본래대로 회복시킬 권리를 가지고 있다. 입법부를 설치한 의도는 입법부로 하여금 사전에 정해진 시기에 또는 그러한 필요가 있을 때 입법권을 행사하도록 하기 위해서였기 때문이다. 그러므로 입법부가 사회에 그토록 필요한 그리고 인민의 안전과 보존이 걸려 있는 업무를 수행하는 것을 무력에 의해서 방해받을 경우, 인민은 그것을 무력에 의해서 제거할 권리가 있다. 상황과 조건을 불문하고 권위 없는 힘의 사용에 대한 진정한 치유책은 힘으로 대항하는 것이다. 권위 없이 힘을 사용하는 자는 항상 침략자로서 전쟁상태를 도발하는 것이며, 따라서 그와 같이 취급되어 마땅하다.

156. 입법부를 소집하고 해산할 권력이 집행부에 있다고 해서 집행부가 입법부에 대해서 우위에 서는 것은 아니다. 그러한 권력은 확고하게 고정되어 있는 규칙이 인간사의 불확실성과 변화무쌍함에 대처하지 못하는 경우 인민의 안전을 위해서 집행부에 맡겨진 것에 불과하다. 왜냐하면 정부를 최초로 수립한 자들이 미래에 발생할 국가의 모든 긴급상황에 대비하여 입법부 회의의 재개와 회기에 적합한 기간을 미리 정하고 정확하게 대처할 수 있을 정도로 미래사에 통달하는 선견지명을 가질 수 없기 때문이다. 이러한 결함에 대한 최선의 처방책은, 항상 활동하면서 그

직무상 공공선을 돌보는 자의 신중한 판단에 그 문제를 맡기는 것이다. 꼭 필요한 기회가 아닌데도 입법부가 정기적인 회의를 빈번히 하거나 장기간 회의를 하는 것은 인민에게 부담이 되지 않을 수 없고, 필연적으로 좀 더 위험한 폐해를 조만간 초래하기 마련이다. 그러나 다른 한편 세상사의 돌발적인 전개는 입법부의 즉각적인 도움을 필요로 하기도 한다. 회의소집이 지연되면 공중을 위험에 몰아넣을 수 있기 때문이다. 그리고 어떤 때는 업무가 너무나 막중해서 제한된 회의시간이 그들의 업무를 처리하기에는 너무나 짧으며, 그 결과 공중은 입법부의 신중한 숙의로부터만 얻을 수 있는 혜택을 잃을 염려도 있다. 이처럼 한편으로는 입법부의 회기가 때로 지나치게 길거나 너무 짧기 때문에, 다른 한편으로는 입법부의 회의와 활동에 관해서 사전에 고정된 회기와 휴회기간이 정해져 있기 때문에, 공동체가 수시로 긴박한 위험에 처하게 되는 것을 방지할 필요가 있다. 그렇다면 이러한[회의를 소집할 수 있는] 특권을, 항상 활동 중이고 공공사의 상태에 정통하기 때문에 공공선을 위해서 사용할 수 있는 자들의 신중한 판단에 맡기는 것 이외에 달리 어떤 대안이 있을 수 있겠는가? 그리고 동일한 목적을 위해서 법의 집행을 일임받은 자의 수중 이외에 달리 맡길 곳이 있겠는가? 그러므로 입법부의 소집일과 회의기간에 대한 사항이 최초의 기본법에 규정되어 있지 않은 경우, 그것은 마땅히 집행부의 수중에 맡겨진다. 그러나 그것은 집행부의 취향에 따른 임의적 권력으로서가 아니라 오직 공공복지를 위해서 상황과 사태의 변화가 요구하는 바에 따라 그 권력을 행사할 것이라는 신뢰와 함께 맡겨진 것이다. 여기서 입법부의 소집시기가 일정하게 정해져 있는 경우, 입법부를 소집할 자유가 전적으로 군주에게 맡겨져 있는 경우, 또는 양자의 혼합 중 어느 것이 가장 덜 불편한가는 지금 내가 연구할 바가 아니다. 다만 나는 집행권이 입법부의 회의를 소집하고 해산할 수 있는 특권을 가지고 있다고 해도, 그것으로 인해서 잡행권이 입법부에 비해서 우월해지는 것은 아니라는 점을 확실히 하고자 할 따름이다.

157. 세상만물은 끊임없이 유전(流轉)하며, 어떤 것도 동일한 상태에 오래 머물러 있지 않다. 그러므로 인민, 부, 교역, 권력도 끊임없이 변화한다. 번영하던 강력한 도시가 폐허가 되어 마침내는 사람이 살지 않는 황폐한 곳이 되기도 하는 반면, 인적이 드문 촌이 어느덧 부와 주민으로 가득 찬 번잡한 도시로 성장하기도 한다. 그러나 사물이 항상 균형을 이루며 변화하는 것은 아니며, 그 존재 이유가 사라진 이후에도 사사로운 이권 때문에 종종 종래의 관습이나 특권이 유지되기도 한다. 인민이 선출한 대표가 입법부의 일부를 구성한 정부에서, 시간이 흐름에 따라 이 대표제 역시 처음 확립되었던 목적에 부합하지 못하게 되고 균형을 상실하게 되는 경우가 종종 발생한다. 정당한 이유가 사라진 후 그 관습을 따르는 것이 얼마나 터무니없는 결과를 가져오는가를 이해하기 위해서는 다음의 사실을 보는 것으로 족하다. 읍(邑, town)이라는 이름을 걸치고는 있지만, 집이라고는 양의 우리 정도요, 주민이라고는 양치기 정

도만 있는 곳이 인구가 많고 부강한 군(郡, county)만큼 많은 수의 대표자를 입법자의 대회의에 내보낸다.* 이 점에 대해서는 잘 모르는 사람들도 놀라움을 금치 못하며, 모든 사람들이 입을 모아 대책이 필요하다고들 말한다. 그러나 대부분의 사람들이 해결책을 구하는 것이 어렵다고 생각하는데, 그 이유는 입법부의 구성은 사회의 최초의 그리고 최고의 조치이며 모든 실정법에 선행하고 전적으로 인민에게 의존하기 때문에 하위 권력이 그것을 변경할 수 없다는 것이다. 그러므로 입법부가 한번 구성되면 정부가 지속하는 한, 인민은 우리가 지금껏 논한 그러한 정부에서 활동할 수 있는 아무런 권력을 가지고 있지 않기 때문에 이러한 폐단을 치유하기가 어렵다는 것이다.

158. '인민의 복지가 최고의 법이다(salus populi suprema lex).'** 이 구절은 분명 정당하고 기본적인 원칙이다. 따라서 그것을 성실하게 따르는 자는 결코 위험한 잘못을 저지를 수 없다. 따라서 입법부를 소집할 수 있는 권력을 가진 집행부가 현행의 대표제도가 아니라 정당한 비례를 실시하기로 하고, 낡은 관습에 의해서가 아니라 정당한 이유를 고려하여 독자적으로 대표를 보낼 권리를 가진 모든 지역에서 대표자들의 수를

---

* 여기서 로크는 1832년 선거법 개정 이전에 영국에 널리 만연해 있던 부패선거구를 지칭하고 있다. 찰스 2세(Charles II)의 재위 중 선거권과 선거구의 개혁은 섀프츠베리(Shaftesbury) 백작과 휘그당의 중요한 정치적 강령의 하나였으며 그들은 1679년 3월 개정법안을 그들이 장악한 제1차 의회에 제출한 바 있다.

** Cicero, *De Legibus*, III, iii, 8을 참조하라.

조정한다고 해보자. 그렇다면 인민의 어떤 부분도, 단체로 구성되는 방식에 상관없이, 자신들이 공공에 기여하는 부조(扶助) 이상으로 [대표를 선출할 권리와 관련된] 주장을 하지 않을 것이다. 그것은 새로운 입법부를 설립한 것이 아니라 예전의 참된 입법부를 복원한 것으로, 곧 시간의 흐름에 따라 감지하기 어렵게 그러나 필연적으로 초래된 무질서를 시정하고자 한 것으로 판단해야 할 것이다. 공정하고 평등한 대표자를 가지는 것이 인민의 의도이자 이익이기 때문이다. 따라서 누구든 그러한 목적에 근접하는 자는 정부의 참된 벗이자 건립자로 공동체의 동의와 찬성을 반드시 얻을 것이다. 대권(prerogative)이라고 하는 것은 예측하지 못한 그리고 불확실한 사태가 발생함에 따라, 고정되고 변경할 수 없는 법으로 인해 인민의 복지를 위해서 명백히 무엇을 해야 할 것인가를 안전하게 지시할 수 없는 경우에 군주가 공공선을 제공하고 정부를 그 진정한 토대 위에서 정립하기 위해서 가진 권력과 다름없다. 그 경우에만 비로소 정당한 대권이라 할 수 있고 미래에도 항상 그럴 것이다. 새로운 자치단체를 설립하는 권력 그리고 그것과 더불어 새로운 대표자들을 보낼 수 있는 권력은, 대표제의 기준이 시간이 흐름에 따라 변화할 것이며 이전에는 아무런 대표권을 가지지 못한 지역들도 정당한 대표권을 가질 것이라는 전제조건을 수반한다. 그리고 동일한 이유로 그전에는 대표권을 가진 곳이라 할지라도 그 권리를 더 이상 가지지 못하게 되며, 따라서 그런 특권을 가지기에 부적격한 지역으로 변모할 수도 있다. 정부를 망치는 것은 부패나 쇠퇴가 초래한 현재의 상태를 변혁시키려는 시도가 아니라, 정부가 인민을 침해하거나 억압하고 어떤 부분이나 어떤 파벌을 구분하여 특혜를 주며 나머지에게는 불평등한 복종을 강요하는 경향이다. 그리고 무엇이든 정당하고 지속적인 기준에 따라 사회와 인민 일반에 반드시 이득이 되는 것이 일단 행해지면 항상 그 자체를 정당화할 것이다. 인민이 그들의 대표자를 원래 정부의 틀에 적합하게, 정의롭고 또 누구도 부인할 수 없을 만큼 평등한 기준에 따라 선출할 수 있게 된다면, 그 일을 승인하거나 도입한 사람이 누구든 상관없이, 그것이 사회의 의지이자 활동임을 의심할 수 없을 것이다.

제14장

대권에 관하여

159. (모든 온건한 군주국과 잘 조직된 정부 아래서 그런 것처럼) 입법권과 집행권이 상이한 사람들의 수중에 장악되어 있는 경우, 사회의 복지를 위해서는 몇 가지 사항들이 집행권을 가진 자의 재량에 맡겨질 것이 요구된다. 왜냐하면 입법자들이 공동체에 유용한 모든 것을 예견하고 법으로 규정할 수 없으므로 법의 집행권자는 국내법이 아무런 규정을 두고 있지 않는 많은 경우에, 입법부가 그 규정을 마련하기 위해서 적절히 소집될 수 있을 때까지 사회의 복지를 위해서 공통의 자연법에 따라 그 법을 활용할 권리가 있기 때문이다. 법이 결코 규정할 수 없는 많은 사안들이 있으며, 그러한 것들은 집행권을 가진 자가 재량에 의해서 공공선과 공익이 요구하는 바에 따라 명령할 수 있도록 필히 그에게 위임되어야 한다. 아니 법 자체가 어떤 경우에는 집행권 또는 오히려 자연과 정부의 기본법, 곧 사회의 모든 구성원은 최대한 보존되어야 한다는 원칙에 양보해야 한다고 생각하는 것이 적절할 수도 있다. 엄격하고 경직된 법의 준수가

오히려 해를 끼치는 많은 우발적인 사태가 일어날 수 있기 때문이다(마치 어느 집이 불타고 있는데, 불을 끄기 위해서 화재에 아무런 책임이 없는 이웃사람의 집을 결코 헐 수 없다고 주장하는 경우처럼 말이다). 또한 법은 개개인의 상황을 고려하지 않으므로 어떤 사람이 보상과 사면을 받을 가치가 있는 행동을 했다 하더라도 때로는 법의 처벌을 받게 되는 경우도 있다. 통치자는 많은 사건에서 법의 가혹한 적용을 완화시키고 일정한 범법자들을 사면할 수 있는 권력을 가져야 마땅하다. 정부의 목적은 가급적 최대한 만인을 보존하는 것이므로, 심지어 죄를 지은 자라도 무고한 자에게 아무런 피해를 주지 않았다고 입증되면 사면하여도 무방할 것이다.

160. 법의 지시가 없이도 그리고 때로는 심지어 법을 위반하면서까지 공공선을 위해서 재량에 따라 행동할 수 있는 이 권력이 이른바 대권(大權, prerogative)이라고 불리는 것이다. 어떤 정부에서는 입법권이 상설적으로 활동하지 않기 때문에, 또 통상 입법에 종사하는 자들의 수가 너무 많아서 너무 천천히 일을 처리하기 때문에, 집행을 위한 신속한 조치를 취하지 못하는 경우가 매우 많다. 게다가 공공에 영향을 미치는 모든 사태와 필요를 예견하고 이에 대처하기 위한 법을 제정한다는 것은 불가능한 일이기도 하다. 더욱이 모든 경우에 관련된 모든 당사자에게 경직된 엄격성을 가지고 집행되어도 아무런 피해를 입히지 않는 그런 법을 제정한다는 것 역시 불가능하다. 때문에 법이 규정하지 않은 많은 사안

에 관해서 선택할 수 있는 재량이 마땅히 집행권에게 남겨지게 된다.

161. 이 권력이 공동체의 이익을 위해서 그리고 정부의 신탁과 목적에 적합하게 행사되는 동안은 의심할 여지없이 대권이며 결코 의문의 대상이 되지 않는다. 왜냐하면 인민은 그러한 문제를 엄격하고 꼼꼼하게 따지는 경우가 거의 없거나 결코 없기 때문이다. 인민은 대권이 원래의 취지대로, 곧 인민의 복지를 위해서 그리고 인민의 복지에 명백히 반하지 않게, 참을 만한 한도 내에서 행사되는 한 대권을 면밀하게 검토하려고 하지 않는다. 그러나 만일 집행권과 인민 사이에 대권이라고 주장되는 사안을 둘러싸고 의문이 제기된다면, 그러한 대권의 행사가 인민의 복지를 지향하는가 아니면 침해하는가 하는 성향에 따라 그 문제를 쉽게 해결할 수 있을 것이다.

162. 국가와 한 가족이 사람 수에 있어서 거의 다를 바가 없었던 정부의 초창기에는 법의 수에 있어서도 거의 다를 바 없었을 것이라는 점을 상상하기란 어렵지 않다. 그리고 통치자는 인민의 아버지로서 그들의 복지를 보살폈기 때문에, 통치는 거의 대부분 대권으로 구성되어 있었다. 몇 가지 확립된 법만으로 목적을 달성할 수 있었으며 통치자의 재량과 배려로써 나머지를 메울 수 있었다. 그러나 어리석은 군주가 과오 또는 아첨으로 인해서 이 대권을 공공선이 아니라 그들 자신의 사적인 목적을 위해서 사용함에 따라, 인민은 부득이 명시적인 법으로써 그들에게 불리하다고

밝혀진 사항들에 대해서 대권의 내용을 명확하게 규정하지 않을 수 없었다. 그리하여 인민은 종래 그들과 조상들이 군주들, 곧 인민의 복지를 위해서 대권을 정당하게 사용했던 군주들의 지혜에 일임하여 최대한의 재량으로 남겨두었던 대권을 이제 제한할 수밖에 없다는 점을 깨달았다.

163. 따라서 인민이 대권의 어떤 부분을 실정법으로 규정했을 때, 그들이 대권을 침해한 것이라고 말하는 자들은 정부에 대해서 매우 잘못된 견해를 가지고 있는 셈이다. 왜냐하면 그렇게 함으로써 인민은 군주에게 정당하게 속하는 그 어떠한 것도 빼앗지 않았으며, 단지 그들이 무제한적으로 그[현재의 군주]와 그의 조상들[이전의 군주들]의 수중에 그들의 복지를 위해서 행사하도록 남겨둔 권력을 실제 그가 다른 목적에 사용할 때 그것이 그들이 의도한 바와 다른 것이라고 선언하는 것과 다름없기 때문이다. 정부의 목적은 공동체의 선이기 때문에 그것에 대해서 어떤 변경을 가하든 그 목적을 지향하는 한, 그 변경은 어느 누구도 침해하는 것이 아니다. 정부 안의 어느 누구도 그밖에 다른 목적을 추구할 권리는 없기 때문이다. 따라서 공공선에 해를 입히는 것이나 그것을 방해하는 것만이 침해에 해당한다. 이와 다르게 말하는 자는 군주가 공동체의 선(善)과 다른 별도의 이해관계를 가지고 있으며 다른 목적을 위해서 존재한다고 말하는 것이나 다름없다. 그리고 그러한 견해는 군주정 아래서 발생하는 거의 모든 해악과 무질서의 근원이다. 그리고 만약 그것이 참으로 사실이라면 군주정 아래에서 인민은 상호간의 복지를 위해

서 공동체에 가입한 이성적 피조물인 인간들로 구성된 사회가 아닌 셈이 된다. 그들은 그러한 복지를 돌보고 증진하기 위해서 통치자를 둔 것이 아니라 오히려 주인의 지배 아래에 있는 열등한 동물의 무리로서 그 주인이 자신의 쾌락이나 이득을 위해서 그들을 키우고 부리는 데 불과한 것으로 간주되어야 한다. 만약 인간이 그러한 조건으로 사회에 가입할 만큼 그토록 이성이 결여된 미련한 짐승과 같다면, 대권이란 실로 일부 사람들이 주장하는 것처럼 인민에게 해악을 저지르는 자의적인 권력이라고 해도 무방할 것이다.

164. 그러나 자유로운 상태에 있는 이성적인 동물이 해악을 자초하기 위해서 자신을 다른 사람의 복종 아래 둔다고는 상상할 수 없다(그가 선량하고 현명한 지배자를 발견하게 되면 매사에 있어서 그 지배자의 권력에 명확한 경계를 설정하는 것이 필요하거나 유용하다고 생각하지 않겠지만 말이다). 그러므로 대권이란 인민이 지배자에게 법이 침묵을 지키는 사항에 관해서 그리고 때로는 법의 직접적인 문구에 반하더라도 지배자의 자유로운 선택에 따라 공공선을 위해서 몇 가지 일들을 처리할 수 있도록 허용한 것에 불과하다. 왜냐하면 그의 수중에 맡겨진 신탁을 염두에 두고 인민의 복지를 배려하는 선량한 군주는 대권, 곧 선량한 일을 할 권력을 아무리 많이 가져도 지나치다고 말할 수 없기 때문이다. 그러므로 우둔하고 사악한 군주는 그의 전임자들이 법의 지시 없이 행사하던 권력을 공직상의 권리로서 자신에게 속하는 대권이라고 주장하면

서 그것을 공공의 이익과 구분되는 이익을 취하거나 추진하기 위해서 마음 내키는 대로 행사하고자 하지만, 그러한 사태는 인민이 자신들의 권리를 주장하게 만들고 나아가 인민의 선을 위해서 행사되는 동안에는 만족하여 묵시적으로 허용하던 권력을 제한하고자 하는 계기를 촉발하게 된다.

165. 그러므로 영국사를 잘 검토해본 사람이라면 누구나 가장 현명하고 선량한 우리 군주들의 수중에는 항상 가장 많은 대권이 남아 있었음을 발견하게 될 것이다. 왜냐하면 인민은 그러한 군주들의 전반적인 경향이 공공선을 지향하는 것을 발견하고, 그러한 목적을 위해서 법적 근거 없이 행해지는 조치에 대해서는 아무런 이의를 제기하지 않았기 때문이다. 설사 어떤 인간적인 약점인 과오(왜냐하면 군주 역시 다른 사람들과 마찬가지로 인간에 불과하기 때문에)로 인해서 그러한 목적으로부터 벗어난 것처럼 보인 경우에도, 그의 행동의 전반적 경향이 오직 공공에 대한 배려를 지향하고 있었다는 점은 명백했기 때문이다. 그러므로 인민은 이 군주들이 법의 명문 규정 없이 또는 그에 반해 행동했을지라도 그런 행동에 만족할 만한 이유가 있었기 때문에, 그들이 행한 것을 묵인하고 아무런 불평 없이 그들이 원하는 대로 대권을 확장하는 것을 허용했다. 그리고 군주들이 모든 법의 토대이자 목적인 공공선에 부합하게 행동함으로써 법에 해를 끼치는 것은 아무것도 하지 않았다는 점에서 인민의 그러한 판단은 정당했다고 말할 수 있다.

166. 하느님 자신이 우주를 지배하는 통치형태이기도 한 절대군주제가 최선의 정부라는 점을 입증하고자 하는 논변에 따르면, 그처럼 신과 같은 군주들은 실로 자의적인 권력을 주장할 만한 자격을 어느 정도 갖추고 있었다. 그러한 왕들은 신의 지혜와 선량함을 나누어가졌기 때문이다. 하지만 선량한 군주들의 통치는 항상 인민의 자유에 가장 위험하다는 격언 역시 이러한 사실에 근거를 두고 있다. 왜냐하면 그들의 후계자들은 다른 생각을 품고 정부를 통치하면서도 그 선량한 통치자들의 행위를 선례로 삼아 그것을 자신들의 대권의 표준으로 삼기 때문이다. 마치 오로지 인민의 복지를 위해서 여태껏 행해진 일들이 그들에게는 그렇게 마음만 먹으면 인민의 해악을 위해서도 능히 행사할 수 있는 권리나 되는 것처럼 말이다. 그로 인해서 인민이 그들의 원초적 권리를 회복하고 사실상 결코 대권이 아니었던 것을 대권이 아니라고 선언하게 되자 종종 분쟁이 일어났으며 때로는 공공질서가 교란되기도 했다. 사회의 성원이라면 누구든 인민에게 위해(危害)를 가할 수 있는 권리를 가질 수 없다. 인민은 공공선의 경계를 침범한 적이 없는 왕이나 통치자들의 경우 그들의 대권에 어떤 한계를 설정하려고 하지 않았는데, 이는 가능하고 합당한 일이었다. 왜냐하면 대권이라는 것은 규칙에 근거하지 않고 공공선을 실천하는 권력과 다르지 않기 때문이다.

167. 영국에서 정확한 시간, 장소, 회기를 정해서 의회를 소집할 수 있는 권력은 확실히 국왕의 대권에 속한다. 그러나 그것은 그 대권이 사안의

긴급성이나 다양한 필요성에 따라 국민의 복지를 위해서 사용될 것이라는 신뢰와 더불어 부여된 것이다. 왜냐하면 어디가 항상 그들이 모이기에 가장 적합한 장소이고, 언제가 최선의 시기인지를 사전에 예견하기란 불가능하기 때문이다. 이러한 것들의 선택은 공공선에 가장 도움이 되고 의회의 목적에 가장 부합하도록 결정을 내릴 수 있는 집행권에 맡겨져 있다.

168. 대권이라는 이러한 문제에 대해서 다음과 같은 오래된 질문이 제기될 것이다. 그렇다면 이 권력이 정당하게 사용되었는가를 누가 판단할 것인가? 나는 다음과 같이 답변하겠다. 그러한 대권을 가지고 있는 집행권과 그 소집을 행정부의 의지에 의존하고 있는 입법권 사이에는 지상에 어떠한 재판관도 있을 수 없다. 이것은 집행부나 입법부가 그들의 손에 권력을 장악하고 인민을 노예로 삼거나 파멸시키고자 할 때, 입법부와 인민 사이에 어떠한 재판관도 있을 수 없는 것과 마찬가지이다. 지상의 재판관이 없고 단지 하늘에 호소할 수밖에 없는 다른 모든 경우와 마찬가지로 이 경우에도 인민은 다른 아무런 해결책도 가지고 있지 않다. 통치자들은 인민(어느 누구든 자신들에게 해를 가하기 위해서 그들을 지배하는 것에 동의한다고 상상될 수 없는)이 결코 그들의 수중에 위임한 바 없는 권력을 행사함으로써 아무런 권리 없이 그러한 시도[인민을 노예로 삼거나 파멸시키려는 시도]를 하기 때문이다. 일단의 인민이나 일개 개인이 그들의 권리를 박탈당했거나 정당한 권리가

없는 권력의 행사에 직면해 있지만 지상에 호소할 수 없는 경우, 그들은 충분히 중요한 이유가 있다고 판단하면 언제나 하늘에 호소할 자유가 있다. 그러므로 인민은 그 사회의 기본법에 따라 우월한 권력을 가지고 그 사건에 관해서 유효한 판결을 내릴 수 있는 재판관이 될 수는 없다. 하지만 지상에서 아무런 호소를 할 수 없을 때, 인민은 인간의 모든 실정법보다 선행(先行)하며 우월한 법에 의거하여 모든 인류에게 속하는 궁극적인 결정권, 곧 그들이 하늘에 호소할 수 있는 정당한 명분이 있는가를 판단하는 권리를 보유하고 있다. 그리고 이러한 판단권을 그들은 양도할 수 없는데, 그 이유는 인간이 다른 사람에게 자신을 파괴할 자유를 줄 정도로 자신을 다른 사람에게 내맡기는 것은 인간의 권력을 벗어나기 때문이다. 하느님과 자연은 인간에게 그 자신의 보존을 포기할 정도로 자신을 저버리는 것을 결코 허용하지 않았다. 그리고 인간은 스스로 자신의 생명을 박탈할 수 없으므로, 하물며 다른 사람에게 그를 죽일 수 있는 별도의 권력을 내어주는 것은 더욱더 불가능한 일이다. 지금까지의 논의가 끊임없는 무질서의 원인을 제공하는 것으로 생각되어서는 안 된다. 왜냐하면 이러한 사태[하늘에 호소하는 사태]는 폐해가 너무나 커져서 대다수가 거기에 염증을 느끼고 급기야는 그것을 시정하고자 하기 전에는 좀처럼 발생하지 않기 때문이다. 집행권자나 현명한 군주는 이와 같은 위험을 결코 자초해서는 안 된다. 그리고 이 같은 사태는 다른 무엇보다 가장 위험한 것이므로 그들은 이를 반드시 피하지 않으면 안 된다.

제15장

부권, 정치적 권력 및
전제적 권력에 관한 종합적 고찰

169. 앞에서 나는 이러한 권력들을 별도로 논할 기회를 가졌다. 하지만 최근 정부에 관한 커다란 오류는 이처럼 상이한 권력들을 서로 혼동한 데서 비롯되었다고 생각되기 때문에, 아마도 여기서 이들을 종합적으로 고찰하는 것이 그리 나쁘지는 않을 것이다.

170. 첫째, 그렇다면 부권 또는 친권은 오직 자식들의 복지를 목적으로 하는 권력으로서 부모가 자식들을 다스리기 위해서 그들에 대해서 가지고 있는 권력이다. 그것은 부모가 자식들이 이성을 사용할 수 있을 때까지 또는 자식들이, 그것이 자연법이든 나라의 국내법이든, 스스로를 다스릴 규칙을 이해할 능력이 있다고 상정되는 지식의 경지에 이를 때까지 가지는 권력이다. 그것을 이해할 수 있는 능력이 있다는 것은, 말하자면, 그 법 아래서 자유인으로 살고 있는 여러 사람들과 마찬가지로 그 법을

안다는 것을 의미한다. 부모의 가슴 속에는 하느님이 심어준 자식들에 대한 애정과 자비심이 존재하며, 이는 친권이 가혹하고 자의적인 통치를 위해 의도된 것이 아니라 자식들의 지원, 훈육, 보존을 위해서 존재하는 것이라는 점을 명백히 보여준다. 그러나 그것이 어떻게 행사되든, 내가 입증한 것처럼, 그 권력이 어떠한 경우에도 다른 사람들에 대해서와 마찬가지로 자식들에 대한 생사여탈권으로까지 확대된다고 생각할 이유는 조금도 없다. 또한 자식은 부모로부터 생명과 교육을 받았기 때문에 부모를 평생 동안 존중, 존경, 보은, 지원할 의무를 부담한다. 그렇다고 해도 자식이 성인이 된 후에도 그러한 의무 이상으로 부모의 의지에 복종해야 할 어떤 명분을 부담하는 것은 결코 아니다. 그러므로 부권은 자연스러운 통치이며, 결코 그 자체가 정치적 목적과 지배로까지 확대되지 않는다. 아버지의 권력은 그 자식의 재산에까지 미치는 것은 아니며, 그것은 오직 자식의 처분에 맡겨져 있다.

171. 둘째, 정치권력은 모든 사람이 자연상태에서 가지고 있다가 사회의 수중에 넘긴 것이며, 이어서 사회가 명시적 또는 묵시적 신탁 ― 그 권력이 구성원들의 복지와 재산의 보존을 위해서 사용되어야 한다는― 과 함께 스스로 선택한 통치자에게 넘긴 권력이다. 이 권력은 모든 사람이 자연상태에서 보유했다가 사회의 보호를 받는 경우에는 언제나 사회에 양도하는 것이다. 그것은 본래 인간이 각자 그의 재산을 보존하기 위해서 스스로 생각하기에 적당한 그리고 자연이 허용한 수단

을 사용하는 것이며, (그의 이성이 내린 최선의 판단에 따라) 그 자신과 나머지 인류를 보존하는 데 가장 적합한 방식으로 자연법의 위반행위를 처벌하는 것이다. 이 권력의 목적과 척도는 그것이 자연상태에서 모든 사람의 수중에 있을 때 인류사회의 모든 성원, 곧 인류 일반을 보존하는 것이므로 그것이 위정자의 손에 있을 때에도 그 사회 구성원들의 생명, 자유, 소유물을 보존하는 것 이외의 다른 목적이나 척도를 가질 수 없다. 그러므로 그것은 최대한 보존되어야 하는 그들의 생명과 재산에 대한 절대적이고 자의적인 권력이 될 수 없다. 그 권력은 단지 법을 제정하고 거기에 형벌을 부가하는데, 그 형벌이란 전체의 보존을 위해서 너무나 썩은 부분, 그렇기 때문에 건전하고 건강한 부분을 위협하는 부분만을 잘라내는 것이다. 그렇지 않다면 어떠한 준엄한 형벌도 합법적일 수 없다. 그리고 이 권력은 공동체를 구성하는 성원들 간의 협정과 합의 및 상호 간의 동의에 그 기원을 두고 있다.

172. 셋째, 전제적인(despotical) 권력은 한 인간이 다른 사람에 대해서 가지는 절대적이고 자의적인 권력으로서 그가 원하면 언제든지 다른 사람의 생명을 박탈할 수 있는 권력이다. 이것은 자연이 인간에게 부여한 권력이 아니다. 왜냐하면 자연은 한 인간과 다른 인간을 구분하지 않기 때문이다. 그렇다고 이것은 협정에 의해서 양도할 수 있는 성질의 것도 아니다. 왜냐하면 인간은 자신의 생명에 대해서 그러한 자의적인 권력을 가지고 있지 않으므로 다른 사람에게 자신의 생명에 대한 그러한 권력을

내줄 수 없기 때문이다. 그것[생명에 대한 권력의 양도]은 다만 어떤 공격자가 다른 사람과 전쟁상태에 들어갔을 때, 그 결과로서 그 자신의 생명에 대한 권리가 몰수되는 경우에만 발생한다. 그러한 공격자는 하느님이 인간들 상호간의 규칙으로서 수여한 이성 그리고 인류가 하나의 동료애와 사회로 결합될 수 있는 공통의 유대를 포기한 사람이다. 그 사람은 이성이 가르쳐준 평화의 길을 포기하고, 아무런 권리도 없으면서 그 자신의 부당한 목적을 달성하기 위해서 다른 사람을 상대로 전쟁이라는 무력을 선택한 사람이다. 그는 짐승들이 사용하는 무력을 시비를 가리는 준칙으로 사용함으로써 인간의 지위에서 짐승의 지위로 전락했다. 이 모든 것을 통해서 그는 자기 자신을, 피해를 입은 당사자는 물론 정의를 집행하기 위해서 그[피해자]에게 합세한 나머지 인류가 죽여도 무방한 야수나 해로운 짐승과 같은 존재로 만들어버린 셈이다. 그러한 야수나 짐승과 더불어 인류는 사회를 구성할 수도 없고 안전을 보장할 수도 없다. 그러므로 정의롭고 합법적인 전쟁에서 사로잡힌 포로들, 오직 그들만이 전제적인(despotical) 권력에 종속된다. 그 권력은 협정으로부터 유래하는 것이 아니며 또 그럴 수도 없고, 따라서 전쟁상태의 지속에 불과하다. 자기 생명의 주인이 아닌 사람과 더불어 도대체 어떤 협정이 체결될 수 있겠는가? 그러한 사람이 과연 어떤 조건을 이행할 수 있겠는가? 그리고 만약 그가 자기 생명의 주인이 되도록 허용된다면, 그 주인의 전제적이고(despotical) 자의적인 권력은 중지되고 만다. 자기 자신 및 자기 생명의 주인인 자는 그것을 보존할 수 있는 수단에 대한 권리도 가지며, 따라서 협정이 체결되자마자 노예상태는 끝난다. 그런즉 자신의 포로와 계약을 체결한 자는 그만큼 자신의 절대적 권력을 포기하고 전쟁 상태를 끝낸 셈이다.

173. 자연은 이러한 권력들 중에서 첫 번째 것, 곧 부권을 부모에게 주었는데, 그것은 미성년자인 자식에게는 부족한 재산 관리 능력과 이해력을 보완함으로써 자식들에게 이익을 주기 위한 것이다. (여기에서 사용한 재산이라는 말은 다른 곳에서와 마찬가지로 재물은 물론 인신을 말한다) 자발적인 합의가 두 번째의 권력, 곧 정치권력을 통치자에게 수여한다. 그것은 신민들이 그들의 재산을 안전하게 소유하고 사용할 수 있도록 보장함으로써 신민들에게 이익을 주기 위한 것이다. 그리고 권리의 몰수는 세 번째, 곧 전제적(despotical) 권력을 주인(lord)에게 부여한다. 그것은 주인이 자신의 이익을 위해서 모든 재산을 박탈당한 사람들에게 행사할 수 있도록 주어진 것이다.

174. 이들 권력의 독특한 기원과 범위 및 상이한 목적들을 고찰한 사람은 부권이 위정자의 권력에 훨씬 못 미치지만, 전제적(despotical) 권력은 그것[위정자의 권력]을 훨씬 초과한다는 점 그리고 절대적 지배는 어떻게 발생하든 시민사회와 전혀 거리가 멀어서, 마치 노예상태가 재산 소유와 양립할 수 없듯이 시민사회와도 양립할 수도 없다는 점을 명백히 이해하게 될 것이다. 부권은 미성년자인 자식이 그의 재산을 관리할 수

없을 경우에 발생하며, 정치적 권력은 인간이 스스로 처분할 수 있는
재산이 있는 경우에 발생하고, 전제적(despotical) 권력은 그러한 재산을
전혀 가지지 못한 사람에 대해서 발생하는 권력이다.

제16장

정복에 관하여

175. 본래 정부는 앞에서 언급한 것 이외에 다른 기원을 가질 수 없으며, 정치체는 인민의 동의 이외에 다른 어떠한 기초도 가질 수 없다. 그렇지만 인간의 야심으로 인해 세계에는 무질서가 만연되어 있기 때문에, 인류 역사의 커다란 부분을 구성하는 전쟁의 소음 속에서 이러한 동의는 거의 주목을 받지 못했다. 그러므로 많은 사람들이 무기의 위력을 인민의 동의로 잘못 생각했으며, 정복을 정부의 기원 중의 하나로 생각했다. 그러나 마치 집을 허무는 것과 새로운 집을 그 자리에 짓는 것이 서로 너무나 다른 일인 것처럼, 정복은 정부의 설립과는 전혀 별개의 것이다. 사실 정복은 이전의 국가를 파괴함으로써 종종 국가의 새로운 틀을 짜기 위한 터를 만들기도 한다. 그러나 인민의 동의 없이는 새로운 국가가 결코 수립될 수 없다.

176. 다른 사람과 전쟁상태를 유발하여 부당하게 그 사람의 권리를 침

해한 침략자가 그러한 부당한 전쟁을 통해 정복한 자들에 대해 결코 어떠한 권리도 가질 수 없다는 점에 대해서는 모든 사람들이 쉽게 동의할 것이다. 강도와 해적이 그들이 무력으로 굴복시킨 자들을 지배할 권리를 가진다거나 사람들이 불법적인 힘의 강요 때문에 받아들인 약속에 구속된다고는 어느 누구도 생각하지 않을 것이기 때문이다. 만약 집에 침입한 강도가 내 목에 단도를 들이대고 그에게 내 자산을 양도한다는 문서에 나로 하여금 서명을 하게 한다면, 이로 인해서 그는 그것에 대한 자격을 가지게 되는가? 나에게 복종을 강요한 부당한 정복자 역시 그의 칼에 의해서 단지 그러한 자격을 가질 뿐이다. 가해와 범죄는 그것이 왕관을 쓴 자가 행하건 시시한 악당이 행하건 똑같은 것이다. 침략자의 칭호나 부하들의 숫자로 인해서 범죄의 속성에 변화가 생기는 것은 아니며, 오히려 그것을 가중시킬 수 있을 뿐이다. 유일한 차이가 있다면 큰 강도들은 작은 강도들을 처벌하여 복종시키지만, 그들 자신은 승리의 월계관으로 보상받는다는 것이다. 왜냐하면 그들은 너무나 강력해서 이 세계에서 정의의 여린 손으로는 처벌할 수 없고 공격자를 처벌해야 할 권력을 바로 그들 자신이 소지하고 있기 때문이다. 나의 집에 침입한 강도에 대한 나의 대응책은 무엇인가? 정의를 위해서 법에 호소하는 것이다. 그러나 아마 정의가 거부될지도 모른다. 아니면 내가 불구가 되어 전혀 거동을 할 수 없게 되거나 재산을 강탈당해서 재판에 호소할 수단이 없을 수도 있다. 만약 하느님이 구제책을 추구할 수 있는 모든 수단을 가져가버렸다면 참는 길 이외에는 다른 도리가 없을 것이다. 그러나 나의 아들이 만약 능력을 가지게 되면 내게 허락되지 않았던, 법을 통한 구제를 추구할 수 있다. 그[나의 아들]나 그의 아들이 그 권리를 되찾을 수 있을 때까지 거듭 법에 호소할 수도 있다. 그러나 피정복자들이나 그들의 자식들은 지상에서 호소할 아무런 법정이나 중재자를 가지지 못한다. 그렇다면 그들은 입다가 그랬던 것처럼 하늘에 호소할 것이며, 그들의 조상이 본래 가졌던 권리, 곧 다수가 승인하고 자유롭게 순종하는 그러한 입법부를 가질 수 있는 권리를 회복할 때까지 그 호소를 되풀이할 수 있다. 이로 인해서 끝없는 분쟁이 초래될 것이라고 반대할 수 있다. 그러나 이에 대해 나는 재판을 통한 모든 호소책이 열려 있는 경우 그로 인해서 재판이 끝없는 분쟁을 초래하지 않는 것처럼, 이러한 경우에도 그렇지 않을 것이라고 답변하겠다. 아무런 이유 없이 이웃을 괴롭힌 자는 그 이웃사람이 호소한 재판소의 판결에 의해서 처벌받는다. 그리고 하늘에 호소하는 자는 자기편에 올바름이 있으며 호소에 수반되는 고통과 비용을 감당할 만한 가치가 있는 권리 역시 있음을 확신해야 한다. 왜냐하면 그는 누구도 속일 수 없는 [하늘의] 법정에서 답변해야 하고, 그 법정은 동료 신민들—인류의 어떤 부류든 상관없이—에게 저지른 해악에 따라 모든 이를 응분의 벌로 반드시 처벌하기 때문이다. 이로부터 부당한 전쟁에서 승리한 정복자는 피정복자에게 종속과 복종을 요구할 아무런 권리도 가질 수 없다는 점이 명백하다.

177. 그런데 승리가 정당한 자의 편을 드는 것으로 가정하고 합법적인

전쟁에서 정복자의 지위를 고려하면서 그가 어떤 권력을 누구에 대해서 가지는가를 살펴보자.

첫째, 그가 자신과 더불어 정복에 참가한 자들에 대해서는 자신의 정복을 이유로 아무런 권력도 얻지 못한다는 점이 분명하다. 그의 편을 들어 싸운 사람들은 정복으로 인한 어떠한 고통도 겪어야 할 이유가 없으며, 적어도 이전에 그랬던 것과 마찬가지로 자유인임이 분명하다. 게다가 통상 그들은 정복자의 칼이 가져다주는 전리품과 기타 이득의 일부를 정복자와 공유하며 향유한다─ 또는 적어도 정복된 나라의 일부를 자신들도 나누어 가진다─ 는 일정한 조건 아래서 봉사하는 것이다. 내가 생각하기에, 정복에 참가한 인민들은 정복에 의해서 노예가 되어서는 안 된다. 즉 단지 그들이 지도자의 승리를 위한 희생물이라는 점을 보여주기 위해서 승리의 월계관을 써서는 안 된다. 무력을 사용하여 절대군주제를 창건한 사람들은 그러한 군주제의 창설자들인 영웅들을 악명 높은 '드로캔서와 같은 인물들(Draw-can-sirs)'*로 만들어버리며, 그 결과 그들이 이긴 전투에서 그들 편에서 싸우면서 정복을 지원하고 그들이 정복한 나라를 나누어 가진 장교와 사병들이 있었다는 사실을 잊어버린다. 우리는 어떤 사람들이 영국 군주제는 노르만의 정복에 토대를 두고

---

* Draw-can-sirs : 적과 자기편을 구별하지 않고 모두 살해하는 인물에 대한 풍자적 표현으로서 버킹햄 공(Duke Buckingham)이 대본을 쓴 희극, 『예행연습(The Rehearsal)』 (1663-64)에 나오는 극중 인물이다. 이 작품은 1663-64년에 집필되었고 1671년에 최초로 공연되었다.

있으며, 따라서 우리의 군주는 절대적인 지배의 자격을 가지고 있다고 주장하는 것을 듣는다. 설사 그것이 사실이라 해도(역사에 따르면 그것과 달리 나타나지만) 그리고 저 윌리엄*이 이 섬에 대해서 전쟁을 일으킬 권리를 가지고 있었다고 해도, 정복에 의한 그의 지배는 이 나라의 당시 주민들이었던 색슨 족과 브리튼 족 이외에는 미칠 수 없다. 그와 함께 들어와서 그의 정복을 도운 사람들과 그 후손들인 노르만 족은 자유인이며, 설사 정복이 지배의 자격을 준다고 할지라도 그들은 정복에 의한 신민이 결코 아니다. 그리고 만약 나나 또는 다른 사람이 그들로부터 물려받은 자유를 주장한다면, 그와 반대되는 주장을 내세워서 입증하기란 대단히 어려울 것이다. 그리고 전자와 후자 간에 아무런 구별을 하지 않고 있는 법이 자유나 특권에 있어서도 양자 간에 어떠한 차별이 있어야 한다고 의도하지 않고 있다는 점은 명백하다.

178. 그러나 거의 일어나지 않겠지만, 정복자와 피정복자가 동일한 법과 자유 아래서 단일의 인민으로 결코 결합하지 않는다고 가정해보자. 그런 경우 합법적인 정복자가 피정복자에 대해서 어떠한 권력을 가지는지를 살펴보자. 그것은 순전히 전제적인(despotical) 권력이라고 할 수 있겠다. 그는 비록 부당한 전쟁을 일으켜 생명에 대한 권리를 몰수당한

---

* William(1027-87) : 1066년 영국을 정복하여 노르만 왕가의 시조가 되었다. 정복왕 윌리엄(William the Conqueror) 또는 노르망디(Normandi) 공으로 불리기도 한다.

피정복자의 생명에 대해서는 절대적인 권력을 가지겠지만, 전쟁에 참가하지 않은 자의 생명이나 재산은 물론 심지어 실제로 전쟁에 참가한 자의 소유물에 대해서도 그러한 권력을 가지지 못한다.

179. 둘째, 그렇다면 정복자는 오직 그를 상대로 행사된 부당한 힘을 실제로 지원하고, 협력하고, 그것에 동의한 자들에 대해서만 권력을 가질 뿐이라고 말하겠다. 인민은 부정의한 전쟁을 일으키는 것과 같은 부정의한 일을 하라고 그들의 통치자들에게 권력을 부여할 수 없기 때문에 (그들 스스로도 그러한 권력을 가지고 있지 않다), 그들이 실제 전쟁을 부추긴 것 이상으로 부정의한 전쟁에서 저질러진 폭력과 부정의에 대해서 죄가 있는 것으로 심판해서는 안 된다. 그것은 그들의 통치자가 그 인민 전체에게 또는 일부 동료 신민들에게 가한 폭력이나 탄압에 대해서 인민들 자신이 책임이 있다고 생각할 수 없는 것과 마찬가지이다. 인민은 후자의 경우에 그러한 권력을 위임하지 않았던 것과 마찬가지로 전자에 경우에도 그러한 권력을 위임한 바 없다. 하지만 정복자들은 실제로 그것을 구분하기 위해 고심하지 않으며, 전쟁의 혼란이 그러한 구분을 일거에 지워버리도록 기꺼이 방임한다. 그러나 이러한 사실이 정당함의 문제를 변경하는 것은 아니다. 피정복자의 생명에 대한 정복자의 권력은 오직 피정복자들이 부정을 저지르고 지속하기 위해서 힘을 사용한 데서 비롯되는 것이기 때문에, 그는 그 권력을 그러한 힘의 사용에 협력한 자들에 대해서만 가질 뿐이다. 그 밖의 나머지 모든 사람들은 무고하다.

그러므로 그는 자신에게 아무런 손해를 끼친 바가 없는 그 나라의 인민에 대해서는 아무런 자격(title)을 가지지 않으며, 그들의 생명을 몰수할 아무런 권리도 없다. 마치 그에게 어떠한 가해행위나 도발행위를 저지른 적이 없이 그와 더불어 순탄하게 살아온 자들의 생명을 박탈할 권력이 없는 것과 마찬가지이다.

180. 셋째, 정복자가 정당한 전쟁에서 굴복시킨 자들에게 가지는 권력은 완전히 전제적(despotical)이다. 전쟁상태를 도발한 자들은 이로써 생명에 대한 권리를 몰수당하게 되며, 정복자는 이들의 생명에 대해서 절대적인 권력을 가진다. 그러나 그가 그 사실로 인해 그들의 소유물들에 대한 권리와 자격까지 취득하는 것은 아니다. 이 점을 나는 믿어 의심치 않는데, 이는 세상의 관행과 다르기 때문에 언뜻 보아 특이하게 느껴지는 교의이기도 하다. 나라의 지배에 대해서 이야기할 때 '이러저러한 자가 그 나라를 정복했다'라는 식으로 말하는 것이 아주 보편화되어 있다. 정복은 마치 별도의 수고스러움이 없이도 소유권을 이전하는 것처럼 말이다. 그러나 강력한 자들의 관행이 비록 제아무리 보편적이라 할지라도 그리고 정복자가 칼을 내밀고 제시한 조건에 대해서 아무런 항변을 하지 않는 것이 피정복자에게 부과된 복종의 일부라고 할지라도 그것이 정당한 지배가 아니라는 점은 고려되어야 한다.

181. 모든 전쟁에서 무력과 손해는 보통 복잡하게 얽혀 있는데, 침략자

가 전쟁을 일으켜 상대방에게 무력을 사용할 때, 상대방의 자산을 침해하지 않는 적은 거의 없다. 그렇지만 오직 무력의 사용만이 사람을 전쟁 상태에 몰아넣는다. 왜냐하면 무력으로 피해를 끼치기 시작하건 아니면 조용히 기만적으로 피해를 끼치고 나서 배상을 거절하면서 무력에 의해서 그 상태를 유지하려고 하건(이것은 처음부터 무력을 행사하여 저지른 것과 동일한 것이지만), 어떤 사태를 전쟁으로 만드는 것은 힘의 부당한 사용이기 때문이다. 어떤 자가 문을 부수고 들어와 무력으로 나를 쫓아내거나 평화적으로 들어와서 무력으로 나를 내쫓거나 결과적으로 그는 똑같은 일을 한 것이다. 내가 호소할 수 있는 그리고 양편 모두가 복종의 의무를 지는 공통의 재판관이 지상에 없는 그러한 상태에 있다고 가정한 후에, 나는 이런 이야기를 하고 있는 것이다. 그렇다면 인간을 다른 사람과 전쟁상태에 몰아넣는 것은 힘의 부당한 사용이다. 그러므로 그 사태를 야기한 책임이 있는 자는 자신의 생명에 대한 권리를 상실한다. 왜냐하면 그는 인간과 인간 사이에 주어진 이성을 버리고 야수의 방식에 따라 무력을 사용함으로써, 그가 무력을 사용한 상대방에게 죽임을 당해도 마땅한 존재가 되었기 때문이다. 마치 어떤 인간이 자신의 존재를 위협하는 사납고 굶주린 야수를 살해해도 무방한 것처럼 말이다.

182. 그러나 아버지의 과오는 자식들의 잘못이 아니며, 아버지가 잔인하고 부정의할지라도 자식들은 이성적이고 평화적일 수 있다. 따라서

아버지는 자신의 과오와 폭력의 대가로 오직 자신의 생명에 대한 권리만을 몰수당할 뿐이며, 그가 저지른 죄나 감수해야 하는 파멸에 그의 자식들까지 연루시킬 수는 없다. 자연은 가급적 최대한으로 모든 인류의 보존을 꾀하는 바, 자식들이 굶어죽는 것을 방지하기 위해서 그들에게 속하도록 만든 아버지의 재물을 여전히 자식들에게 속하도록 했다. 왜냐하면 만약 그들이 나이가 어리거나 또는 부재중이어서 아니면 스스로의 선택으로 전쟁에 참가하지 않았다고 한다면 그들은 자신들의 생명에 대한 권리를 몰수당할 정도의 어떠한 과오도 저지른 바가 없기 때문이다. 자신을 살해하고자 공격한 자를 단순히 무력으로 굴복시킴으로써 정복자가 되었다 해도, 그는 상대방의 재물을 빼앗을 아무런 권리를 가지지 못한다. 물론 그는 전쟁에서 그리고 그 자신의 권리를 방어하면서 입은 손해를 배상받기 위해서, 그 재물에 대한 일정한 권리를 가질 수도 있다. 우리는 그러한 권리가 얼마만큼 피정복자의 소유물에 미치는가의 문제를 나중에 검토할 것이다. 그러므로 어떤 사람이 정복을 통해서 마음 내키는 대로 다른 사람의 인신을 파괴할 권리를 가지게 된다고 해도, 그것 때문에 다른 사람의 자산을 소유하거나 향유할 권리를 가지게 되는 것은 아니다. 침략자가 사용한 야만적인 무력으로 인해 상대방은, 사나운 동물에 대해서 그러하듯이, 마음 내키는 대로 그의 생명을 박탈하고 그를 살해할 수 있는 권리를 취득한다. 그러나 오직 실제로 입게 된 피해만이 다른 사람의 재물에 대한 권리를 준다. 왜냐하면 비록 나는 대로상에서 나를 습격한 도둑을 살해할 수 있지만, 그렇다고 해서 (생명보다

가치가 적은) 그의 돈을 빼앗고 그를 풀어줄 수는 없기 때문이다. 그것은 오히려 내가 강도짓을 한 셈이 될 것이다. 그가 무력을 사용한 것 그리고 그가 자초한 전쟁상태로 인해서 그는 생명에 대한 권리를 상실했다. 하지만 그로 인해서 내가 그의 재물에 대한 어떠한 자격을 획득하는 것은 아니다. 그러므로 정복의 권리는 오직 전쟁에 가담한 자들의 생명에만 미치는 것이며, 그들의 자산에까지 미치는 것은 아니다. 다만 정복자가 입게 된 손해와 지출한 전쟁비용을 배상받기 위해서는 그들의 자산에까지 정복의 권리가 미치는데, 그 경우에도 무고한 부인과 자식의 권리로 인해 일정한 제약을 받는다.

183. 정복자가 상상할 수 있는 최대한의 정의를 확보하고 있다고 가정해보자. 그래도 그는 피정복자가 몰수당하게 된 것보다 더 많은 것을 취할 수 있는 권리를 가지게 되는 것은 아니다. 피정복자의 생명은 승자의 자비에 맡겨져 있으며, 승자는 배상을 받기 위해 피정복자의 노무와 재화를 수취할 수 있다. 그러나 승자는 피정복자 처자식의 재물을 취할 수 없다. 처자식 역시 피정복자가 향유하던 재물에 대한 자격이 있고 그가 소유하던 자산에 그들의 몫을 가지고 있다. 예컨대, 자연상태에서 (그리고 모든 국가는 서로 자연상태에 있다) 내가 다른 사람에게 피해를 입혔는데, 배상을 거부하면, 그것은 내가 부당하게 얻은 것을 무력으로 방어하는 셈이 되기 때문에 내가 침략자가 되는 전쟁상태가 된다. 내가 정복당하면, 나의 생명은 몰수되어 상대방의 자비에 맡겨지는 것이 사실

이지만 나의 처자식은 그렇지 않다. 그들은 전쟁을 도발하지도 않았으며, 그 전쟁을 지원하지도 않았다. 나는 그들의 생명을 몰수당하게 할수 없으며, 그들은 내가 몰수당하게 할 수 있는 내 소유물도 아니다. 내 처는 내 자산에 대한 일정한 몫이 있으며 그것 역시 내가 몰수당하게할 수 없다. 내 자식들 역시 내게서 태어났기 때문에 나의 노동이나 물질로 부터 부양받을 권리를 가진다. 그렇다면 여기서 문제가 발생한다. 정복자는 그가 입은 손해에 대해서 배상을 받을 자격이 있으며, 자식들은 그들의 생계를 위해 아버지의 자산에 대한 자격을 가지고 있다. 처의 몫에 대해 말하자면, 그녀 자신의 노동에 의한 것이든 협약에 의한 것이든 그녀가 자격을 가진 것을 남편의 과오를 이유로 몰수할 수 없다는 점은 명백하다. 그 경우에는 어떻게 해야 하는가? 나는 다음과 같이 답변하겠다. 자연법의 근본조항은 가급적 최대한 만인이 보존되어야 한다는 것이므로 양편, 곧 정복자의 손실과 자식들의 부양을 다 만족시킬 만큼 충분한 양이 없다면, 가진 것이 있어서 여유가 있는 사람이 완전한 만족을 일부 포기하고, 그것이 없으면 살 길이 막막한 자들의 절박하고 우선적인 처지를 고려하여 그들의 자격에 양보를 해야 할 것이다.

184. 그런데 정복자에게는 전쟁의 비용과 손해를 한 푼도 깎지 않고 배상을 하고 피정복자의 자식들은 아버지의 모든 재물을 빼앗기고 굶어죽게 될 처지에 남겨졌다고 가정해보자. 그래도 이 점에서 정복자가 마땅히 받아야 할 배상을 충족시킨다고 할지라도 그 때문에 그는 자신이 정

복한 나라에 대해 어떤 자격을 취득하는 것은 아니다. 왜냐하면 세계의 어떤 지역이든 이제 모든 토지가 소유물이 되고 황무지라고는 없게 된 곳에서는 전쟁으로 입은 손해가 상당한 크기의 토지의 가치에 상응하게 되는 경우란 거의 없기 때문이다. 내가 정복자의 땅을 빼앗지 않았다면 ― 패배했으므로 그의 땅을 빼앗는다는 것은 실상 불가능하다 ― 내가 그에게 가한 그밖의 다른 약탈에 의한 어떤 피해도 나의 토지의 가치에 해당할 만큼 클 수는 없다. 물론 이것은 내가 약탈한 그의 영토와 비교하여 나의 토지 역시 균등하게 경작되어 있고 그 크기도 비슷하다고 가정하고서 하는 말이다. 통상적으로 약탈에 의한 최대한의 피해란 기껏해야 1-2년 치의 수확물이다(4년이나 5년 치에 해당하는 경우란 좀처럼 없다). 그러나 돈 그리고 그것과 같은 재물이나 보물은 약탈되어도 자연의 산물이 아니며 단지 가상적이고 상상적인 가치를 가지는 데 불과하다. 자연은 그것들에게 그러한 가치를 부여하지 않기 때문이다. 아메리카 인디언들의 '왐폼페케(wampompeke)'*가 유럽의 군주에게 아무런 가치도 없듯이 또는 유럽인의 은화가 종래 아메리카 원주민들에게 아무런 가치도 없듯이, 그것들은 자연의 기준에 따르면 아무런 가치가 없다. 그리고 정복자가 피정복자의 모든 토지를 차지했는데 토지를 빼앗긴 자가 경작할 수 있는 황무지마저도 전혀 남아 있지 않은 경우에, 5년 치의 생산물은 토지의 영구적 상속에 해당하는 가치에 못 미친다. 우리가 화

---

* 조개껍질로 만든 화폐.

폐의 가상적인 가치를 제거해버린다면 이와 같은 논점은 쉽게 받아들일 수 있다. 그 불균형은 5 : 500 이상이기 때문이다. 물론 주민들이 소유하거나 사용할 수 있는 것보다 더 많은 토지가 있으며 어떤 사람이든 황무지를 이용할 자유가 있는 경우에는 반 년 치의 생산물이 토지의 상속보다 더 커다란 가치가 있을 수도 있다. 하지만 그와 같은 상황에서는 정복자 역시 피정복자의 땅을 차지하려고 노력하지 않을 것이다. 그러므로 (모든 군주나 정부가 그런 관계에 있는) 자연상태에서 한 사람이 다른 사람으로부터 입은 손해가 아무리 크다 할지라도, 그로써 정복자에게 피정복자의 후손들이 갖게 될 재산을 박탈하고 그들의 유산을 빼앗을 권력을 주지 않는다. 그 유산은 대대손손 그들과 후손들의 소유가 되어야 하기 때문이다. 정복자는 실로 자신이 주인이라고 생각하기 십상이다. 그리고 피정복자 역시 자신이 처한 상황으로 인해서 정복자의 권리에 시비를 걸지 못한다. 그러나 사태가 그렇다고 해도, 그것은 단순히 무력을 통해서 강자가 약자에 대해서 행사하는 자격과 다를 바 없다. 그리고 그러한 이유에 의거한다면 가장 강한 자는 그가 가지고 싶은 것은 무엇이든 마음껏 취할 수 있는 권리를 가지게 되는 셈이 것이다.

185. 정복자는 비록 그 전쟁이 정당한 전쟁이었다 할지라도 정복을 통해서, 전쟁에서 그의 편으로 가담한 사람들, 피정복 국가의 사람들로서 그에게 대항하지 않은 사람들 그리고 심지어 대항한 자들의 후손들에 대해서는 어떠한 지배권도 가지지 않는다. 그들은 그에게 종속되지 않을

자유가 있으며, 만약 그들의 정부가 해체되면 자신들을 위해서 새로운 정부를 시작하고 수립할 자유가 있다.

186. 실상 정복자는 통상 그가 피정복자들에게 휘두르는 무력으로써 그들의 가슴에 칼을 들이대고 그들이 그가 제시한 조건에 굴복하며 그가 마음 내키는 대로 실시하는 통치에 복종할 것을 강제할 수 있다. 그러나 다음과 같은 의문이 제기된다. 그는 어떠한 권리에 의거해서 그렇게 행동할 수가 있는가? 만약 그들이 자신들의 동의에 의해서 복종하는 것이라고 말한다면, 이것은 정복자가 그들을 지배할 자격을 가지기 위해서는 그들의 동의가 필요하다는 점을 시인하는 셈이다. 그렇다면 힘에 의해서 강요된, 정당성(right)이 없는 약속이 동의로 간주될 수 있는가 그리고 얼마나 구속력이 있는가를 고찰하는 일만 남게 된다. 이에 대해서 나는 그러한 약속들은 전혀 구속력이 없다고 말하겠다. 왜냐하면 다른 사람이 무력에 의해서 내게서 빼앗은 것에 대해서 나는 여전히 권리를 보유하며, 그는 나에게 그것을 즉각적으로 돌려줄 의무가 있기 때문이다. 나에게서 내 말[馬]을 무력으로 빼앗아간 사람은 그것을 내게 돌려주어야 하며 나는 여전히 그 말을 다시 차지할 권리가 있다. 동일한 이유로 나에게 약속을 강요한 사람은 즉시 그것을 취소해서 나에게 약속을 지킬 의무를 면제해주어야 한다. 그렇지 않으면 나는 그것을 스스로 철회할 수 있다. 즉 이행할 것인지를 선택할 수 있다. 자연법은 오직 그 법이 규정하는 규칙에 따라서만 나에게 의무를 부과할 수 있으며, 그 규칙을 위반한

어떤 것을 통해서는 내게 의무를 부과할 수 없기 때문이다. 위반이란 무력으로 나에게서 어떤 것이든 강요하는 것이다. 내가 약속을 했다라고 말한다고 해서 사정이 조금이라도 변하는 것은 아니다. 내 가슴에 권총을 겨눈 도둑의 요구에 따라 내가 나의 주머니에 손을 넣어서 그 도둑에게 내 지갑을 스스로 건네주었다고 해서 나의 행동이 그 무력을 면책하고 그것에 권리를 부여하는 것이 추호도 아닌 것처럼 말이다.

187. 이 모든 논의로부터 다음과 같은 결론이 나온다. 무력에 의해서 피정복자에게 부과되는 정복자의 통치는, 정복자가 전쟁의 권리를 가지지 못한 경우는 물론 (정복자가 그런 권리를 가지고 있는 전쟁이라 할지라도) 피정복자가 그 전쟁에 참여하지 않은 경우에는, 피정복자에 대해 어떠한 의무도 부과하지 못한다.

188. 그러나 그 공동체의 모든 사람들이 동일한 정치체의 구성원으로서 그 부당한 전쟁에 가담했다가 모두 패했으며, 따라서 그들의 생명이 정복자의 자비에 맡겨져 있는 상황을 가정해보자.

189. 이 문제는 미성년자인 자식들과는 아무런 관계가 없다고 나는 말하겠다. 왜냐하면 아버지 자신은 자식의 생명 또는 자유에 대해서 아무런 권력을 가지고 있지 않으므로 아버지의 어떠한 행동으로 인해서 자식의 생명 또는 자유가 몰수되는 일이란 결코 있을 수 없기 때문이다. 그러

므로 아버지에게 무슨 일이 일어나든 자식들은 자유인이고, 정복자의 절대적 권력은 그가 정복한 사람들의 인신을 넘어서까지 영향을 미치지 않으며 그들의 죽음과 더불어 종식된다. 따라서 그가 정복당한 사람들을 그의 절대적이고 자의적인 권력에 종속되는 노예로서 다스린다고 할지라도 그는 그들의 자식들에 대해서는 그러한 지배권을 추호도 갖지 못한다. 그가 자식들에게 어떠한 언동을 하게 하든 그들의 동의가 없는 한 아무런 권력을 가지지 못한다. 그리고 그들에게 선택이 아니라 무력으로 복종을 강요하는 한, 그는 아무런 합법적 권위를 가지지 못한다.

190. 모든 인간은 이중의 권리를 가지고 태어난다. 첫째, 그의 인신에 대한 자유로서 그 외의 다른 어떤 사람도 그것에 대해서는 권력을 가지지 못하며 그 자유로운 처분은 오직 그 자신에게만 있다. 둘째, 다른 사람보다 먼저, 그의 형제들과 함께 그의 아버지의 재물을 상속받을 권리이다.

191. 이 중 첫 번째 권리에 의해서 인간은, 비록 일정한 정부가 통치하는 곳에서 태어나지만, 본래 어떠한 정부에 대한 복종으로부터도 자유롭다. 그러나 만약 그가 자신이 태어난 나라의 합법적인 통치를 배척한다면, 그는 또한 그 나라의 법에 의해서 그에게 속한 권리를 포기해야 한다. 그리고 만약 정부가 그의 조상들의 동의에 의해서 설립된 것이라면, 그의 조상들로부터 그에게 내려오는 소유물 역시 포기해야 한다.

192. 두 번째 권리에 의해서, 정복을 당한 후 자유로운 동의에 의해서가 아니라 강요에 의해서 정부 안으로 들어간 자들의 경우 그 후손들은, 그들이 어떤 나라의 주민이든, 조상들로부터 자산에 대한 권리를 취득했다. 따라서 그들은 비록 그 나라의 재산 소유자들에게 무력으로 엄격한 조건을 부과한 정부에 자유롭게 동의하지 않았다 할지라도, 조상들의 소유물에 대한 권리를 보유한다. 왜냐하면 최초의 정복자가 그 나라의 토지에 대한 자격을 취득한 적이 결코 없기 때문이다. 부득이 정부의 멍에에 복종하도록 강요받은 자들의 후손인 인민이나 그 인민에 속한다고 주장할 수 있는 자들은 그 멍에를 벗어던지고, 무력으로 그들에게 부과된 찬탈이나 폭정으로부터 자신들을 해방시킬 권리를 항상 보유하고 있다. 적어도 그들의 통치자가 그들이 기꺼이 그리고 선택에 의해서 동의를 한 정부의 구조 아래 살도록 허용할 때까지는 말이다. 그리스의 기독교도들, 즉 그 나라를 예전에 소유했던 자들의 후손들이 그럴 힘만 있다면 그들이 그 아래서 오랫동안 신음해온 터키 지배의 굴레를 정당하게 벗어던지고자 한다는 것을 누가 의심할 수 있겠는가? 왜냐하면 어떠한 정부도 자유롭게 동의를 하지 않은 인민으로부터 복종을 요구할 권리를 가질 수 없기 때문이다. 그리고 자유로운 동의란, 인민이 그들의 정부와 통치자를 선택할 수 있는 완전한 자유를 가진 상태에 있을 때, 아니면 적어도 그들이 스스로 또는 대표자를 통해서 그들의 자유로운 동의를 부여할 수 있는 상시적인 법을 가질 때, 그리고 그들이 소지한 것의 주인이라는 의미에서 그들의 정당한 재산이 허용될 때, 곧 어느 누구도 재산

의 어떤 부분이든 그들 자신의 동의 없이 취할 수 없을 때, 비로소 주어지는 것으로 상정할 수 있다. 만약 그렇지 않다면 어떠한 정부 아래에 있든 인간은 자유인의 상태가 아니라 전쟁의 무력 아래서 직접적인 노예 상태에 있는 것이다.

193. 그러나 정당한 전쟁의 경우에는 정복자가 피정복자의 인신에 대한 권력은 물론 자산에 대해서도 권리를 가진다―물론 그가 그러한 권리를 가지고 있지 않다는 점은 분명하지만―고 가정해보자. 그러나 설사 그렇다 해도 그것으로부터 그러한 정부를 지속할 수 있는 절대적인 권력은 추호도 나오지 않는다. 왜냐하면 이들의 후손들은 자유인들로서, 만약 그가 그들에게 그의 나라에서 살도록 자산과 소유물을 허용하면(그러한 것이 없다면 그 나라는 아무런 가치가 없을 것이다), 그가 허용한 것이 무엇이든 그들은 주어진 한도에서 그것에 대한 소유권을 가지기 때문이다. 소유권의 속성이란 주인의 동의 없이 그에게서 취할 수 없다는 데 있다.

194. 그들의 인신은 타고난 권리에 의해서 자유롭다. 그리고 그들의 재산은 많건 적건 그들 자신의 것이며 그들 자신만이 처분할 수 있을 뿐 정복자의 것은 아니다. 그렇지 않다면 그것은 재산이라고 할 수 없다. 정복자가 한 인간에게, 곧 그와 그의 상속자에게 영구적으로 1,000에이커의 토지를 주고 다른 사람에게는 1,000에이커의 토지를 그가 살아 있

는 동안 1년에 50파운드 내지 500파운드의 지대를 받고 임대해주었다고 가정하자. 이들 중 첫 번째 사람은 1,000에이커의 땅에 대한 영구적 권리를 가지고 있고, 다른 한 사람은 소정의 지대를 지불하고 평생 동안 그 토지에 대한 권리를 가지고 있다고 말할 수 있지 않은가? 그리고 종신차지인(終身借地人)은 그 기간 동안 그가 자신의 노동과 근면을 통해서 지대를 초과하여 수확한 모든 것에 대하여 그것이 지대의 두 배에 달하더라도 소유권을 가지게 되는 것이 아닌가? 왕 또는 정복자가 그것을 허용한 후, 정복자로서의 권력에 의거하여 전자의 경우에는 그의 상속인으로부터 그리고 후자의 경우에는 그가 지대를 지불하는 동안, 토지의 전부나 일부를 빼앗아도 무방하다고 말할 수 있을까? 또는 그가 자기 마음이 내키는 바에 따라 그들이 상술한 토지에서 얻게 된 재물이나 돈을 어느 한편으로부터 빼앗을 수 있을까? 만약 그가 그럴 수 있다면 모든 자유롭고 자발적인 계약은 소멸해버리고 세상에서 무효가 되고 말 것이다. 어느 때라도 그러한 계약들을 해제하기 위해서는 권력 이외에는 아무것도 필요하지 않을 것이다. 그리고 권력자의 모든 인가와 약속은 단지 웃음거리와 속임수에 불과하게 될 것이다. 예컨대, 다음과 같이 말하는 것보다 더 우스운 일이 있겠는가? "나는 당신과 당신의 후손들에게 이것을 영원히 주겠다. 그리고 생각할 수 있는 가장 확실하고 가장 근엄한 방식으로 양도하겠다. 그러나 만약 내가 원한다면 내일이라도 당장 당신으로부터 그것을 회수할 권리가 내게 있다는 점을 양해해주었으면 한다."

195. 나는 군주들이 자기 나라의 법에 대한 복종의무를 면제받는지에 대해서는 여기서 논의하지 않겠다. 그러나 이 점, 곧 그들이 신과 자연의 법에 복종할 의무가 있다는 점을 나는 확신한다. 어떠한 사람도, 어떠한 권력도, 그들을 영구법에 대한 복종의무로부터 면제시킬 수 없다. 그러한 복종의무는 약속의 경우에도 너무나 크고 강력하기 때문에 전능한 존재 역시 약속에 의해서 구속될 수 있다. 인가, 약속 및 선서는 전능한 존재도 얽어매는 구속이다. 아첨꾼들이 세상의 군주들에 대해서 무슨 말로 찬양하든, 모든 군주들과 그들의 신민들을 다 합친다 해도 위대한 신과 비교한다면 그들은 양동이 안에 있는 한 방울의 물이나 저울에 묻은 먼지처럼 보잘것없는 존재이다.

196. 정복에 관한 논의를 요약해보면 다음과 같다. 정복자는 만약 그가 정당한 명분을 확보하고 있다면 전쟁에서 반대편을 지원하거나 협조한 모든 사람에 대해서 전제적인(despotical) 권력을 가지며, 그가 입은 손해와 비용에 대해서 그들의 노동과 자산으로부터 배상을 받을 권리가 있다. 그러나 그는 그밖의 다른 사람들의 권리를 침해해서는 안 된다. 전쟁에 동의하지 않은 사람들이 있다거나 포로들의 자식들이 있다면, 이 같은 나머지 사람들에 대해서는 그리고 이들의 소유물에 대해서는 그는 아무런 권력도 가지지 못한다. 따라서 그는 정복을 이유로 해서 그들에 대한 지배를 정당화할 수 있는 적법한 자격을 얻을 수 없으며, 그의 후손에게 그 자격을 넘겨줄 수도 없다. 오히려 만약 그가 그들의 재산을 침해

한다면, 그는 침략자가 되며 그로 인해서 그들과의 전쟁상태를 자초하게
된다. 따라서 그든 그의 후계자든 어느 누구도, 덴마크인인 힝가나 후
바*가 이곳 영국에서 가졌던 것 이상의 지배권을 가지지 못한다. 아니
면 스파르타쿠스**가 이탈리아를 정복했었더라면 가졌을 법한 것 이상
의 지배권을 가지지 못한다. 그러한 지배권이란 고작해야 그 밑에 종속
된 사람들에게 신이 그럴 수 있는 용기와 기회를 주기만 하면 즉시 벗어
던질 수 있는 멍에에 불과한 것이다. 그러므로 무력으로 유다를 정복한
아시리아의 왕들이 가졌던 칭호가 무엇이든, 하느님은 히즈키야를 도와
서 정복에 근거한 아시리아의 지배를 벗어던지게 했던 것이다. "그리고
야훼께서는 그[히즈키야]와 함께 계시며, 그가 하는 모든 일을 이루어주
셨다. 그는 아시리아 왕에게 반기를 들어 그의 지배에서 벗어났다.
……"(「열왕기 하」, 제18장 제7절). 그러므로 권리가 아닌 무력에 근거
한 권력을 벗어던지는 행위는 비록 그것이 반란이라는 이름으로 불리지
만 신 앞에서는 죄가 아니며, 심지어 약속이나 서약이 있었다 할지라도
그것이 무력에 의한 것이라면 신이 그러한 행위[무력에 근거한 권력을

---

 * Hingar와 Hubba : 860년대에 픽트 족(Picts) 및 스콧 족(Scots)에 대한 켈트 족(Celts)의
   전투를 돕기 위해서 고용된 덴마크의 족장들인데 나중에 템스 강변에 정착해 살았다
   고 한다.
** Spartacus(?-71 B.C.E.) : 로마의 노예이자 검투사로서 노예들의 반란(Servile War,
   73-71 B.C.E.)을 주도했다. 주로 노예들로 구성된 그의 군대는 로마군을 격파하는
   등 한때 기세를 올렸으나 리키니우스 크라수스(Licinius Crassus)에게 최종적으로 패
   퇴하고 그 역시 전사했다.

벗어던지는 행위를 허용하고 묵인한다는 점은 명백하다. 왜냐하면 아하즈와 히즈키야의 이야기를 아는 사람이라면, 즉 아시리아 인들이 아하즈를 굴복시켜, 그를 왕위에서 쫓아내고 히즈키야를 그의 아버지[아하즈]가 살아 있는 동안 왕으로 재위시켰는데, 히즈키야는 합의에 의해서 재위기간 동안 그의 아버지에게 여전히 충성을 표하며 공물을 바쳤다는 이야기를 주의 깊게 읽어본 사람이라면 누구에게나 이 점은 매우 설득력이 있기 때문이다.

제17장

찬탈에 관하여

197. 정복이 외국에 의한 찬탈(纂奪)이라고 불릴 수 있는 것처럼, 찬탈은 일종의 대내적 정복이라고 말할 수 있다. 그렇다 해도 다음과 같은 차이가 있다. 찬탈자는 자기편에서 결코 정당한 권리를 확보할 수 없다. 찬탈이란 다른 사람이 가진 권리를 빼앗는 것과 다름없기 때문이다. 찬탈은 그것이 찬탈인 이상 인물이 달라질 뿐 정부형태나 규칙이 변경되는 것은 아니다. 왜냐하면 만약 찬탈자가 그 국가의 합법적인 군주나 통치자에게 정당하게 속하는 것 이상으로 그의 권력을 확대한다면, 그것은 찬탈에 폭정(tyranny)이 더해진 것이기 때문이다.

198. 모든 합법적인 정부에서 통치를 담당할 인물을 지명하는 것은 정부형태를 결정하는 것과 마찬가지로 자연스럽고 필요한 일이며, 원래 인민에 그 기원을 둔 제도이다. 그러므로 정부형태를 확립한 모든 국가는 공적 권위를 담당할 자를 임명하는 규칙과 그들에게 권리를 부여하는

일정한 방법을 갖추고 있다. 왜냐하면 무정부상태란 아무런 정부형태가 없거나, 또는 정부형태를 군주제로 정해놓고도 권력을 장악하여 군주가 될 인물을 정하거나 지명할 방법을 아무것도 정해놓지 않는 것과 다분히 흡사하기 때문이다. 공동체의 법이 지정한 것 이외의 방식으로 권력의 어떤 부분이든 떠맡게 된 자는 비록 국가의 형태가 그대로 남아 있더라도 복종을 요구할 아무런 권리가 없다. 왜냐하면 그는 법이 지명한 인물, 따라서 인민이 동의한 인물이 아니기 때문이다. 그러한 찬탈자 또는 그의 뒤를 이어 승계한 자는 그가 누구든 지배자로서의 자격을 획득할 수 없다. 다만 인민이 이미 찬탈한 권력에 대해 동의할 자유가 있고 또 그 권력을 허용하고 인정하기로 실제 동의한다면 자격을 획득한다.

제18장

폭정*에 관하여

199. 찬탈이 다른 사람의 권리에 속하는 권력을 가로채 행사하는 것이라면 폭정(tyranny)은 정당한 권리를 넘어선, 곧 어느 누구의 권리에도 속할 수 없는 권력을 행사하는 것이다. 그리고 폭정은 누구든 자신이 그 수중에 장악하고 있는 권력을 행사하는 것이되, 그 지배 아래 있는 사람들의 복지를 위해서가 아니라 자신의 사적인 별도의 이득을 위해서 행사하는 것이다. 그러한 통치자는 그 칭호가 무엇이든 법이 아니라 자신의 의지를 준칙으로 삼는다. 그리고 그의 명령과 행위는 인민의 재산을 보존하는 것이 아니라 그 자신의 야심, 복수, 탐욕 또는 그밖의 다른 일시적인 정념의 만족을 지향한다.

---

* 옮긴이는 본문에서 일반적으로 'tyranny'를 '폭정(暴政)'으로, 'tyrant'를 '폭군' 또는 '참주(僭主)'로 옮겼다. 간혹 형용사에 해당하는 'tyrannical'은 '전제적'으로 옮기기도 했다. 'despotical' 역시 '전제적'으로 옮겼다는 점은 앞에서 설명한 바 있다.

200. 만약 누군가가 내가 하는 말이 이름 없는 일개 신민의 손으로 써진 것이기 때문에 이것이 진리이며 이성에 합당하다는 점을 의심한다면, 나는 왕의 권위를 통해서 그에게 이를 납득시키고자 한다. 국왕 제임스 1세는 1603년 의회에서의 연설에서 다음과 같이 말하고 있다.

나는 좋은 법과 헌법을 제정할 때 나 자신의 특별하고 사적인 목적보다 공공의 복지와 국가의 복지를 선호할 것이다. 나는 항상 국가의 부와 복지의 증진을 나의 최대의 복지이자 세상의 행복으로 생각할 것이다. 이 점이 합법적인 왕과 폭군을 직접적으로 구분하게 한다. 왜냐하면 나는 정당한 왕과 [권력을] 찬탈한 폭군 간의 최대의 차이점이 바로 여기에 있다는 점을 인정하기 때문이다. 곧 오만하고 야심 많은 폭군은 그의 왕국과 인민이 오직 그의 욕망과 부당한 욕심의 만족을 위해서 존재한다고 생각하는 데 반해, 정당하고 정의로운 왕은 그 자신이 그의 인민의 부와 재산의 확보를 위해서 임명되었다고 생각하기 때문이다.

그리고 1609년의 의회연설에서 그는 재차 다음과 같이 말하고 있다.

왕은 이중의 서약에 의해서 그 왕국의 기본법을 준수할 의무를 가진다. 왕이라는 지위에서 암묵적으로 그는 그 왕국의 법과 인민을 보호할 의무를 진다. 그리고 명시적으로는 대관식의 서약에 의해서 그러한 의무를 진다. 그러므로 잘 확립된 왕국의 모든 정의로운 왕은 왕국에 적당한 정부를 구성할 때 왕국의 법에 따라 인민과 맺은 협약을 준수해야 한다. 즉 왕은 신이 대홍수 후에 노아와 맺은 협약에서 "땅이 있는 한 뿌리는 때와 거두는 때, 추위와 더위, 여름과 겨울, 밤과 낮이 쉬지 않고 오리라"(「창세기」, 제8장 제22절)라고 말한 것처럼 중단 없이 그 협약을 준수해야 한다. 그러므로 잘 확립된 왕국을 지배하는 왕이 그의 법에 의거해서 통치하는 것을 그만두는 순간부터 그는 왕이 아니라 폭군으로 전락한다.

그리고 조금 후에 다음과 같이 말한다.

그러므로 폭군이 아니며 서약을 위반하지 않은 모든 왕들은 기꺼이 자신들을 그들이 만든 법의 한도 안에 묶어둘 것이다. 그리고 그것과 반대되는 것[한도를 넘어서는 것]을 왕들에게 권유하는 자들은 왕과 국가에게 독사나 해충과 다름없는 존재들이다.

이처럼 사물의 이치를 잘 알고 있는 해박한 왕은 왕과 폭군의 차이점 이 오직 이 점에만 존재한다는 것을 꿰뚫어보고 있었다. 전자는 법을 그의 권력의 경계로 삼고 인민의 복지를 정부의 목적으로 삼는 데 반해, 후자는 모든 사람들을 그의 의지와 욕망에 복종시킨다.*

---

* 로크가 자신의 견해를 지지하기 위해서 인용한 상기 인용문들로 인해서 제임스 1세를

201. 하지만 이러한 과오가 오직 군주제에만 고유한 것이라고 생각하는 것은 잘못이다. 다른 형태의 정부도 군주제와 마찬가지로 그러한 과오를 범하기 쉽다. 권력이 누구의 손에 있든 인민의 통치와 그들 재산의 보존을 위한 권력을 그 밖의 다른 목적을 위해서 행사한다면, 권력을 그렇게 사용하는 자가 1인이건 다수이건, 그것은 즉각적으로 폭정이 된다. 여기서 권력을 다른 목적을 위해 행사한다는 것은 인민을 궁핍하게 만들거나 괴롭히기 위해서 또는 권력을 가진 자의 자의적이고 불법적인 명령에 인민을 굴복시키기 위해서 사용하는 것을 말한다. 따라서 우리는 시라쿠사에서의 1인의 참주*는 물론 아테네에서의 30인의 참주**에 관한 이야기를 전해 들으며, 또 로마에서의 10인의 집정관(decemviri)***의 무도한

일종의 헌정주의적 원칙을 신봉하는 인물로 해석해서는 안 될 것이다. 다른 모든 그의 연설 및 저작에서와 마찬가지로 여기서도 제임스 1세는 단지 국왕이 자신의 이득을 위해서 권력을 자의적으로 행사하는 데 반대할 뿐이며 법을 제정할 수 있는 국왕의 절대적 권력에 반대하는 것은 아니다. 그리고 상기의 인용문 역시 국왕은 법보다 상위에 있으며 영토와 신민에 대한 국왕의 권력은 절대적이라는 그의 일반적인 주장에 비추어 해석되어야 한다.

* 로크가 여기서 시라쿠사(Siracusa)의 어느 참주를 지칭하는지는 분명하지 않다. 아마 디오니시오스 1세(Dionysios I, 430?-367 B.C.E.)나 아가토클레스(Agathokles, 361-289 B.C.E.)를 지칭하는 듯하다.

** 30인의 참주는 기원전 404-403년 동안 아테네를 통치했다. 그들은 원래 펠로폰네소스 전쟁에서 승리한 스파르타의 지원 아래 새로운 헌법을 기초하기 위해서 선출되었지만, 자신들의 임무를 무시한 채 그들의 정적들을 살해하고 희생자들의 재산을 몰수하는 등 권력을 남용했다. 그들은 자신들을 보호하기 위해서 스파르타 주둔군의 파견을 요청했지만, 민주파 집단에 패퇴했다.

*** 기원전 451년에 귀족 지배자들에 의해서 당시까지 자의적으로 해석되던 법을 명문화하고 공포하는 임무를 수행하기 위해서 일단의 귀족 집정관들로 구성된 위원회가

지배 역시 그보다 나을 것이 없었다는 점을 알게 된다.

202. 따라서 법을 위반하여 다른 사람에게 해를 가하면, 법이 끝나는
그 지점에서 폭정이 시작된다. 권위를 가진 자가 누구이든 법에 의해서
그에게 부여된 권력을 초과하고 그가 가지고 있는 무력을 사용하여 신민
들에게 법이 허용하지 않는 것을 강요하는 자는, 그 점에서 위정자로서
의 자격을 상실하게 되는 것이다. 권한 없이 행동하는 자에 대해서는
다른 사람의 권리를 무력으로 침해한 자에 대해서와 마찬가지로 대항해
도 무방하다. 이 점은 하급 위정자들에게도 적용된다. 길거리에서 나의
인신을 체포할 권위를 가진 자라 할지라도 그가 영장을 집행하기 위해서
나의 집을 부수고 침입하고자 시도한다면, 비록 나는 그가 밖에서 나를
체포할 권력을 부여받은 그러한 영장과 법적 권위를 가지고 있다는 점을
알고 있다 해도, 그에게 도둑이나 강도에 대항하는 것처럼 저항할 수
있다. 그리고 나는 이 점이 하급관리에 대해서와 마찬가지로 최고의 위
정자에게 왜 동일하게 적용되어서는 안 되는지에 대한 이유를 간절히
알고 싶다. 가령 장남은 그가 아버지의 자산의 가장 커다란 부분을 차지
할 수 있기 때문에 그것에 근거하여 그의 동생들의 몫까지 가로챌 수

창설되고 그 위원회에게 일시적인 독재가 허용되었다. 그 위원회는 10개조의 동판을
기초했으며 그 다음해에 임명된 10인의 새로운 위원회에 의해서 기초된 2개조의
동판이 추가됨으로써 그 유명한 12동판법(또는 12표법)이 제정되었다. 두 번째 위원
회는 본래의 임무를 넘어서 계속 권력을 유지하고자 했지만 그들의 사임을 요구하는
평민들의 위협적인 반란에 의해서 축출당하고 말았다.

있는 권리를 가져야 한다는 주장은 도대체 합당한가? 혹은 어떤 지방을 송두리째 소유하고 있는 부자는 마음 내키는 대로 그의 가난한 이웃의 오두막집과 텃밭을 차지할 권리가 있는가? 아담의 자손들[인류] 대다수보다 훨씬 많은 권력과 부를 정당하게 가진 사람이라고 해서 그 사실이 약탈과 억압의 구실은 되지 못하며, 더욱더 그 이유는 되지 못한다. 아무런 권한도 없이 다른 사람에게 피해를 입히는 것은 오히려 죄질을 가중시키는 것이다. 왜냐하면 권한의 경계를 넘어서는 것은 하급관리에게 정당한 것이 아닌 것과 마찬가지로 고급관리에게도 정당한 것이 아니기 때문이다. 그것은 한 사람의 순경의 경우에서와 마찬가지로 국왕의 경우에도 정당화될 수 없는 것이다. 국왕의 경우에는 그에게 보다 많은 신뢰가 주어졌다는 점에서, 나머지 동포들보다 이미 훨씬 많은 몫을 차지하고 있다는 점에서 그리고 교육, 직무 및 조언자의 면에서 이득을 누린다는 점에서 시시비비를 가리는 기준을 더 많이 알고 있다고 상정되므로 응당 더욱 큰 비난을 받아야 한다.

203. 그렇다면 군주의 명령에 대항할 수 있는가? 누구든 군주에 의해서 고통을 겪고 있는 자가 군주에게 그런 권리가 없다고 생각한다면 그때마다 군주에게 저항해도 무방한가? 그것은 정치를 어지럽히고 뒤집어엎을 것이며, 통치와 질서 대신에 오직 무정부상태와 혼란만 초래하게 될 것이다.

204. 이에 대해서 나는 다음과 같이 답변하겠다. 오직 부당하고 불법적인 무력에 대해서만 무력으로 대항할 수 있다. 그 밖의 다른 경우에 대항하는 사람은 누구든지 신과 인간으로부터 정당한 비난을 받게 된다. 그러므로 종종 지적되는 것과 같은 위험과 혼란이 야기되지 않을 것이다. 그 이유는 다음과 같다.

205. 첫째, 어떤 나라들*의 경우에는 군주의 인신은 법에 의해서 신성불가침하다고 규정된다. 따라서 그가 명령하고 행하는 것이 무엇이든, 그의 인신은 모든 심문과 폭력으로부터 면제되며, 무력 또는 사법적인 비난 및 유죄판결의 대상이 되지 않는다. 그러나 하급관리나 그밖에 군주가 임명한 다른 관리의 불법행동에 대해서는 대항해도 무방하다. 그런데 만약 군주가 실제로 그의 인민과 전쟁 상태를 촉발하고, 정부를 해체하며, 인민을 자연상태에서 모든 사람이 처하게 되는 것처럼 정당방위의 상황으로 몰아넣는다면 그것은 별개의 문제다. 그러한 사태에 관해서는 결말이 어떻게 될 것인지 누가 알 수 있겠는가? 그런데 이웃의 왕국은 아주 기이한 예를 전 세계에 보여준 바 있다.** 그 밖의 다른 모든 경우에 인신의 신성불가침성으로 인해서 군주는 생활상의 불편을 겪지 않으

---

* 여기서 로크는 영국을 지칭하고 있다.

** 앞의 구절들은 1689년에 삽입된 것으로 보인다. 로크는 이 구절들에서 사실상 제임스 2세(James II)를 지칭하면서 그가 인민과 전쟁 상태를 도발했으며 정부를 해체했다고 비난하고 있는 것으로 보인다. 그리고 본문에서 '이웃의 왕국'은 물론 영국을 가리키며 이는 로크 특유의 간접적인 지칭방식이기도 한다.

며, 정부가 존속하는 한 일체의 폭력과 해악으로부터 안전을 보장받는다. 이보다 현명한 제도는 있을 수 없다. 왜냐하면 그가 직접 자신의 인신으로 행할 수 있는 해악이란 자주 일어나지 않을 것이며, 또 널리 확대되지도 않을 것이기 때문이다. 또한 우둔하고 사악한 본성을 가진 군주가 뜻을 둔다고 할지라도 자기 개인의 힘만으로는 법을 전복할 수 없으며 전체 인민을 억압할 수도 없기 때문이다. 완고한 군주가 왕위에 올라 간혹 특수한 비행(非行)을 저질러 폐단을 초래하기도 하지만, 그러한 폐단은 최고 위정자의 인신— 그러한 위험이 미치지 않는 안전한 곳에 있는— 을 통해서 구현된 공공의 평화와 정부의 안전에 의해서 충분히 보상될 것이다. 전체를 위해서는 국가(republick)의 우두머리가 쉽사리 사소한 일로 피해를 겪게 만드는 것보다는 몇몇 사적인 개인들이 때로 고통을 겪는 위험에 처하는 것이 오히려 안전하다.

206. 둘째, 이러한 특권은 오직 국왕의 인신에만 속하기 때문에, 국왕으로부터 위임을 받았다고 주장하며 법이 재가하지 않는 부당한 폭력을 행사하는 자에게 이의를 제기하고, 반대하고, 반항하는 것은 제약받지 않는다. 그러한 사실은 왕으로부터 어떤 사람을 체포하라는 영장을 가지고 있는 사람의 경우— 왕으로부터 전폭적인 위임을 받은 경우— 에도 명백하다. 그 사람은 비록 영장을 가졌지만, 그렇다 하더라도 체포하기 위해서 개인의 집을 부수고 들어갈 수 없으며, 특정한 날이나 일정한 장소에서는 왕의 그 명령을 집행할 수 없다. 비록 그 위임이 그와 같은

예외를 설정하지 않았다 할지라도, 그것은 법이 부여한 한계이기 때문에 어느 누구든 위반하면, 그것이 비록 왕의 위임에 의한 것이라 할지라도 그를 면책시키지 않는다. 왜냐하면 왕의 권위란 오직 법에 의해서 주어지는 것이므로 왕은 누구에게든 법을 위반해 행동하도록 권위를 부여할 수 없으며, 그의 위임이 어떤 사람의 위반행위를 정당화할 수도 없기 때문이다. 위정자의 위임이나 명령은 그가 아무런 권위가 없는 영역에서는 일개 사인의 그것과 마찬가지로 무효이며 무의미한 것이다. 전자와 후자의 차이점은 위정자는 이러저러한 목적을 위해서 어느 정도까지 일정한 권위를 가지는데 반해 사인(私人)은 전혀 그러한 권위를 가지지 않는다는 것이다. 왜냐하면 행동할 수 있는 권리를 주는 것은 위임이 아니라 권위이며, 법에 반해서는 어떠한 권위도 있을 수 없기 때문이다. 그러나 그에 대한 저항이 있더라도 왕의 인신과 권위는 여전히 안전하게 보장되며, 따라서 통치자나 정부에 아무런 위험이 제기되지 않는다.

207. 셋째, 최고 위정자의 인신이 그처럼 신성불가침하지 않은 정부를 생각해보자. 하지만 이 경우에도 부당한 권력 행사에 저항하는 것이 합법적이라는 이 교의로 인해서 위정자가 매번 사소한 경우마다 위험에 처하게 된다든가 통치가 혼란에 빠진다든가 하지는 않는다. 피해를 입은 당사자가 법에 호소함으로써 구제를 받고 그의 손해가 배상받는 경우에는 무력을 사용할 아무런 명분이 있을 수 없기 때문이다. 무력이란 한 개인이 법에 호소하는 수단이 막혔을 때만 사용할 수 있는 것이다. 왜냐

하면 오직 그러한 호소를 통한 치유책을 남겨놓지 않을 때에만 적의를 품은 무력이라고 생각할 수 있기 때문이다. 그리고 오직 그러한 무력만이 그것을 사용하는 자를 전쟁상태에 몰아넣으며, 그에게 저항하는 것을 정당화한다. 어떤 사람이 대로상에서 칼을 손에 들고 내 지갑을 요구할 경우, 설사 혹시 내가 호주머니에 단지 12페니의 돈만 가지고 있다 할지라도, 이 사람을 나는 합법적으로 죽일 수 있다. 하지만 내가 마차에서 내려있는 동안 잠시 맡아달라고 어떤 남자에게 100파운드를 넘겨준 경우를 상상해보자. 내가 다시 마차에 올라탄 후에 그에게 돈을 돌려달라고 요청했을 때 그 사람이 돌려주기를 거부하면서 칼을 빼들어 무력으로 그 돈을 지키려고 한다고 하자. 이 사람이 나에게 가한 손해는 앞의 사람 [강도]—그가 실제 어떠한 손해를 끼치기 전에 이미 죽었을 수도 있는 —이 아마 의도했을 법한 손해의 100배 아니 어쩌면 1,000배 이상에 해당할 것이다. 그렇지만 나는 합법적으로 전자를 죽일 수 있는 데 반해, 후자에 대해서는 합법적으로 심지어 상처마저 입힐 수 없다. 그 이유는 명백하다. 무력을 사용하여 나의 생명을 위협한 전자의 경우 나는 생명을 보호하기 위해서 법에 호소할 시간적 여유를 가질 수 없기 때문이다. 그리고 생명이 사라지면 호소하기에는 너무 늦게 된다. 법은 나의 시체에 생명을 불어넣을 수 없다. 그 손실은 회복이 불가능하며, 이를 방지하기 위해서 자연법은 그 사람을, 곧 스스로 전쟁상태를 자초하여 나를 살해하겠다고 위협한 자를 살해할 권리를 주었다. 그러나 후자의 경우 나의 생명은 위험에 처해 있지 않고, 나는 법에 호소할 수단을 가지고 있으며 나의 100파운드를 그런 식[법에 호소하여]으로 회복할 수 있다.

208. 넷째, 위정자가 저지른 불법적인 행위가 (그의 권력에 의해) 유지되고, 법이 당연히 보장한 구제책이 동일한 권력에 의해서 방해받고 있는 경우를 고려해보자. 그 경우에도 그처럼 명백한 폭정에 대한 저항의 권리를 인정한다고 해도, 돌발적으로 또는 사소한 기회를 계기로 [저항이 발생하여] 통치가 교란되는 일은 없을 것이다. 만약 그러한 폭정의 피해가 몇몇 사인들의 사례로만 국한된다면, 비록 그들은 그들 자신을 방어하고 불법적인 무력에 의해 빼앗긴 것을 무력으로써 되찾을 권리가 있겠지만, 그렇게 할 수 있는 권리가 있다고 해서 그들이 패배가 명백한 데도 불구하고 그러한 충돌로 나아가지는 않을 것이기 때문이다. 또한 전체 인민이 자신들과는 무관하다고 생각하는 경우 1인 또는 몇몇 소수의 억압받는 사람들만의 힘으로 정부를 교란하는 일은 불가능하다. 그것은 마치 사납게 미쳐 날뛰는 한 개인이나 완고한 불평분자가 잘 안정된 국가를 뒤집어엎을 수 없는 것과 마찬가지다. 인민은 후자의 경우에서와 마찬가지로 전자의 경우에도 쉽게 선동에 말려들지 않을 것이다.

209. 그러나 만약 이러한 불법적인 행위의 범위가 다수의 인민에게 확산되는 경우 또는 폐해나 억압이 단지 소수의 사람에게만 영향을 미치지만 선례나 결과를 고려할 때 모든 사람을 위협하는 것처럼 보이고 게다가 인민이 그들의 재산, 자유 및 생명과 더불어 그들의 법과 어쩌면 그들

의 종교 역시 위험에 처해 있다고 마음 속으로 믿게 되는 경우에, 그들이 자신들에게 가해지는 불법적인 무력에 저항하는 것을 어떻게 저지할 수 있는지 나로서는 자신 있게 말할 수 없다. 이러한 상태는 통치자가 일반적으로 인민의 의심을 받는 상황에 처하게 될 때 정부형태를 불문하고 모든 정부가 직면하는 난국이라고 나는 생각한다. 그것은 아마도 통치자들이 스스로 자초하는 상태 중에서 가장 위험한 상태일 것이다. 그러나 그러한 상태는 [통치자가 조금만 노력했더라면] 쉽게 피할 수 있는 것이기도 하기 때문에 그러한 통치자를 동정할 여지는 거의 없다. 가족의 아버지가 자식들을 사랑하고 보살펴주는데 자식들이 그 사실을 깨닫지 못하는 일이 사실상 불가능한 것처럼, 통치자가 진심으로 그의 인민의 복지 그리고 인민과 법의 보존을 꾀하는데 인민이 그것을 보고 느끼지 못하는 일 역시 불가능한 법이다.

210. 그러나 만약 세상 사람들 모두가 군주의 겉으로 내세우는 구실과 실제 행동이 다르다는 점, 법을 피하기 위해 술책이 사용된다는 점 그리고 신탁된 대권(인민에게 해를 가하기 위해서가 아니라 선을 베풀기 위해서 군주의 수중에 남겨진 자의적 권력)이 본래 주어진 목적과 반대로 사용된다는 점을 알아차리게 되었다고 상상해 보자. 만약 인민이 각료와 하급관리들이 그와 같이 잘못된 목적에 따라 선임되고 그들이 그러한 목적을 촉진하는지 또는 반대하는지에 따라 총애받고 파면된다는 점을 알아차리게 되었다고 해보자. 만약 그들이 자의적인 권력이 행사

되는 몇몇 사례를 목격하고, 그러한 권력을 기꺼이 도입하고자 하는 종교(공적으로는 그것에 반대하면서도)가 은밀히 총애받고 그러한 권력의 조작자들이 최대한 지지를 받으며, 비록 그러한 지지를 받을 수 없는 경우에도 여전히 승인되는 것을 보았다고 하자. 그리고 만약 오랜 기간에 걸친 일련의 행위들을 통해 자문 기관들 역시 그러한 방향으로 기울고 있다는 점을 보았다고 하자. 이런 사태에 직면해서 사람들이 사태가 어떤 방향으로 진전되는지 스스로 이해하는 것을 어떻게 막고 자신들을 구제하는 방법을 강구하려는 것을 어떻게 제지할 수 있겠는가? 이런 사태는 어떤 사람이 자기가 타고 있는 배의 선장이 항상 역풍이나 배의 누수, 선원이나 식량의 부족으로 부득이 그의 항로를 당분간 다른 방향으로 돌릴 때도 있지만 바람, 기후 및 다른 상황이 허용하자마자 한결같이 원래의 항로로 돌아온다는 점을 알아차렸기 때문에 그 선장이 자기와 다른 승객들을 알지에*로 운송하고 있다고 믿지 않을 수 없는 상황과 마찬가지이다.

---

* Algiers : 이슬람교도 해적들이 기독교인들을 사로잡아 노예로 팔아넘기던 노예시장을 지칭한다.

제19장

정부의 해체에 관하여

211. 정부(또는 통치)의 해체에 관해서 조금이라도 명백한 논의를 전개하고자 하는 자는 먼저 사회의 해체와 정부의 해체를 구분해야 한다. 사람들로 하여금 공동체를 구성하고 느슨한 자연상태에서 나와 하나의 정치사회로 들어가도록 하는 것은 모든 사람이 각각 다른 사람들과 하나의 단체를 결성하여 일체(一體)로서 행동하기 위해서, 곧 하나의 독자적인 국가를 이루기 위해서 맺는 협정이다. 이러한 결합이 해체되는 통상의 그리고 거의 유일한 방식은 외국의 군대가 침입하여 그들을 정복하는 경우이다. 왜냐하면 그러한 경우에는 (그들 자신을 온전히 독립된 일체로서 유지하고 지탱할 수 없기 때문에) 그 안에 존재하던 일체감이 필연적으로 소멸하고 모든 사람은 이전에 처해 있던 상태, 곧 스스로 자신을 꾸려나갈 수 있는 자유, 또다른 사회에서 그 자신이 적합하다고 생각한 바에 따라 그 자신의 안전을 도모할 수 있는 자유를 가진 상태로 되돌아가기 때문이다. 만일 사회가 해체되면, 그 사회의 정부가 남아 있을 수

없다는 점은 확실하다. 그러므로 정복자의 칼은 종종 정부를 그 뿌리부터 베어내고, 사회를 산산조각 내버린다. 굴복당해 뿔뿔이 흩어진 다중(多衆)은 그들을 폭력으로부터 보존했어야 할 사회의 보호를 더 이상 받지 못하고 사회에 의지할 수 없게 된다. 세상 사람들이 정부가 이런 식으로 해체되는 것을 너무나 잘 알고 있고 또 쉽게 인정할 태세가 되어 있기 때문에, 그것에 관해서 더 이상 말할 필요는 없다. 게다가 사회가 해체된 경우에는 정부 역시 남아 있을 수 없다는 점을 입증하기 위한 논변도 더 이상 필요하지 않다. 왜냐하면 그것은 마치 집을 구성하고 있는 자재들이 회오리바람에 의해서 분해되어 날아가거나 지진에 의해서 뒤범벅이 된 한 뭉치가 되었는데도 집의 골조가 남아 있는 일이 불가능한 것과 마찬가지이기 때문이다.

212. 외부로부터의 이러한 전복 이외에도 정부는 다음과 같은 이유로 그 내부로부터 해체된다.

첫째, 입법부가 변경될 때이다. 시민사회는 사회의 구성원들 사이의 평화의 상태인데, 그것은 구성원들 간에 일어나는 모든 분쟁을 종식시키기 위해 입법부를 통해서 심판제도를 제공함으로써 전쟁상태가 배제된 상태이다. 국가의 구성원들이 단결하고 서로 결합하여 하나의 일관되고 유기적인 일체로 되는 것은 바로 입법부를 통해서다. 따라서 입법부는 국가에 형태, 생명 및 통일성을 부여하는 영혼이다. 이것을 통해서 구성원들은 상호 영향력을 행사하고, 공감을 느끼며, 또 결속된다. 그러므로 입법부가 파괴되거나 해체될 때에는 사회의 해체와 죽음이 뒤따른다. 사회의 본질과 일체감은 단일의 의지를 가지는 것에 있는데, 말하자면 입법부야말로 일단 다수에 의해서 확립되면 그 의지를 선언하고 존속시키기 때문이다. 입법부의 설립이야말로 사회의 가장 최초의 기본적인 행위이며, 인민의 동의와 임명에 의해서 권위가 부여된 사람들은 자신들의 지도와 법의 유대를 통해 사람들의 일체감을 지속시키기 위한 조치들을 마련한다. 만약 인민의 동의와 임명이 없다면, 인민 중 한 사람이든 여러 사람이든, 누구도 나머지 사람들을 구속하는 법을 제정할 권위가 없다. 한 사람이든 여러 사람이든 인민이 임명하지 않았는데도 법을 제정한다면, 그들은 권위 없이 법을 제정하는 셈이며, 따라서 인민은 복종할 의무가 없다. 이로 인해서 인민은 다시 복종에서 벗어나 스스로 그들이 최선이라고 생각하는 바에 따라 새로운 입법부를 구성할 수 있다. 권한도 없이 인민에게 무언가를 강요하는 자들의 위력(force)에 대해 인민은 저항할 수 있는 충분한 자유가 있기 때문이다. 만약 사회의 위임을 통해 공공의지를 선언할 수 있는 권한을 가진 자들이 거기서 축출되고 아무런 권한이나 위임 없이 다른 사람들이 그 자리를 찬탈한다면, 모든 사람은 자신의 의지에 따라 행동해도 무방하게 된다.

213. 이러한 사태는 국가에서 권력을 가진 자들이 권력을 남용함으로써 초래된다. 하지만 그러한 사태가 일어난 정부형태를 알지 못한다면, 그 문제를 제대로 고찰하기가 어렵고 누구에게 책임을 물어야 하는지도 알

기 어렵다. 따라서 입법권이 서로 상이한 세 당사자의 협의 아래 놓여 있는 것으로 가정해보자.

1. 1인의 세습자 : 그는 항구적인 최고의 집행권을 가지고 있으며, 그것과 더불어 일정한 기간 내에 아래의 두 회의를 소집하고 해산할 수 있는 권력을 가지고 있다.
2. 세습 귀족의 집회
3. 인민에 의해서 일시적으로 선출된 대표자들의 집회

이상과 같은 정부형태를 가정해보면 다음과 같은 사실이 명백해진다.

214. 첫째, 그와 같은 단일 인물이나 군주가 입법부에 의해 선언된 사회의 의지인 법을 자신의 자의적인 의지로 대체할 때, 입법부는 변경된다. 왜냐하면 실질적으로 입법부는 자신이 제정한 규칙과 법이 집행되고 복종될 것을 요구하는데, 사회에 의해서 구성된 입법부가 제정한 것과 다른 법이 제정되고 다른 규칙이 주장되어 시행되는 경우에는 입법부가 변경된 것임이 분명하기 때문이다. 누구든지 사회의 기본적인 배치에 따라 권위를 부여받지 않았음에도 불구하고 새로운 법을 도입하거나 예전의 법을 폐기하는 자는, 그러한 법들이 제정되도록 한 권력을 부정하고 전복하여 새로운 입법부를 창설한 것이나 다름없다.

215. 둘째, 입법부가 정해진 시기에 집회를 가지는 것 또는 그것이 설립된 목적에 의거하여 활동하는 것을 군주가 방해한다면, 그 경우 입법부

는 변경된다. 왜냐하면 입법부의 존립에 있어 중요한 것은 단순히 일정한 수의 사람들 또는 그들의 집회 자체라기보다는 그들이 사회 복지를 위한 사안을 토의할 수 있는 자유와 그것을 완수할 수 있는 시간적 여유이기 때문이다. 입법권의 적절한 행사를 방해하기 위해서 그러한 자유와 시간적 여유를 박탈하거나 변경한다면, 입법부는 참으로 변경된 것이다. 왜냐하면 정부를 구성하는 것은 단순히 명칭이 아니라 그러한 명칭에 수반되도록 의도된 권력들이 적절히 사용되고 행사되는 것이기 때문이다. 그러므로 입법부의 자유를 박탈하거나 적절한 시기에 입법부가 활동하는 것을 방해하는 자는 결과적으로 입법권을 박탈하는 것이며 정부를 종식시키는 것이다.

216. 셋째, 군주가 자의적 권력에 따라 인민의 동의 없이 또는 인민의 공통된 이익에 반해 선거인단이나 선거방법을 변경하면, 입법부 역시 변경된 것이다. 왜냐하면 사회로부터 권한을 부여받지 않은 다른 사람들이 선거를 하거나 사회가 지정한 방식과 다른 방식으로 선거를 한다면, 그렇게 선출된 자들은 인민에 의해서 임명된 입법부가 아니기 때문이다.

217. 넷째, 만약 군주나 입법부가 인민을 외국세력에 넘겨서 예속시킨다면, 그것은 분명히 입법부의 변경이자 정부의 해체이다. 왜냐하면 인민이 사회에 가입하는 목적은 자유롭고 독립적인 하나의 온전한 사회를 보존하는 것 그리고 그 자체의 법에 의해서 통치 받는 것인데, 그들이

다른 나라의 권력에 넘겨지면 이 목적이 상실되기 때문이다.

218. 상술한 경우와 같은 통치구조에서는 정부의 해체가 어떻게 해서 군주의 책임으로 귀착되는지 그 이유가 분명하다. 왜냐하면 군주는 무력, 재정 및 관직을 활용할 수 있는 권력을 가지고 있을 뿐만 아니라 종종 최고의 위정자로서 어느 누구도 그를 통제할 수 없다는 점을 스스로 또는 다른 사람들의 아첨에 의해서 확신하게 되기 때문이다. 오직 그 혼자만이 합법적인 권위라는 구실 아래 그러한 변화를 위해 과감한 조치를 취할 수 있는 지위에 있으며, 반대자들을 당파적이고 선동적인 분자 그리고 정부에 대한 적으로 규정하고 위협하여 탄압할 수 있는 권력도 수중에 가지고 있다. 그러나 입법부의 어떤 부분[상원이나 하원]이나 인민이 스스로의 힘으로 입법부를 변경하고자 기도하면 그것은 쉽게 눈에 띄는 공공연한 반란과 마찬가지로 반드시 주목을 받게 된다. 또한 그러한 기도가 성공하게 될지라도, 그것은 외국에 의한 정복과 크게 다르지 않은 결과[공공연한 물리적 충돌을 수반하는 결과]를 초래하게 된다. 게다가 그러한 정부형태 아래서 군주는 입법부의 다른 부분[상원이나 하원]을 해산할 권력을 가지고 있으며 그럼으로써 그들을 사적인 개인들로 만들 수 있기 때문에 그들로서는 군주에 적대해서 또는 그의 협력을 얻지 않고는 입법부를 법에 의거하여 변경할 수 없다. 왜냐하면 그들이 공포하는 어떠한 법령이든 그것이 효력을 얻기 위해서는 군주의 동의를 필요로 하기 때문이다. 그러나 입법부의 다른 부분이 정부를 공

격하려는 시도에 어떤 방식으로든 가담하여 그러한 시도를 촉진시키거나, 아니면 저지할 수 있는 능력이 있음에도 그러한 시도를 저지하기 위해서 아무런 노력을 기울이지 않는다면, 그들은 그러한 시도에 대한 책임이 있으며 공범이나 다름없다. 그것은 분명히 인간이 다른 인간에 대해서 저지를 수 있는 가장 큰 범죄이다.

219. 그러한 정부가 해체되는 방식에는 또 하나가 있는데, 그것은 최고의 집행권을 가진 자가 자신의 임무를 게을리하고 방기함으로써 이미 제정된 법이 더 이상 집행될 수 없을 때이다. 이것은 분명히 만사를 무정부상태로 귀착시키는 것이며 결과적으로 정부를 해체하는 것이다. 왜냐하면 법이라는 것은 그 자체를 위해서 만들어진 것이 아니라 그 집행을 통해서 사회 유대를 강화하고, 정치체의 모든 부분에 제각기 적절한 위치와 기능을 부여하기 위한 것이기 때문이다. 그런데 그 업무가 전적으로 정지될 때, 정부 역시 가시적으로 중단되며 인민은 아무런 질서나 결속도 가지지 못한 혼란에 빠진 군중이 되고 말 것이기 때문이다. 사람들에게 권리를 확보해주기 위한 사법행정(司法行政)이 더 이상 없다든가 물리력을 행사하거나 일반 공공에게 필요한 것들을 제공해줄 수 있는 지속적인 권력이 더 이상 공동체에 없을 때, 거기에는 분명히 정부라고 할 만한 것이 남아 있지 않다. 법이 집행될 수 없는 경우 그것은 법이 없는 것이나 다름없다. 그리고 법이 없는 정부란, 생각건대, 정치에서는 하나의 신비에 불과하다. 그것은 인간의 능력으로는 상상할 수 없는 것

이며 또한 인간사회와도 양립할 수 없는 것이다.

220. 이런 경우 또는 이와 비슷한 경우에 일단 정부가 해체되면, 인민은 자신들의 안전과 복지를 위해서 가장 최선이라고 판단하는 바에 따라 입법부의 인원이나 형태 중 어느 것 또는 그 양자를 동시에 변경시킴으로써 이전과 다른 새로운 입법부를 창립하여 자유롭게 자신들을 위해서 대비할 수 있다. 왜냐하면 사회는 다른 사람의 과오로 인해 본래 자신의 보존을 위해 가지고 있는 원래의 권리를 상실할 수 없고, 확립된 입법부와 그 입법부가 제정한 법의 공정한 집행을 통해서 그 보존을 성취할 수 있기 때문이다. 그런데 인류의 상태가 어떤 구제책을 추구하든 이미 시간이 너무 늦어버려, 그 구제책을 사용할 수 없을 만큼 비참한 상황으로 내몰리는 것은 아니다. 탄압과 음모에 의해 또는 외국으로 양도되어 예전의 입법부가 없어진 상황에서 인민에게 새로운 입법부를 설립함으로써 자신들의 삶에 대비하라고 말하는 것은 너무 늦어 해악의 치료시기를 놓쳤을 때 구제를 기대해보라고 말하는 것이나 다름없다. 이것은 결과적으로 먼저 인민에게 노예가 되라고 말하고 그 다음에 자유를 지키라고 말하는 것이나 다름없다. 또 사슬로 묶여진 후에 그들에게 자유인처럼 행동하라고 말하는 것이나 다름없다. 이런 사태는 설사 가능하다고 해도 구제라기보다는 조롱하는 것이나 다름없다. 폭정(tyranny)에 완전히 속박될 때까지 그것으로부터 도망갈 수단이 없다면, 인간은 결코 폭정으로부터 안전할 수 없다. 그러므로 인간은 폭정으로부터 벗어날 권리뿐만

아니라 그것을 예방할 권리도 가지고 있다.

221. 그러므로 정부가 해체되는 또다른 두 번째의 방법이 있다. 그것은 입법부와 군주, 둘 중 어느 한편이 그들의 신탁에 반해서 행동하는 것이다. 첫째, 입법부가 신민의 재산을 침해하고, 자신들이나 공동체의 특정 부분을 인민의 생명, 자유, 재산(fortunes)의 주인 또는 자의적인 처분자로 만들고자 기도함으로써 그들에게 맡겨진 신탁에 반해 행동하는 경우이다.

222. 인간이 사회에 들어가는 이유는 그들의 재산을 보존하는 데 있다. 인민이 입법부를 선출하고 권위를 부여하는 목적은 그 사회의 모든 구성원들이 가진 재산의 보호수단이자 울타리로서 법과 규칙을 제정하는 것이다. 법과 규칙은 사회의 각 구성원이 행사하는 권력을 제한하고 지배력을 억제하기 위한 것이다. 그런데 모든 개인이 사회에 들어감으로써 확보하고자 의도한 것 그리고 인민이 그것을 위해서 그들이 선정한 입법자들에게 복종하기로 한 것을 입법부가 파괴할 권력을 가져야 한다는 것이 사회의 의지라고는 결코 상상할 수 없다. 입법자들이 인민의 재산을 빼앗거나 파괴하고자 기도할 경우 또는 인민을 자의적 권력 아래 놓인 노예로 만들고자 할 경우, 그들은 인민과 전쟁상태에 돌입하는 것이며, 인민은 그로 인해서 더 이상의 복종의무로부터 면제되고, 급기야 무력과 폭력에 대비하여 신이 모든 인간을 위해서 마련해놓은 공통

의 피신처로 대피할 수밖에 없게 된다. 그러므로 입법부가 야심, 공포, 어리석음 또는 부패를 통해 인민의 생명, 자유 및 자산에 대한 절대적인 권력을 자신들의 수중에 장악하거나 아니면 그밖의 다른 자들의 수중에 넘겨줌으로써 사회의 기본 규칙을 침해하게 되면 그들은 인민이 그것과는 상반된[재산의 보존을] 목적으로 그들의 수중에 맡긴 권력을 신탁 위반으로 상실하게 된다. 그 권력은 이제 인민에게 되돌아가며 인민은 그들이 원래 보유했던 자유를 회복할 권리와 (그들이 적합하다고 생각하는 바에 따라) 새로운 입법부를 설립함으로써 바로 그들이 사회에 가입한 목적이었던 그들 자신의 안전과 안보를 강구할 수 있는 권리를 가지게 된다. 내가 여기서 입법부에 관해서 말한 것은 일반적으로 최고 집행권자에 관해서도 적용된다. 그는 입법부에서 담당하는 역할과 법 집행의 최고 책임자라는 지위로 인해서 이중의 신탁을 부여받았으므로 자신의 자의적인 의지를 사회의 의지로 내세우고자 할 때 그는 양자를 다 위반하는 것이다. 또한 그가 사회의 무력, 재정 및 관직을 활용하여 대표자들을 부패시키거나 또는 그의 목적에 맞게 행동하도록 매수할경우 그는 신탁을 위반하는 것이다. 또한 그가 선거인들에게 공개적으로 무언가를 사전에 약속하거나, 청탁·위협·약속 등 기타 수단을 통해서 자신의 의도에 적합한 인물로 내정한 그러한 사람을 선택하도록 그들에게 지시하는 경우에도 신탁에 반해 행동하는 것이다. 투표를 어떻게 하고 무엇을 제정할 것인가를 사전에 공모하고 공모자들을 임용하여 입법부에 내보내는 경우에도 마찬가지이다. 입후보자와 선거인들을 통제하고 선거방식을 새로이 뜯어고치는 것이 정부를 그 뿌리부터 잘라내고 공공의 안전을 그 원천부터 오염시키는 것이 아니라면 대체 무엇이겠는가? 왜냐하면 인민은 그들의 재산에 대한 울타리로서 그들의 대표자를 선출할 수 있는 권리를 보유하고 있기 때문이다. 그것도 그 대표자들을 항상 자유롭게 선출하고, 나아가 그렇게 선출된 대표자들이 충분한 검토와 토의를 통해서 국가의 필요와 공공선이 요구한다고 판단되는 바에 따라서 자유롭게 활동하고 조언도록 하며, 그 이외의 다른 목적으로 권력을 행사하지 않도록 하기 위해서 보유하고 있는 것이다. 이러한 일은 토의에 귀를 기울이고 모든 방향에서 제시된 이유를 비교·검토하기 전에 표를 던지는 자들은 할 수 없는 것이다. 하지만 앞에서 말한 그러한 집회를 준비하고 나아가 그 자신의 공공연한 지지자들을 인민의 진정한 대표자이자 사회의 입법자 자리에 내세우고자 기도하는 것은 경험할 수 있는 사태 중에서 가장 확실하게 중대한 신탁위반이며 정부의 전복을 꾸미는 완벽한 선언임이 분명하다. 거기에다 동일한 목적을 위해 공공연히 상벌을 이용하는 것은 물론 그러한 기도에 방해가 되는 자들─곧 자기 나라의 자유를 배신하는 데 순종하거나 동의하지 않는 모든 자들─을 제거하고 파괴하기 위해서 법을 왜곡한 온갖 술책들을 동원한다면, 이미 어떤 일이 일어나고 있는지에 대해서는 의심의 여지가 없을 것이다. 최초의 제도에서 권력에 맡겨진 신탁에 반해 권력을 악용한 자들이 사회 속에서 어떤 권력을 가지게 될 것인가를 예견하기란 그리 어렵지 않다. 어떤 일을 일단 시도한 이와 같은 자를 더 이상 신뢰할 수 없다는 점 역시 자명하다.

223. 이에 대해서 아마 다음과 같은 반론이 제기될 것이다. 인민은 무지하고 항상 불만에 차 있기 때문에 인민의 불안정한 의견과 불확실한 변덕 위에 정부의 토대를 쌓는 것은 정부를 파멸에 빠뜨리는 것이 확실하다는 반론이 그것이다. 게다가 인민이 기존의 입법부에 대해서 분노를 느낄 때마다 새로운 입법부를 세울 수 있다면 어떠한 정부도 오랫동안 지속될 수 없다는 것이다. 나는 '그와 정반대'라고 답변하겠다. 인민은 일부 사람들이 주장하고 싶어 하는 것처럼 쉽사리 기존의 정부 형태를 벗어던지고자 하지 않는다. 그들은 이미 그들이 익숙해진 체제의 잘 알고 있는 결함을 시정하는 데 쉽게 설득되지 않는다. 그리고 원초적인 결함이 있거나 시간의 흐름이나 부패에 의해서 우발적인 결함이 발생한 경우, 심지어 온 세상이 그 결함을 고칠 수 있는 기회라고 인정해도, 그것을 고치는 것은 결코 쉬운 일이 아니다. 인민은 낡은 제도를 버리는 것을 이처럼 지체하거나 꺼리므로, 현재는 물론 과거에 이 왕국에서 일어난 많은 혁명에도 불구하고, 우리는 왕·귀족·평민들로 구성된 예전의 입법부를— 비록 성과가 없는 몇몇 시도 때문에 일시 단절된 적도 있지만 다시 복원시켜서— 여전히 유지하고 있다. 분노에 찬 봉기로 몇몇 군주의 머리 위에서 왕관이 벗겨진 적이 있기는 하지만, 그렇다고 인민들이 그 왕관을 다른 왕가로까지 옮긴 적은 결코 없었다.

224. 그렇다 해도 이와 같은 가설이 빈번한 반란을 부추기는 촉매가 된다고 누군가 말할 것이다. 이에 대해서 나는 다음과 같이 답변하겠다. 첫째, 다른 가설과 마찬가지로 이 가설도 그렇지 않다. 왜냐하면 인민들이 비참한 상태에 떨어져서 자의적인 권력의 남용으로 피해를 입고 있다는 점을 자각한 후에는 당신이 제 아무리 목소리를 드높여 그 통치자들을 주피터의 아들이라고 칭송하거나 하늘로부터 강림한 또는 권위를 부여받은 신성한 존재로 내세우거나 간에—당신이 어떻게 찬양하든 상관없이—똑같은 일이 일어날 것이기 때문이다. 일반적으로 학대를 받으며 권리를 유린당하고 있는 인민은 기회가 닿기만 하면 언제나 그들을 무겁게 짓누르고 있는 압박을 벗어던지고자 한다. 그들은 그러한 기회를 간절히 바라며 추구하는데, 그러한 기회란 인간사의 변화무쌍함과 우연 및 어리석음으로 발생한 빈번한 사고로 인해 오래 기다리지 않아도 반드시 닥쳐오게 마련이다. 자신의 일생 동안 이러한 실례를 목격한 적이 없는 사람은 아직 세상을 오래 살아보지 않은 것임이 분명하다. 그리고 세상의 모든 종류의 정부에서 그 실례를 생각해낼 수 없는 자는 아직 책을 조금 밖에 읽어보지 못한 것임이 분명하다.

225. 둘째, 나는 그러한 혁명은 공공사를 처리함에 사소한 잘못이 있을 때마다 매번 일어나는 것은 아니라고 답변하겠다. 설사 통치자에게 커다란 과오가 있을지라도, 많은 잘못과 폐단을 야기하는 법을 제정하더라도, 인간적인 약점으로 말미암아 수많은 사소한 비리가 저질러지더라도,

인민은 반항이나 이의를 제기하지 않고 묵묵히 감당한다. 그러나 만약 오랜 기간에 걸쳐 계속된 남용·속임수·술책 등 이 모든 것들이 동일한 경향을 가지고 있으며 이를 통해 통치자의 의도가 인민들에게 뻔히 보이게 된다면, 그리하여 인민들이 무슨 일을 당하고 있는가를 느끼지 않을 수 없고 그들이 어디로 끌려가고 있는가를 불가불 깨닫게 된다면, 그들은 들고 일어나 최초에 정부가 수립된 목적을 확실히 보장해줄 수 있는 자들의 수중에 통치를 맡기고자 할 터인데, 이는 전혀 이상한 일이 아니다. 그러한 목적이 달성되지 못한다면 유서 깊은 명칭이나 그럴 듯한 정부형태도 자연상태나 순수한 무정부상태보다 낫기는커녕 오히려 훨씬 더 나쁠 것이다. 폐단은 자연상태에서와 마찬가지로 크고도 가까이 있지만, 그 치유책은 자연상태에서보다도 훨씬 더 멀리 떨어져 있고 훨씬 더 힘겹기 때문이다.

226. 셋째, 입법자들이 인민의 재산을 침해함으로써 그들의 신탁에 반해 행동할 때, 인민이 새로운 입법부를 세워서 새롭게 그들의 안전을 보장받을 수 있는 권력을 가진다는 이 교리가 반란에 대한 최선의 방비책이며 그것을 저지할 수 있는 가장 확실한 수단이라고 나는 답변하겠다. 왜냐하면 반란이라는 것은 사람에 대한 반대가 아니라 오직 정부의 기본 제도와 법에 근거를 둔 권위에 대한 반대이기 때문이다. 따라서 누구든 그러한 제도와 법을 망가뜨리고 그 침해를 정당화하는 데 무력을 사용하는 사람은 참으로 그리고 문자 그대로 반란자(rebel)이다. 왜냐하

면 인간은 사회와 시민정부에 들어감으로써 무력의 사용을 포기하고 그들 간에 재산, 평화 및 통일성을 보존하기 위해서 법을 제정했기 때문이다. 그러나 무력을 내세워 법에 대항하는 자들은 반란을 일으키는 (rebellare),* 곧 전쟁상태로 되돌아가려는 것이며 그렇기 때문에 문자 그대로 반란자이다. 권력을 가진 자들은 (그들이 지닌 권위에 대한 명분, 그들의 수중에 있는 무력의 유혹 그리고 그들 주위에 있는 자들의 아첨에 의해서) 그러한 반란행위를 저지를 가능성이 높다. 그러한 해악을 방지하는 가장 적절한 방법은 그러한 유혹을 가장 크게 느끼는 자들에게 그것이 지닌 위험과 부정의를 가르쳐주는 것이다.

227. 앞에서 말한 두 가지 경우, 곧 입법부에 변경이 가해진 경우와 입법자들이 그들이 임명된 목적에 상반되게 행동하는 경우에, 그것에 책임이 있는 자들은 반란의 죄를 범한 셈이다. 왜냐하면 누구든 무력으로 어떤 사회로부터 확립된 입법부 그리고 신탁에 근거해서 제정된 법을 제거하려는 자가 있다면, 그는 그러한 행위를 통해서 심판권(umpirage)— 즉 모든 사람이 그들 상호간에 전쟁상태가 야기되는 것을 방지하고 모든 분쟁을 평화적으로 해결하기 위해서 동의로 설정한 것— 을 박탈하는 것이기 때문이다. 입법부를 제거하거나 변경하는 자는 인민의 임명과 동의 없이

---

* rebellare : 're'는 '다시'의 의미를, 'bella'는 '전쟁'의 의미를 담고 있다. 따라서 '전쟁을 재개한다'라는 의미를 가지고 있다.

는 어느 누구도 가질 수 없는 이러한 재결권(decisive power)을 박탈하는 것이다. 나아가 그들은 인민이 세운 그리고 그 외의 어느 누구도 세울 수 없는 권위를 파괴함으로써 그리고 인민이 권위를 부여하지 않은 권력을 도입함으로써, 실제로 전쟁상태, 곧 아무런 권위도 존재하지 않는 무력(武力; force)의 상태를 도입하는 셈이다. 그리고 그들은 사회에 의해서 설립된 입법부(그 결정에 인민이 마치 자기 자신들의 의지에 따른 것처럼 순종하고 또 단합하고 있는)를 제거함으로써 사회의 결속을 해체하고 인민을 새로운 전쟁상태로 몰아넣은 것이 된다. 만약 무력으로 입법부를 제거한 사람들이 반란자[또는 반역자]라면, 인민의 자유 및 재산의 보호와 보존을 위해서 임명된 입법자들이 무력으로 인민의 자유와 재산을 침해하고 박탈하려고 할 경우에 그들 역시 앞에서 밝힌 것과 마찬가지로 반란자로 간주되어야 할 것이다. 그리고 그들은 애초에 바로 그들을 평화의 보호자와 후견인으로 임명한 인민과 전쟁상태에 들어가게 된 것이기 때문에 문자 그대로 그리고 죄질이 가장 나쁜 의미에서 '전쟁상태를 재개하는 반란자들(rebellantes)'이 되는 것이다.

228. 그러나 나의 교의가 반란의 토대를 제공해준다고 말하는 사람들의 입장은 다음과 같다. 즉 자신들의 자유와 재산에 불법적인 기도가 행해질 때 인민은 복종의 의무로부터 면제되고, 위정자들이 자신들에게 맡겨진 신탁에 반해 인민의 재산을 침해하는 경우에 위정자들의 불법적인 폭력에 대항해도 좋다고 인민들에게 말하는 것은 내전이나 내분을 부추

긴다는 것이다. 따라서 이러한 교의는 세계의 평화를 파괴하기 때문에 허용되어서는 안 된다는 것이다. 하지만 그럴 바에야 그들은 동일한 논거에서 정직한 인간이 강도나 해적에 대항하면 무질서와 유혈사태를 초래하므로 그래서는 안 된다고 말하는 편이 차라리 더 나을 것이다. 그러나 그 경우에 어떤 불행한 사태가 일어나면 그 책임은 그 자신의 권리를 방어한 자가 아니라 이웃사람의 권리를 침해한 자에게 물어야 한다. 만약 결백하고 정직한 사람이 평화를 위해서 그가 가진 모든 것을 뺏으려는 자에게 순순히 양보해야 한다면, 나는 오직 폭력과 약탈이 존재하는 그러한 세계에는 도대체 어떤 종류의 평화가 있을 것인가를 고찰해보기를 바란다. 그러한 세계는 강도와 압제자들의 이익을 위해서 유지될 것이다. 어린 양이 아무런 저항 없이 그의 목을 사나운 늑대에게 물어뜯도록 내밀었을 때, 누가 그것을 강자와 약자 사이에 존재하는 멋진 평화라고 생각하지 않겠는가? 폴리페모스*의 동굴 이야기는 우리에게 그러한 평화와 그러한 정부의 완벽한 본보기를 보여주고 있다. 거기서 오디세이와 그의 동료들은 아무것도 하지 않은 채 얌전히 잡아먹힐 때를 기다렸다. 물론 신중한 인물인 오디세이는 그들에게 수동적으로 복종하라고 타일렀으며, 평화가 인류에게 얼마나 중요한 것인가를 그들에게 말하면서 그리고

---

* Polyphemos : 그리스 신화에 나오는 애꾸눈을 가진 식인종으로서 시칠리아 섬에 사는 거인족인 키클로프스(Cyclops) 종족의 우두머리를 말한다. 호메로스의 『오디세이아 (Odysseia)』에서 주인공 오디세우스는 그의 동료들과 함께 폴리페모스에게 붙잡혀 동굴에 감금되었지만, 당황하지 않고 계략을 써서 불붙은 나무토막으로 폴리페모스의 한쪽 눈을 찔러 눈을 멀게 한 후 탈출에 성공한다. Homeros, *Odysseia*, 제9권을 보라.

그들이 이제 그들에 대해서 권력을 가지고 있는 폴리페모스에게 저항하면 일어날지도 모르는 해악을 설명하면서 묵묵히 굴종할 것을 권했던 것이다.

229. 정부의 목적은 인류의 복지이다. 그렇다면 인민이 항상 폭정의 무제한적인 의지에 신음하는 것과, 통치자가 권력을 방만하게 행사하고 권력을 인민의 재산을 보존하기 위해서가 아니라 파괴하기 위해서 사용할 때 종종 저항을 하는 것 중 과연 어느 쪽이 인류에게 최선인가?

230. 이러한 교의로 인해서 남의 일에 참견하거나 소동을 일으키기 좋아하는 자는 기꺼이 정부의 전복을 바라게 될 것이고 그 결과 불행한 사태가 그들이 원하는 만큼 자주 일어날 수 있다는 식의 주장은 이제 그만두기로 하자. 그런 사람들은 원할 때면 언제나 선동하겠지만, 그것은 단지 그들의 파멸과 멸망을 자초할 뿐이다. 왜냐하면 폐해가 만연되고 통치자의 사악한 음모가 명백히 드러나거나 또는 그들의 기도가 대다수의 사람들에게 감지되지 않는 한, 인민은 저항하여 이를 시정하기보다는 오히려 고통을 감당하는 경향이 있고 따라서 쉽게 동요하지 않기 때문이다. 개별적인 부정의나 산발적으로 이곳저곳에서 운수 사나운 사람들이 당하는 탄압으로 인해서 인민은 동요하지 않는다. 그러나 만약 인민이 그들의 자유를 침해하고자 하는 음모가 진행 중이라는 사실을 명백한 증거에 의해서 보편적으로 확신하게 된다면 그리고 사물의 일반적인

경로와 경향이 그들에게 통치자의 사악한 의도에 대해서 강력한 의혹을 불러일으키지 않을 수 없게 한다면, 누가 이러한 사태에 대해서 책임을 져야 하는가? 의혹을 피할 수 있었던 사람들이 스스로 그러한 의혹을 자초한다면 누가 그것을 구제할 수 있겠는가? 만약 인민이 이성적인 피조물로서의 분별력을 가지고 있고 따라서 그들이 실제로 보고 느끼는 것과 달리 사태를 생각할 수 없다면, 그로 인해서 인민이 비난받아 마땅한가? 그것은 오히려 사태를 그러한 상태로 만들어놓고도 실제대로 생각되지 않길 바라는 자들의 책임이 아닐까? 나는 사사로운 개인들의 자만심, 야심 및 거친 성격이 때로는 국가에 커다란 혼란을 초래했으며 파벌간의 투쟁이 국가나 왕국에 치명적인 피해를 입혔다는 점을 시인한다. 그런데 그러한 폐해는 인민의 방종과 통치자의 합법적 권위를 무시하는 인민의 욕구에서 더 많이 발생했는가 아니면 통치자들의 오만한 태도, 즉 인민에 대해서 자의적인 권력을 획득하고 행사하고자 하는 그들의 획책에서 더 많이 발생했는가? 무질서를 최초로 야기한 것이 탄압인가 아니면 불복종인가에 대한 답변을 나는 불편부당한 역사가 결정하도록 남겨두겠다. 그러나 통치자든 신민이든, 무력으로 군주나 인민의 권리를 침해하고자 도모하면서 정당한 정부의 구조와 틀을 전복시키기 위한 원인을 제공하는 자는 인간이 범할 수 있는 가장 커다란 죄악에 대한 책임이 있다고 나는 확신한다. 그 사람은 정부를 산산조각 냄으로써 한 나라에 초래된 유혈사태·약탈·황폐화 등 모든 재난에 대해서 책임을 져야 하기 때문이다. 그리고 그런 일을 저지른 자는 인류 공통의

적이나 해충으로 간주되어야 하며 그에 따른 응분의 대가를 치러야 할 것이다.

231. 신민이나 외국인들이 무력으로 인민의 재산을 침해하려고 기도하는 경우 무력으로 저항할 수 있다는 것은 온갖 부류의 사람들이 동의하고 있다. 그러나 동일한 일을 저지르는 위정자에게 저항해도 좋다는 주장은 최근 부인된 바 있다. 마치 법에 따라 최대의 특권과 이득을 누리고 있는 자들은 그것을 근거로 하여 법을 파기할 권력을 가지고 있으며 그것만으로도 그들의 동포들보다 더 유리한 지위에 서는 것처럼 말이다. 그러나 그들의 범죄는 그로 인해서 더욱 가중되는데, 왜냐하면 그들은 법에 의해서 가지고 있는 커다란 몫에 대해서 감사하게 생각하기는커녕, 그들의 동포들이 그들의 수중에 맡긴 신탁을 파기하는 셈이기 때문이다.

232. 정당한 권리 없이 무력을 사용하는 자는 누구든지, 법에 근거하지 않고 무력을 행사하는 사회의 모든 성원과 마찬가지로, 그가 무력을 사용하는 상대방에게 전쟁상태를 도발하는 셈이다. 그 상태에서 이전의 모든 유대는 취소되고, 그 밖의 모든 권리가 중지되며, 모든 사람은 스스로를 방어하고 침략자에게 저항할 권리가 있다. 이 점은 너무나 명백하기 때문에 국왕의 권력과 신성불가침성을 열렬히 옹호하던 바클레이조차도 인민이 일정한 경우에 그들의 왕에게 저항하는 것은 합법적이라고

시인하지 않을 수 없었다.* 그것도 그가 신법은 모든 인민에게 어떤 방식으로든 반란을 일으키는 것을 금지한다는 점을 보여주고자 시도한 장(章)에서 말이다. 그러므로 바클레이 자신의 교의에 의해서도 인민이 일정한 경우에 저항할 수 있으며 군주에 대한 모든 저항이 반란이 아니라는 점은 명백하다. 그의 말은 다음과 같다 :

[이하 로크에 의한 라틴어 원문 인용]

영어로 옮겨보면 다음과 같다.

233. "그러나 만일 누군가가 인민은 항상 폭정의 잔인함과 광포함에 자신들을 내맡겨야 하는가라고 물어본다고 하자. 그들은 그들의 도시가 약탈당해 잿더미로 화하고, 그들의 처자식들이 폭군의 욕망과 광란의 희생물이 되며, 그들 자신과 가족들이 그들의 왕에 의해서 파멸되어 궁핍과 탄압의 온갖 비참함을 겪게 되어도, 여전히 팔짱만 끼고 수수방관해야 하는가? 자연은 인간 이외의 모든 피조물들에게 스스로를 보존하

---

* William Barclay(1546?-1608) : 스코틀랜드 출신의 법학자이자 정치학자. 그는 프랑스에서 법을 공부했고, 거기서 가르쳤다. 비록 왕권신수설의 철저한 옹호자였지만, 그는 여기 인용된 문구에서 볼 수 있는 것처럼 일정한 상황 아래서 국왕에 대한 반란은 정당화된다고 인정하지 않을 수 없었다. 로크는 그의 가장 중요한 저작인 *De Regno et Regali Potestati, adversus Buchananum, Brutum, Boucherium et reliquos Monarchomachos*(전6권)에서 인용하고 있다.

기 위해 무력에 대해 무력으로 자유롭게 대항할 수 있는 공통의 특권을 허락했기에, 나는 다음과 같이 답변하겠다. 정당방위는 자연법의 일부이며, 상대가 왕이라고 해서 정당방위가 공동체에 거부되는 것은 아니다. 그렇다고 해서 공동체가 왕에게 복수하는 것은 결코 허용되지 않는다. 그것은 자연법에 부합하지 않기 때문이다. 그러므로 만약 왕이 특수한 몇몇 개인들에게 개별적인 증오를 보여주는 것이 아니라 그 자신이 우두머리인 국가 전체에 대항하여 참을 수 없는 학정을 통해서 인민 전체 또는 그중 상당수의 사람들에게 잔인하게 폭정을 자행한다면, 그런 경우에 인민은 그 침해에 대해서 저항하고 방어할 권리가 있다. 그러나 그들은 단지 자신들을 방어할 수 있을 뿐이며 그들의 군주를 공격하지 않도록 주의해야 한다. 인민은 그들이 받은 손해를 보상받을 수 있지만 어떠한 도발에 대해서든 적절한 존경과 존중의 한계를 넘어서는 안 된다. 그들은 현재 진행 중인 공격을 격퇴할 수는 있지만, 과거의 폭력에 대해서 복수해서는 안 된다. 왜냐하면 우리들이 우리의 생명과 신체를 방어하는 것은 자연스럽지만 열등한 자가 우월한 자를 처벌하는 것은 자연에 반하기 때문이다. 인민에게 기도되고 있는 위해에 대해서 인민은 그것이 행해지기 전이라도 예방할 수 있다. 그러나 일단 그것이 행해지면 인민은 그 일에 대해서 비록 왕이 그 악행의 장본인이라 할지라도 그에게 복수해서는 안 된다. 그러므로 이것은 사적인 개인이 가진 것이 아니라 인민 일반이 가진 특권이다. 개개의 특정한 인간들에게는 우리의 논적(論敵)들에 의해서도 (오직 부캐넌*을 제외한다면), 참는 것 이외에는 별다른 구제책이 허용되지 않는다. 그러나 일단의 인민은 참을 수 없는 폭정에 대해서 존경심을 품은 채 항거할 수 있다. 그러나 그것이 단지 온건할 때, 그들은 참아야 한다"(Barclay, *contra Monarchomachos*, 제3 권 제8장).

234. 군주 권력의 저 위대한 옹호자도 이 정도까지의 저항은 허용하고 있는 것이다.

235. 그가 그 저항에 두 가지 한계를 부가한 것은 사실인데, 그것은 결국 아무런 소용도 없는 것이다. 그가 말하기를,

첫째, 저항은 존경심을 품은 채 행해져야 한다.

둘째, 저항은 복수나 처벌 없이 행해져야 한다. 그가 제시하는 이유란 열등한 자가 우월한 자를 처벌할 수 없기 때문이라는 것이다.

첫째, 어떻게 반격을 가하지 않고 무력에 저항할 수 있으며, 어떻게 존경심을 품은 채 타격을 가할 수 있는가를 사람들에게 납득시키기 위해서는 상당히 능숙한 수완이 필요할 것이다. 상대방으로부터의 공격에 대항하기 위해서 공격자의 오만함과 위력에 맞서 칼을 손에 드는 대신,

---

* George Buchanan(1506-82) : 스코틀랜드의 시인이자 인문주의자로서 생애의 대부분을 프랑스에서 보냈다. 1579년에 출판되어 혁명적인 저작으로 칭송되었던 *De Jure regni apud Scotos*에서 그는 권력은 인민에게서 유래하며, 신이 국왕에게 부여한 것이 아니라고 주장했다. 나아가 정부는 인간의 사회적 본성의 결과에서 나오는 자연적 현상이라고 주장하면서, 종교에 대한 정치와 정부의 의존성을 최소화하고자 시도했다.

그 가격을 막는 방패만을 사용하거나 아니면 다른 공손한 자세로 대처하는 자는 즉각적으로 저항의 밑천이 떨어짐은 물론 그러한 방어가 그 자신에게 오히려 악화된 사태만을 초래할 것이라는 점을 깨닫게 될 것이다. 이렇게 싸우는 것은 일찍이 유베날리스*가 [어느 풍자시에서] '그대가 때려 주면 얼마든지 맞아주겠다'라고 표현하면서 가장 어리석고 우스꽝스러운 저항방식이라고 생각했던 그런 것이다. 싸움의 성과는 불가불 그가 거기서 기술하는 바와 똑같다.

> 불쌍한 사내의 자유란 이런 것이려니
> 맞으면 맞을수록 더욱 애걸에 매달리네
> 밀리면서 더욱 엎드려 머리를 조아리네
> 몇 개 남지 않은 이빨이 붙어 있는 동안
>   돌아갈 수 있게 해달라고

이것은 결코 반격을 허용하지 않는 상상 속의 저항이 으레 초래할 결말이다. 따라서 저항을 해도 좋은 사람은 반드시 가격을 하는 것이 허용되어야 한다. 그러고 나서 우리의 저재[곧 바클레이] 또는 어느 누구든 그가 적합하다고 생각하는 바에 따라 많은 존경과 존중을 품은 채 머리

---

* Decimus Junius Juvenalis(50?-130?) : 로마 최고의 풍자 시인으로서 당대 로마 사회의 악덕을 신랄하게 풍자했다.

에 일격을 가하든지, 안면에 한 칼을 가하든지 하게 하라. 일격을 가하는 일과 존경을 표하는 일을 잘 조화시킬 수 있는 자는 아마 어디에서 겪게 되든 그의 수고에 대한 보답으로 예의바르고 존경심에 넘친 곤봉 세례를 받을 것임이 분명하다.

둘째, 열등한 자가 우월한 자를 처벌할 수 없다는 그의 두 번째 주장은 일반적으로 말해서 그가 우월한 자인 한 옳다. 그러나 당사자들을 평준화시키는 전쟁상태에서 무력에 무력으로 맞서는 것은 존경, 존중 및 우월성과 같은 이전의 모든 관계를 해소해버린다. 그러고 나서도 남아 있는 우열관계란 다음과 같다. 정의롭지 못한 침략자에게 대항하는 자가 승리했을 때 그는 평화의 파기와 그에 따른 모든 해악을 이유로 공격자를 처벌할 수 있는 권리를 가지며, 이 점에서 그는 공격자에 대해서 우월성을 가진다는 것뿐이다. 따라서 바클레이는 다른 곳에서 더 일관되게, 어떠한 경우든 왕에게 저항하는 것이 합법적이라는 점을 부정한다. 그러나 그는 왕이 스스로를 퇴위시키는 [것이나 다름없는] 두 가지 경우를 지적하고 있다. 그의 말은 다음과 같다 :

[이하 로크에 의한 라틴어 원문 인용]

236. [앞의 절에 이어 라틴어 원문 인용]

영어로는 다음과 같다.

237. "그렇다면 인민이 정당하게 자신들의 권위에 의거하여 무기를 들고 봉기하여 그들 위에 거만하게 군림하는 왕을 공격하는 경우란 결코 발생할 수 없는가? 왕이 왕으로 남아 있는 한 결코 그런 일은 있을 수 없다. '왕을 존경하라' 그리고 '권력에 저항하는 자는 신의 명령에 거역하는 것이다.' 이러한 말들은 그런 행위를 결코 용납하지 않는 신의 계시이다. 그러므로 인민은 왕이 스스로 더 이상 왕으로서의 지위를 중단시키는 그러한 일을 저지르지 않는 한, 결코 왕에 대해서 그러한 권력을 획득할 수 없다. 그런 일이 벌어지게 되면 왕은 스스로 왕관과 존엄을 상실하게 되고, 일개 사인(私人)의 지위로 되돌아가게 되며, 인민은 자유롭게 되어 우위에 서게 된다. 인민은 그를 왕으로 옹립하기 전에, 곧 궐위기에 가졌던 권력을 되찾는다. 그러나 사태를 이러한 상태로 몰아넣는 실정(失政)이란 거의 없다. 이 문제를 모든 측면에서 고찰할 때 나는 오직 두 개의 사례만을 발견할 수 있다. 왕이 사실상 왕이 되지 못하고 인민에 대한 모든 권력과 왕으로서의 권위를 잃게 되는 경우가 두 가지 있는데, 그것에 대해서는 윈제러스* 역시 주목한 바 있다.

첫째의 경우는, 네로에 대한 기록에 묘사된 것처럼, 왕이 정부를 전복시키고자 기도하는 경우, 곧 그의 왕국과 국가(commonwealth)를 파멸시키고자 하는 목표와 의도를 가지고 있는 경우를 말한다. 네로는 로마의

---

* Winzerus : 16세기 스코틀랜드의 저술가이자 신학자였던 니니안 윈젯(Ninian Winzet, 1518-92)을 지칭하는 것으로 보인다.

원로원과 인민의 목을 잘라버리고, 도시를 전부 불과 칼로써 황폐화시킨 연후에 다른 곳으로 이전하고자 결심 했다고 한다. 칼리굴라*에 관한 기록을 보면, 그는 그 자신이 더 이상 인민이나 원로원의 우두머리가 아니고, 두 계급의 가장 훌륭한 사람들의 목을 벤 후 알렉산드리아로 은퇴하려고 생각하고 있다고 공공연히 선언한 것으로 되어 있다. 또한 그는 인민이 모두 하나의 목을 가지고 있어서 단 일격에 그들을 전부 보내버릴 수만 있다면 얼마나 좋을까라고 생각했다고 한다. 어느 왕이든 이와 같은 음모를 머릿속에 품고 진지하게 추진하고자 한다면, 그는 바로 그 순간에 국가에 대한 일체의 배려와 관심을 포기한 셈이 된다. 따라서 주인이 노예를 버릴 때 노예에 대한 지배권을 상실하듯이, 왕은 그의 신민을 다스릴 권력을 상실하게 된다."

238. "또다른 경우란 왕이 다른 왕에게 종속됨으로써 그의 조상들이 그에게 남긴 왕국 그리고 인민들이 자유롭게 그의 수중에 맡긴 왕국을 다른 사람의 지배 아래로 넘기는 경우이다. 왜냐하면 아마도 인민의 권익을 침해하는 것이 그의 의도는 아니었겠지만, 그렇다 하더라도 그는 이로써 왕으로서의 존엄의 주된 부분, 곧 그의 왕국에서 하느님 다음으로 높은 지위를 상실하게 되기 때문이며, 또한 그는 인민의 자유를 주의 깊게 보존했어야 함에도 인민을 배반하여 그들을 외국의 권력과 지배

---

* Caligula(재위 37-41) : 반미치광이 폭군이었던 로마의 황제.

아래로 강제로 복종시켰기 때문이다. 이와 같이 자기 왕국을 양도하는 행위를 통해서 그는 이전에 가졌던 권력을 상실하게 된다. 그렇다고 해서 그가 원래 그 권력을 넘겨주고자 했던 상대방에게 조금이라도 지배권이 이전되는 것은 아니다. 그러므로 이러한 행위를 통해서 그는 인민을 해방시켜 주는 것이며 그들이 자유롭게 스스로를 처분할 수 있게 하는 것이다. 이러한 예의 하나는 스코틀랜드 연대기에서도 발견할 수 있다."

239. 이러한 사례들의 경우에는 절대군주의 위대한 옹호자인 바클레이조차도 왕에게 저항할 수 있고 왕이 그 자격을 상실했다는 점을 인정하지 않을 수 없었다. 요컨대 사례를 많이 제시할 필요도 없이 말이다. 왕이 권위를 가지지 못하게 되는 경우 그는 더 이상 왕이 아니며 따라서 저항할 수 있다는 것이다. 어디서든 권위가 부정되는 곳에서는 국왕도 왕으로서 행세할 수 없게 되며, 아무런 권위도 없는 여느 인간과 다름없게 된다. 그리고 그가 예를 들고 있는 이 두 사례는 내가 정부를 파괴하는 것으로 이미 앞에서 언급한 것들과 거의 다르지 않다. 다만 다른 점이 있다면 그는 그의 교의가 도출되는 원칙을 생략했다는 것이다. 곧 그것은 합의된 정부형태를 보존하지 않음으로써 그리고 공공선과 재산의 보존이라는 정부의 목적 자체를 추구하는 것을 포기함으로써 신탁을 파기한 것을 가리킨다. 왕이 스스로 왕의 자리에서 물러나서 인민과 전쟁상태에 돌입할 때, 인민이 전쟁상태에서 대치하게 된 다른 사람을 대하는 것과 마찬가지로 더 이상 왕이 아닌 자를 공격하는 것을 무엇이 주저하

도록 만들 것인가? 바클레이나 그와 동일한 의견을 가지고 있는 자들이 이 질문에 관해서 답변을 해주면 좋겠다. 바클레이에 관해서는 그가 적어도 이 정도까지 말했다는 점을 주목해주었으면 한다. "인민에게 기도되고 있는 위해에 대해서 인민은 그것이 행해지기 전이라도 예방할 수 있다." 이를 통해서 그는 폭정이 단지 기도되고 있는 단계에 있을 때에도 저항을 허용하고 있다. "어느 왕이든 이와 같은 음모를 그의 머릿속에 품고 진지하게 추진하고자 한다면 그는 바로 그 순간에 국가에 대한 일체의 배려와 관심을 포기한 셈이 된다"라고 그는 말한다. 그 결과, 바클레이에 따르면 공공선을 소홀히 하는 것은 그러한 기도(企圖)의 증거로 그리고 적어도 저항의 충분한 원인으로 받아들여져야 한다. 그리고 그 모든 이유를 그는 다음과 같은 말로 표현하고 있다. "그는 인민의 자유를 주의 깊게 보존했어야 함에도 인민을 배반하여 그들을……강제로 복종시켰기 때문이다." 여기서 그가 "외국의 권력과 지배 아래로"라고 보탠 것은 아무런 의미도 없다. 왜냐하면 [왕의] 과오와 [왕위] 상실의 원인은 그가 마땅히 보존했어야 하는 인민의 자유를 잃게 했다는 데 있는 것이지, 그들이 복종했던 지배자가 누구인가라는 문제와는 아무런 관련이 없기 때문이다. 인민은 그들이 자기 나라에서 누군가의 노예가 되든 아니면 외국의 노예가 되든 똑같이 자신들의 권리를 침해당하고 자유를 잃는다. 여기에 침해가 있게 되며 이에 대항해 그들은 방어의 권리를 가진다. 그리고 범죄를 구성하는 것은 통치하는 사람의 국적이 바뀌는 데 있는 것이 아니라 정부가 바뀌는 데 있다는 점을 보여주는 실례를 모든 나라에서 찾아볼 수 있다. 우리 교회의 빌슨* 주교도 군주의 권력과 대권을 열렬히 옹호하는데, 만약 내가 잘못 이해하는 것이 아니라면 『기독교인의 복종(*Christian Subjection*)』이라는 그의 논저에서 군주들은 그들이 저지른 죄로 인해서 그들의 권력 그리고 신민들에게 복종을 요구할 수 있는 자격을 상실할 수 있다고 인정하고 있다. 이처럼 이유가 분명한 주장에 관해서 아직도 권위가 필요하다면 독자들은 브랙턴**과 포테스큐***의 저작들 또는 『거울(*Mirrour*)』의 저자****나 기타 다른 사람들의 저작물을 읽어보기를 권한다. 이 저자들은 우리 정부에 관해

---

* Thomas Bilson(1546?-1616?) : 여기서 로크는 『기독교인의 복종과 반기독교적인 반란간의 참된 차이(*The True Difference Between Christian Subjection and Unchristian Rebellion*)』(1585)를 지칭하고 있다. 그 저작에서 빌슨은 영국 신민이 국왕의 권위에 복종해야 할 필요성을 역설하고 있다. 하지만 바클레이처럼 그 역시 일정한 상황에서는, 예컨대 유럽에서 당시 권력을 잡고 있던 카톨릭 교도들에 대한 신교도들의 반란에서 볼 수 있는 것처럼, 국왕의 권위에 대한 반란이 정당화된다는 점을 인정하지 않을 수 없었다.

** Henry de Bracton(1216-68) : 영국의 법학자이자 입헌주의자로서 그의 저작 *De Legibus et consuetudinibus Angliae*(1569)에서 이중이론, 곧 왕이 그의 영역에서는 최고이지만 법에 복종해야 한다는 이론을 전개했다. "법이 왕을 만들기 때문에 왕은 신과 법에 복종해야 한다."

*** Sir John Fortescue(1394?-1476?) : 초기 영국의 입헌주의적 법률가로서 이에 관한 많은 저작을 남기고 있다. 그의 저작을 통해서 그는 입헌주의적 원리, 곧 왕이나 인민은 각각 상대방의 동의 없이는 법을 제정할 수 없다는 원리를 전개했으며, 이를 영국에 적용하고자 했다.

**** 로크는 여기서 아마도 17세기 입헌주의자들 사이에서 매우 인기를 끌었던 저술인 『정의의 거울(*The Mirrour of Justices*)』(1640년대)의 저자로 알려진 엔드루 혼(Andrew Horne,?-1328)을 지칭하는 듯하나, 알려진 대로 그가 진정한 저자인지는 확실치 않다.

서 무지하다거나 또는 우리 정부에 적대적이라고 생각될 수 없는 자들이다. 그런데 나는 교회 정치체의 이론에 관해서는 후커의 논변에 의존하면서도 기이한 운명에 의해 그[후커]가 그런 이론의 논거로 삼았던 원칙들을 부정하는 사람들을 만족시키기 위해서는 아무래도 후커 한 사람만으로도 충분하다고 생각한다. 그 경우 그러한 원칙들이 교활한 숙련공들의 도구로 사용된 결과 그들 자신의 이론적 구조를 무너뜨리게 된 것인가에 대해서는 그들 스스로 제일 잘 알 것이다. 아무튼 그들의 시민정책은 예전이라면 결코 논의 자체를 꺼낼 수 없을 정도로 너무나 새롭고 너무나 위험했으며, 지배자와 인민 양편 모두에게 너무나 파괴적이었다. 그러므로 이들 이집트의 하청 현장감독들*이 부과했던 무거운 압제로부터 벗어난 [이스라엘인들이 그랬던] 것처럼, 앞으로 사람들은 비열한 아첨꾼들을 생각만 해도 혐오할 수 있게 되기를 희망한다. 그 아첨꾼들은 자신들의 목적에 맞는 것으로 보이면 일체의 통치를 절대적인 폭군정으로 바꾸어버리고, 모든 사람들이 노예상태에서 태어났으면 하고 바란 사람들이다. 기실 노예상태야말로 그들의 야비한 영혼에 적합한 것이기도 하다.

240. 여기서 다음과 같은 평범한 질문이 제기될 법하다. 군주나 입법부

---

* 구약성서의 「출애굽기」에 나오는 이집트인들로서 공사장에서 이스라엘 인들에게 중노동을 부과하던 현장감독들을 말한다.

가 그들의 신탁에 반해서 행동하는지 여부를 판단하는 재판관은 누가 될 것인가? 군주가 그의 대권을 적절하게 행사하고 있다하더라도, 아마도 사악하고 당파심 강한 사람이 이러한 의문을 인민들 사이에 유포시킬 수도 있다. 이 질문에 대해서 나는 인민이 재판관이라고 답변하겠다. 수탁자 또는 대리인이 맡겨진 신탁에 따라 잘 행동하고 있는지는 대리를 위임한 사람, 곧 위임했기 때문에 신탁에 반해 행동하면 그를 해임할 권력을 여전히 가지고 있는 사람이 아니라면 누가 판단하겠는가? 사사로운 인간들 간의 특정한 사례의 경우에 이렇게 하는 것이 이치에 맞다면, 어떻게 해서 가장 중요한 사례, 곧 수백만의 복지와 관련되고, 예방되지 않으면 해악이 더욱 커져 보상이 어려워지며 비용도 많이 들고 위험해지는 사례의 경우에 다른 해결책이 있겠는가?

241. 나아가 이 질문(누가 재판관이 될 것인가?)을 그러한 재판관이 전혀 없다는 것을 의미한다고 생각해서는 안 된다. 인간들 간의 분쟁을 결정할 사법부가 지상에 없는 곳에서는 하늘에 있는 신이 곧 재판관이다. 오직 그분만이 참으로 정당한 재판관이다. 그러나 다른 모든 경우에서와 마찬가지로 이러한 경우에도, 모든 사람은 다른 사람이 그와 전쟁 상태에 돌입했는지, 또한 입다가 했던 것처럼 최고의 재판관에게 호소해야 하는지 여부에 대해서 스스로가 재판관이 된다.

242. 만약 법이 침묵하고 있거나 모호한 사안 그러나 매우 중대한 결과

를 초래할 사안을 놓고 군주와 일부 인민 사이에 분쟁이 일어난다면 나는 그러한 사례의 경우 적절한 심판관은 전체로서의 인민이라고 생각한다. 왜냐하면 군주가 그에게 맡겨진 신탁을 수행하고 있고, 통상적이고 일반적인 규칙이나 법의 적용을 면제받고 있는 상황에서 어느 누구든 자신들의 권리가 침해당하고 있음을 발견한다면 그리고 군주가 신탁에 반해서 또는 신탁을 넘어서 행동하고 있다고 생각한다면, 원래 의도한 신탁의 범위가 어디까지인가를 적절히 판단할 수 있는 사람은 전체 인민(최초에 그에게 그러한 신탁을 부여한) 이외에 달리 누가 있겠는가? 그러나 만약 군주 또는 행정을 담당한 누군가가 그런 식으로 결정되는 것을 거부한다면, 그때에는 오직 하늘에 호소하는 길밖에 없다. 지상에서 알려진 우월자를 가지지 못한 사람들 사이에서의 무력의 사용이나 지상의 심판관에 대한 호소를 허용하지 않는 무력의 사용은 마땅히 전쟁상태를 초래하고, 그 상태에서는 오직 하늘에만 호소할 수 있다. 그 상태에서 피해를 입은 당사자는 언제 그러한 호소를 하여 하늘에 자신을 의탁하는 것이 적합한지를 스스로 판단해야 한다.

243. 결론을 내려보자. 각 개인이 사회에 들어갈 때 그 사회에 양도한 권력은 사회가 존속되는 한 결코 개인들에게 되돌아가지 않으며, 항상 공동체에 남아 있다. 왜냐하면 그러한 권리가 없이는 어떠한 공동체도, 어떠한 국가도 존재할 수 없으며, 그러한 상태는 원래의 합의에 반하는 것이기 때문이다. 또한 사회가 입법권을 그들의 후계자를 정하는 지침

및 권위와 더불어 일단의 사람들로 구성된 집회에 부여하고, 그 집회가 그들과 그들의 후계자들을 통해서 지속된다면, 통치가 지속되는 한 입법권이 결코 인민에게 되돌아가지 않는다. 왜냐하면 입법부에 영구적으로 지속될 권력을 부여함으로써 그들은 그들의 정치 권력을 입법부에 양도한 셈이고 다시 회수할 수 없기 때문이다. 그러나 만약 그들이 입법부의 지속에 일정한 한계를 부과하고 이 최고의 권력을 특정한 인물 또는 집회에 오직 일시적으로만 부여했다든가 또는 권위를 가진 자들의 실정(失政)에 의해서 그러한 권력을 몰수한 경우에는 통치권의 몰수나 기간의 종료와 더불어 그 권력은 사회로 되돌아간다. 그렇게 되면 인민은 최고의 권력자로서 행동할 수 있는 권리를 가지게 되며, 스스로 입법권을 계속 가지고 있을 것 인가, 아니면 새로운 정부형태를 수립할 것 인가, 아니면 예전의 형태를 유지하면서 입법권을 새로운 사람들에게 맡길 것인가를 그들이 좋다고 생각하는 바에 따라 결정한 권리를 가진다.

로크 연보

1632	서머싯 주 링턴에서 출생(8월 29일)
1642	영국내전 발발
1647-52	웨스트민스터 학교 재학
1649	찰스 1세 처형
1649-60	크롬웰 공화정권 수립 및 지배
1652	옥스퍼드의 크라이스트 처치 칼리지에 입학
1655	학사학위 취득
1658	석사학위 취득
1660	로버트 보일을 만남
1660	왕정복고와 찰스 2세의 즉위
1660-61	시민행정관에 대한 단편적 논문들 집필
1660	옥스퍼드 대학에서 그리스어 강의
1662	옥스퍼드 대학에서 수사학 강의
1663-64	『자연법에 관한 시론』들을 집필
1664	도덕철학의 학생감(Censor)으로 임명
1665	브란덴부르크 대사의 비서로 활동
1667-81	애슐리 경(후일 섀프츠베리 백작)의 고문의사이자 비서로 활동

1668	왕립협회 회원으로 임명
1668-75	캐롤라이나 지주 및 귀족 연합의 비서로 활동
1671	『인간 지성에 관한 시론』 집필 착수
1672	애슐리 경이 섀프츠베리 백작의 작위를 받아 대법관에 임명; 로크 역시 성직록 담당서기에 임명
1673	섀프츠베리 백작, 카톨릭에 반대해서 파면됨; 로크 역시 성직록 담당서기 직위에서 물러남
1673-75	무역 및 플랜테이션 위원회 비서로 활동
1674	의학학사학위 취득
1674	옥스퍼드에서 의학연구원으로 임명
1675-79	프랑스 여행
1677-78	섀프츠베리 백작, 반국왕적 언행으로 인해서 투옥
1683-89	네덜란드로 망명
1684	왕명에 의해서 크라이스트 처치 칼리지의 교수직 박탈
1688	명예혁명 발발
1689	메리 공주를 수행하여 영국에 귀국
1689	『관용에 관한 서한』, 『통치에 관한 두 논고』 및 『인간 지성에 관한 시론』 출판
1693	『교육에 관한 약간의 성찰』 출판
1695	『기독교의 합리성』 출판
1696-1700	무역위원회 감독관으로 활동
1704	에식스 주 하이 레이버, 오츠에서 사망(10월 28일)
1705-07	『사도 바울의 서한에 대한 주해』(전6권) 출판

존 로크의 생애와 사상 : 『통치론』을 중심으로

로크의 정치사상에 대한 이해를 돕기 위해 로크의 생애, 『통치론』의 저술배경 그리고 이 책에 담긴 로크의 정치사상에 대해 간략히 소개하고자 한다.

1. 로크의 생애

존 로크(John Locke)는 1632년 여름 영국 서머싯 주의 한 마을에서 변호사의 아들로 태어났다(1632년은 유럽 대륙에서 푸펜도르프와 스피노자가 태어난 해이기도 하다). 그리고 1704년 10월 에식스 주의 오츠에 있는 그의 친구 매섬(Masham) 부인의 시골 저택에서 72세를 일기로 생을 마감했다. 종교적으로 로크의 집안은 청교도적 배경을 가지고 있었으며, 그의 아버지는 영국내전 당시 의회군에서 복무했다. 어린 시절 로크

---

* 이 글은 역자가 p.281의 '도움받은 글'에서 일정한 부분들을 임의로 발췌하여 조합해놓은 것이다.

는 부친의 친구이자 당시 비교적 유명한 정치가였던 알렉산더 포프햄 (Alexander Popham)의 후원에 힘입어 웨스트민스터 학교에 들어갔는데, 그 학교는 의회주의를 지지하고 있었다. 1652년에는 옥스퍼드의 크라이스트 처치 칼리지로 진학했으며, 학위를 취득한 후에도 줄곧 연구원으로서 그곳에 머물렀다. 로크는 당시 전통적인 스콜라 학파의 테두리 안에서 진행된 옥스퍼드 대학의 학풍에 만족하지 않았던 것 같다. 그러나 그곳에서 로크는 히브리어 및 아랍어 문헌을 포함하여 고전을 두루 섭렵할 수 있었다. 크라이스트 처치 칼리지의 학장이자 당시 부총장이었던 존 오언(John Owen)은 관용(toleration)을 옹호하던 독립파(Independent)의 신학자였다. 그런데 로크는 관용에 대해서는 오언에게 공감했고 리처드 백스터(Richard Baxter)를 포함하여 비국교도이던 유력한 인사들과도 우호적인 관계를 유지했지만, 신학상으로 그는 영국에서는 케임브리지 대학의 플라톤주의자들과 그 계승자인 (교리에 구애받지 않는) 범교파주의자들(Latitudinarians)로 대표되고 네덜란드에서는 아르미니우스*파(Arminians)로 대표되는 자유주의적 학파에 가장 친근감을 느꼈다. 철학에 대한 로크의 관심은 데카르트의 저작들에 의해 일깨워졌고, 또한 로버트 보일(Robert Boyle)과의 친교를 통해서 그는 자신의 자연과학적 소질을 계발했다. 동시대의 많은 사람들처럼 로크 역시 당대 자연과학

---

* Arminius: 네덜란드의 신학자(1560~1609)로 칼뱅의 교리를 부정하고 인간의 자유의지를 역설했다.

의 새로운 경험적 방법의 성공에 깊은 감명을 받게 되었으며, 한동안 과학, 특히 의학이 그의 주된 관심사가 되었다.

바로 이런 연유로 로크는 애슐리 경(Lord Ashley)과 친밀한 교분을 맺게 되었다. 애슐리 경은 후일 섀프츠베리 백작(Earl of Shaftesbury)이 된 인물로서, 그와의 만남은 후일 로크의 생애에서 가장 중요한 사건임이 판명되었다. 로크는 애슐리 경을 1666년에 처음 만났고, 그후에 간 종양 제거수술을 통해 그의 생명을 구해주었다. 이 일을 계기로 로크는 애슐리 가의 고문의사직을 제의받았고, 이를 수락하여 1667년 런던에 있는 애슐리 저택으로 거처를 옮겼다. 이로 인해 로크는 정계의 중심부와 직접적인 접촉을 가지게 되었다. 왜냐하면 그는 곧 애슐리 가에서 의사 이상의 직분을 떠맡게 되었고, 애슐리 경이 관여하고 있던 많은 정치적 활동에 관해 조언을 하게 되었기 때문이다. 1672년에 애슐리 경이 섀프츠베리 백작의 작위를 받고 대법관이 되자 로크는 성직록(聖職祿) 담당 서기에 임명되었고, 이듬해에는 섀프츠베리가 의장으로 있던 무역 및 플랜테이션 위원회의 서기가 되었다. 이 자격으로 로크는 "캐롤라이나 정부를 위한 기본적 헌법(The Fundamental Constitutions for the Government of Carolina)"을 기초하는 데에도 관여하게 되었다. 옥스퍼드에 있던 시절에도 이미 로크는 정치문제에 점차 관심을 가지기 시작했는데, 현재 보들리언 도서관(Bodleian Library)에 보관되어 있는 러브리스 소장본 (Lovelace Collection)에 수집된 여러 편의 논문 초고와 단편들을 보면 초기 로크 사상의 발전과정을 알 수 있다. 왕정복고기이던 당시 로크가 다룬 첫 번째 주제는 종교문제에 대한 시민행정관의 권위에 관한 것이었다. 여기서 그는 비국교도 집단들에게 무제한적인 자유를 허용해줄 것을 요구하는 극단적인 종파주의자의 견해에 맞서, '무관한 사항(indifferent things)'*에 관한 한 전적으로 시민행정관의 권위를 옹호했다. 로크는 시민행정관이 가진 권위는 시민사회, 나아가 정부의 필요성을 명시하는 자연법과 이성에 기초하고 있다고 생각했으며, 따라서 그후 몇 년 동안 자연법 자체의 성격과 인간이 어떻게 하여 자연법에 대한 지식을 습득하는가라는 문제에 대한 연구에 몰두했다. 그는 크라이스트 처치 칼리지에서 학생들에게 자연법에 대해 강의도 하고, 그 주제에 관한 일련의 논문을 라틴어로 저술하기도 했다. 비록 초기의 시민행정관에 대한 단편과 마찬가지로 이 논문들 역시 출판되지는 않았지만 말이다. 그러나 자연법과 그것에 근거한 정부는 일생 동안 그의 정치철학의 기본적인 원칙으로 남게 되었다. 그러다가 1667년에 로크는 『관용에 관한 시론(An Essay concerning Toleration)』을 저술하는데, 그가 이 글을 쓰게 된 동기는 아마도 섀프츠베리와 교분을 맺고 있었던 데에서 직접 비롯된 것으로 보인다. 이 글이 상당한 관심을 끌게 된 이유는 후일 『관용에 관한 서한(A Letter concerning Toleration)』에서 훨씬 정교한 형태로 제시된 견해의 실체를 이 글을 통해 예견할 수 있을 뿐만 아니라, 그가 이 글의 서두에서 자신의 정치이론의 핵심을 간결하게 압축해서 서술하고 있기 때문이다.

---

* 곧 신이 특별히 명하거나 금한 것인 아닌 사항을 말한다.

그는 그『관용에 관한 시론』에서 정치권력의 유일한 목적은 사회성원들의 선(善), 안전 및 평화를 실현하고 보장하는 것이며, 따라서 그 목적이 정부활동을 평가하는 유일한 척도가 되어야 한다고 주장했다. 그 논문에서 로크는 또한 절대군주제의 관념을, 그것이 왕권신수설에 근거하든 아니면 인민의 양도에 의해서 기원한다고 주장되든, 거부했다.

로크는 몸이 약한 편인 데다가 직무상 복잡한 정치적 업무의 압박에 시달려 건강을 해칠 지경에 이르렀다. 1675년에 그는 해외여행을 결심하고 그후 3년 반 동안 프랑스를 여행한 후 1679년 4월 말에 런던으로 돌아왔다. "배척법안(Exclusion Bill)"*을 둘러싼 위기가 극에 달했던 1679년**에 다시 한번 섀프츠베리의 비서직을 일시적으로 떠맡게 되지만 곧바로 건강이 다시 악화되어 런던을 떠나 크라이스트 처치 칼리지로 돌아갔다. 그후 2년간은 가끔씩 런던을 방문하는 것 이외에는 줄곧 옥스퍼드에서 머물렀다.*** 그러나 그동안 섀프츠베리는 몬머스(Monmouth) 공을 지지하게 되었고, 이로 인해서 네덜란드로 피신해야 했는데, 그는 그곳에서 1683년 1월에 세상을 떠났다. 로크의 초기 전기작가들은 섀프

---

  * 곧 찰스 2세의 동생이자 가톨릭교도인 요크 공(公) 제임스(James Duke of York)를 왕위 계승에서 배제하려던 법안을 말한다.

 ** 1679년에 이르러 찰스 2세 정부의 정책에 대한 섀프츠베리의 반대는 더욱 첨예화되었다. '배척위기'의 기간이던 그 다음 4년 동안 그는 왕정에 대항하는 전국적인 정치운동을 조직, 지도했는데, 그것은 국왕의 권한에 대한 헌법적 제한을 강화하고 선출된 하원의 권리를 보호하며 찰스 2세의 가톨릭교도 동생인 제임스를 왕위계승에서 배척하는 것을 목적으로 했다.

*** 이 기간 동안 로크의 행적은 잘 알려져 있지 않다.

츠베리의 음모에 로크가 직접적으로 관련되지는 않았다고 본다. 그러나 실제로 그는 반란과 혁명에 상당히 깊숙이 개입했으며, 실상 후일 이른바『통치론』으로 출판된 저작도 원래는 섀프츠베리의 계획을 지원하기 위해서 그 당시에 구상, 집필된 것으로 추정되고 있다. 여하튼 그와 섀프츠베리 간의 정치적 공감과 교분이 세간에 잘 알려진 사실이고 보면 그가 의심을 받게 된 것이 부자연스러운 일은 아니었다. 자신의 언행이 감시당하고 있음을 알아채고, 로크는 자신의 후원자가 그랬던 것처럼 해외로 망명하는 것이 현명하다고 결심했고, 1683년 9월에 로테르담으로 피신했다. 그의 이러한 행동은 자신이 유죄임을 시인한 것으로 받아들여졌으며, 1684년 11월에 크라이스트 처치 칼리지는 정부의 명령에 따라 그의 직위를 박탈했다. 이듬해 몬머스 공의 반란이 진압된 후, 로크도 그 음모에 개입한 혐의로 기소되었다. 나중에 사면령이 내려진 후에도 로크는 계속 네덜란드에 남아 있기로 결심했으며, 1689년 2월 메리 (Mary) 공주를 호송하는 배에 동승하여 귀국할 때까지 그곳에 줄곧 머물렀다.

네덜란드에 머무는 기간 동안 로크의 건강상태는 매우 호전되었고, 따라서 그는 시간적 여유를 가지고 연구와 저술에 임할 수 있었을 뿐만 아니라 많은 사람들과 교분을 쌓게 되었다. 그 당시 네덜란드에서는 관용에 대한 논의가 활발했는데, 로크는 이미 그 주제에 대해 확고한 자신의 견해를 가지고 있었다. 로크는 1685년 말에서 이듬해 초에 이르는 겨울 동안 자신의 네덜란드인 친구이자 신학자인 림보르치(Limborch)에게 라틴어로 쓴 서신을 보냈는데, 그 서신은 1689년 4월에 『관용에 관한 서한(Epistola de Tolerantia)』이라는 제목으로 출판되었다. 이 서한의 영문판은 같은 해 10월에 유니태리언 교도(Unitarian)*이자 상인인 윌리엄 포플(William Popple)에 의해서 익명으로 출판되었는데, 이 책의 유명한 서문은 이때 포플이 덧붙인 것으로 추정된다. 네덜란드에서 체재하는 동안 로크는 아마도 이미 여러 해 동안 몰두하고 있었던 가장 위대한 그의 저작인 『인간 지성에 관한 시론(The Essay Concerning Human Understanding)』 집필에서도 상당한 진전을 보았다.**

영국에 귀국한 후 로크는 1689년에 익명으로 『통치론』을 그리고 자신의 이름으로 『인간 지성에 관한 시론』을 출판했다. 그러나 로크 자신이 애써 숨기려고 했음에도 불구하고 『통치론』의 저자가 로크일 것이라는 추측은 공공연한 비밀이 되다시피 했다. 그전에 아무 것도 출판한 적이 없으며 섀프츠베리의 비서로서 일개 사인(私人)으로 남아 있던 로크는 서양 철학사에 한 획을 긋는 『인간 지성에 관한 시론』을 비롯한 일련의 저작들의 출판과 더불어 그리고 명예혁명의 성공으로 인해 친한 친구들이 정계의 고위직에 취임함에 따라 마침내 57세에 이르러 '영광된 만년'을 맞이하게 되었다. 따라서 로크는 자신이 학계와 정계에서 중

---

  * 삼위일체설에 반대하여 유일 신격을 주장하며 그리스도의 신성(神性)을 부인하는 신교의 일파를 지칭한다.
 ** 그러나 그가 이 기간 동안 『통치론』 원고의 수정작업을 진행하고 있었는지는 확실하지 않다.

요한 인물이 되어 있음을 알게 되며, 브란덴부르크 선제후(Elector of Brandenburg)의 대사직을 제의받기도 했다. 그는 이 제의를 건강을 이유로 사양했으나, 물품세에 관한 이의신청 심사관(Commissioner of Appeals in excise cases)의 직위는 수락했고, 1696년에는 무역 및 플랜테이션 위원회의 감독관이 되었다. 하지만 그의 건강상태로는 그 직책이 요구하는 업무를 감당할 수 없었기 때문에, 이를 사임하고 에식스 주 하이 레이버 근처의 오츠에 있는 프랜시스(Francis) 경의 저택으로 은퇴했다.* 이곳에서 그는 1704년 세상을 떠날 때까지 여생을 보내게 되었다. 그는 연구와 저술활동을 계속하여 『인간 지성에 관한 시론』의 개정판을 출간했으며, 『관용에 관한 서한』을 옹호하기 위해서 그 비판자인 옥스퍼드 퀸즈 칼리지의 조너스 프로스트(Jonas Proast)와 장기간에 걸친 논쟁을 벌이기도 했다. 그는 또한 교육과 경제문제에 대한 글을 남기기도 했으나, 말년에 로크의 주된 관심사는 신학으로서 1695년에 그는 『기독교의 합리성(*The Reasonableness of Christianity*)』이라는 제목의 책을 익명으로 출판했다. 로크의 최후 저작은 그의 사후 출판된 것으로 사도 바울의 서한들을 주해(註解)한 글이다. 그의 임종에 이르러 마침내 로크는 익명으로 출판된 자신의 모든 저작들에 대해서 자신이 저자임을 전적으로 인정했다.

---

* 그 집의 여주인 매섬 부인은 케임브리지 대학의 플라톤주의자인 렐프 쿠드워스(Ralph Cudworth)의 딸로서 로크는 한때 20세 연하인 그녀와 사랑에 빠졌다고 한다.

2. 『통치론』 저술의 배경, 동기 및 그 시기

로크의 *Two Treatises of Government*는 우리나라에서 주로 『통치론』(이극찬 역)이라는 제목으로 알려져왔다.* 그러나 영어 원제에 충실하게 번역한다면, 이극찬 교수도 지적하다시피 『통치이론(統治二論)』 또는 『통치에 관한 두 논문』이라는 제목으로 옮겨야 할 것이다. 하지만 역자역시 그간의 관행에 따라 그리고 편의상 『통치론』이라는 제목을 사용하는 데 동의한다. 로크의 『통치론』은 영국에서 명예혁명이 발발한 이듬해인 1689년에 출판되었으며 늦어도 그해 11월에는 서점에서 판매되기 시작했다. 그러나 오늘날 자동차 제조업자들이 다음 해의 신모델을 그 전년도 말에 이미 시장에 내놓듯이, 당시 출판계의 관행에 따라 『통치론』 역시 1690년도를 출판년도로 하여 간행되었다.**

잘 알려진 바와 같이 로크의 『통치론』은 시기를 달리하여 쓰인 두개의 긴 논문으로 구성되어 있는데, 통상 첫 번째 논문을 『첫 번째 논고 (*The First Treatise of Government*)』로, 두 번째 논문을 『두 번째 논고(*The Second Treatise of Government*)』로 부르는 것이 영미학계의 관행이다. 아

---

 * 로크의 『통치론』에 대한 번역의 권위자인 이극찬 교수는 한때 『시민정부론』(연세대학교 출판부, 1970)이라는 제목을 사용하기도 했다.
** 따라서 어떤 필자는 『통치론』이 1689년에, 또다른 어떤 필자는 1690년에 출판된 것으로 기술하기 때문에 이 사정을 잘 모르는 역자는 상당한 혼란에 빠졌는데, 그러한 혼란의 원인은 이처럼 실제 출판년도와 책에 인쇄된 출판년도 간의 차이를 역자가 이해하지 못한 데 있었다.

울러 『첫 번째 논고』는 "로버트 필머 경 및 그 추종자들의 그릇된 원칙과 근거에 대한 지적과 반박(The False Principles and Foundation of Sir Robert Filmer and His Followers Are Detected and Overthrown)", 그리고 『두 번째 논고』는 "시민정부의 참된 기원, 범위 및 목적에 관한 시론(An Essay Concerning the True Original, Extent, and End of Civil-Government)"이라는 부제를 달고 있다. 그러나 필머에 대한 로크의 비판을 담고 있는 『첫 번째 논고』는 다분히 파괴적이었으며, 오늘날에는 그 자체적인 의미를 가지기 어렵다. 그러므로 로크 당대에도 프랑스를 비롯한 유럽 대륙에서는 주로 『두 번째 논고』만이 번역, 출간되었고, 오늘날 영미에서도 『두 번째 논고』만을 대학의 교재로 사용하는 것이 주된 관행이다. 따라서 이 책 역시 『첫 번째 논고』를 제외하고, 로크가 서양의 근대 정치사상에 건설적으로 기여한 바를 담고 있는 『두 번째 논고』만을 역자가 우리말로 옮긴 것이다.

　로크의 『통치론』은 1688년의 명예혁명을 옹호하고, 다음 세기에 영국정치를 지배하게 된 휘그당의 원칙을 정당화하기 위해서 저술된 것으로 오랫동안 인식되어왔다. 이것은 말할 나위 없이 그 저작을 출간하게 된 이유 중의 하나이다. 왜냐하면 로크는 그 책의 "서문"에서 명시적으로 그 책이 "위대한 복원자인 현재의 윌리엄(William) 왕의 왕위를 확립하고, 그의 권좌를 인민들의 동의를 통해 유효하게 하며……정당한 자연권에 대한 사랑 및 이를 보존하고자 하는 결의에 의해 국가가 예종과 파탄의 위험에 처했을 때 국가를 구한 영국 인민들을 세상에 정당화시키는 데 충분하기"를 희망한다고 기술하고 있기 때문이다. 이처럼 로크의 불후의 저작인『통치론』이 명예혁명 직후에 출간되었고, 로크 자신역시 그 책의 "서문"에서 그 저작이 명예혁명을 정당화하기 위한 것임을밝히고 있기 때문에 전통적으로 로크가『통치론』을 저술한 동기는 당연히 명예혁명을 정당화하기 위한 것으로 인식되어왔던 것이다. 그러나오늘날 대부분의 로크 연구가들은 명예혁명과『통치론』간의 이러한관계를 부정하고 있다. 물론 명예혁명이『통치론』의 '중요한 출판동기'― 왜 그 책이 1689년에 완성되어 출간되었는가? ― 중의 하나임은 분명하다. 그리고 그 저작이 '실제로' 당대는 물론 후세에도 명예혁명을정당화하는 역할을 한 것을 부인할 수는 없다. 그리하여 명예혁명과 로크의『통치론』간의 관계는 정치적 사건과 정치사상 간의 긴밀한 상호작용을 극적으로 보여주는 모범적 예로 역사책이나 정치사상에 관한 책에서 흔히 지적되어 왔다. 그러나 로크 사상에 대한 최근의 주요한 연구들은― 특히 1950년대 피터 래슬릿(Peter Laslett)의 연구 이래― 명예혁명이『통치론』의 중요한 '출판동기' 중의 하나는 될지언정, 로크가 원래『통치론』을 집필하게 된 주된 '저작동기'는 아니라는 데에 동의하고 있다. 현대 로크 연구의 권위자인 래슬릿은 특히 로크와 섀프츠베리 백작간의 긴밀한 관계, 가톨릭교도인 요크 공 제임스를 왕위계승에서 배제시키려는 "배척법안"을 둘러싼 '배척위기'와 이에 대한 섀프츠베리 백작및 로크의 관여도에 대한 연구 그리고 그러한 정치적 혼란 속에서 섀프츠베리가 주도한 휘그파의 입장을 정치이론적으로 뒷받침하기 위해서 로크가 초고(후일『통치론』으로 출판하게 된)의 대부분에 대한 집필을 늦어도 1683년에는 거의 완료했다는 사실에 대한 유력한 증거와 해석을 제시함으로써 이 점을 주장하고 있다. 따라서 로크는 명예혁명을 옹호하기 위해서가 아니라 왕을 포함한 토리파와 휘그파가 팽팽하게 대립하던 '배척위기'의 와중에서 휘그파의 입장을 정당화하기 위한 저술을 구상했고 그 초고에 대한 집필을 늦어도 1683년경에 완료했다는 것이다. 다만 '배척위기'에서 섀프츠베리를 비롯한 휘그파가 의회에 제출한 "배척법안"이 통과되지 못하는 등 패퇴함에 따라 로크는 불온시 될 것이 당연한 그 저작을 출판할 수 없었으며, 급기야는 자신의 생명에 대해서마저 위협을 느껴 네덜란드로 망명하지 않을 수 없었다는 것이다. 따라서 래슬릿은『통치론』이 '배척위기'의 와중에서 사실상 혁명에 대한 요구와 선동으로서 집필된 것이지, 이미 일어난 혁명을 옹호하고 합리화하기 위해 집필된 것은 아니라고 주장한다. 요컨대『통치론』은 그 집필동기에서 '배척위기'와 관련된 저작이지 명예혁명과 관련된 저술이 아니라는 것이다.

따라서『통치론』집필에 대한 래슬릿의 추론은 다음과 같다. 이미 1679년부터 로크는 왕권신수설을 주장하는 필머를 반박할 목적으로 통치에 대한 저작을 집필하기 시작했다. 그리고 그 당시 그가 집필한 것은『첫 번째 논고』가 아니라 통치에 대한 자신의 원칙을 기술한『두 번째 논고』에 해당하는 것이었다. 그러나 그 원고를 완성하기 이전인 1680년 어느 시기에 그는 생각을 바꿔『첫 번째 논고』에 해당하는 것도 집필하기로 결심했다. 왜냐하면 그해 1월에 필머의 『족장론(*Patriarcha*)』*이 출간되었는데, 그 책은 사회계약론을 날카롭게 비판하는 한편 세상의 군주들이 아담의 직계 상속자로서 인민에 대해 정당한 지배권을 가진다고 주장함으로써, 당시 휘그파와 대립하던 왕 및 토리파의 입장을 이론적으로 옹호, 보강하는 데에 강력한 영향을 미쳤기 때문이다. 따라서 로크는 필머의 『족장론』에 대해서 조목조목 치밀한 비판이 필요하다고 느꼈지만, 자신이 원래 구상하여 당시 집필하고 있던 (『두 번째 논고』에 해당하는) 필머에 대한 반박은 그의 가장 주요한 저작인 『족장론』에 대한 비판적 고찰을 결여하고 있었기 때문에 불충분하다고 판단하게 되었다. 그리하여 로크는 필머의 『족장론』에 대한 상세한 비판을 담고 있는 『첫 번째 논고』를 이미 상당히 진행된 『두 번째 논고』와 동시에 집필하기로 결심했다. 새로 집필된 『첫 번째 논고』를 추가하기로 함에 따라 로크는 그것에 비추어 『두 번째 논고』를 수정하여 재구성하고 광범위하게 다시 서술했다. 마지막으로 로크가 1689년 2월 영국에 귀국한 후 『통치론』을 출판하는 과정에서 같은 해 8월의 최종순간까지 그 원고를 대폭적으로 개정한 것은 아니지만 전반적으로 수정, 보완했음은 두말할 필요가 없다. 따라서 로크는 『두 번째 논고』의 제1장을 『첫 번째 논고』와의 연결을 매끄럽게 하기 위한 전환부로서 나중에 삽입했고, 『통치론』을 명예혁명이라는 역사적 상황에 시의적절하도록 만들기 위해서 여기저기 몇 개의 문장

---

* 물론 이 책은 영국내전 이전에 집필되었지만, 필머의 사후 1680년에 출판되었다.

을 첨가하거나 수정했으며, 마찬가지로 『두 번째 논고』의 마지막 장 역시 당시의 사태 진전에 비추어 개정한 것으로 추정된다. 좀 더 구체적으로 래슬릿은 전체적으로 서문, 제목과 표지, 『두 번째 논고』의 제1장, 제9장, 제15장 전부를 포함하여 25절 정도의 새로운 절(節)들이 추가되었을 것이라고 주장한다. 따라서 이 절들과 책의 나머지 전체에 첨가된 지엽적인 수정, 보완만이 명예혁명 이후에 집필된 것으로 보아야 한다는 것이 래슬릿의 입장이다.

3 로크의 정치사상 : 『두 번째 논고』를 중심으로

자연상태와 자연법

『두 번째 논고』에 담긴 정치철학은 모든 정치철학이 그렇듯이 인간성에 대한 해석에 기초하고 있다. 인간을 투쟁적이고 경쟁적이며 이기적인 피조물로 본 홉스와는 달리 로크는 인간을 대체로 점잖은(decent) 존재라고 보았다. 홉스가 가정한 것보다 인간은 사회를 지향하는 본성을 좀 더 많이 가지고 있으며 "인류가 신으로부터 부여받은 공통의 규칙이자 척도인"(11절) 이성에 더욱 많이 지배된다고 로크는 생각했다. 로크가 보기에 인간의 합리성은 심지어 정부의 제재 없이도 상당한 질서를 산출할 만큼 믿을 만한 것이었으며, 또 일단 수립된 정부를 유지하는 데 도움이 될 만한 것이었다.

인간성에 대한 이러한 해석으로부터 로크의 자연상태는 홉스가 주장한 것처럼 사람들 간의 전쟁과 무정부상태가 아니라 그 반대로 그들 간의 분쟁을 해결하기 위해 재판할 수 있는 권위를 가진 공통된 우월자가 없음에도 불구하고 사람들이 이성에 따라 함께 사는 비교적 평화로운 상태로 제시된다. 따라서 자연상태는 재판을 할 공통된 우월자가 없는 선(先) 정치적 상태이기는 하지만 그렇다고 선(先) 사회적 상태는 아니다. 자연상태에서 또한 사람들이 그들의 권리와 책임을 결정하는 자연법의 지도하에서 사는 상태이다.

로크의 사상에서 자연법에 대한 개념은 근본적이다. 그에게 자연법은 신으로부터 나오고 인간 이성에 의해 확인될 수 있는 객관적인 규칙이자 척도이다. 그 법은 정치적 제도와 행위를 제한하고 판단하는 기준을 제공한다. 그것은 당연히 국가에 의해 제정된 실정법보다 훨씬 더 근본적이다. 그리고 자연법은 동의에 의해 수립된 정부에 대해 인간이 복종하도록 구속한다. 이것이 인간이 왜 정부에 복종해야 하는가에 대한 로크의 주된 답변이다.

한 가지 중요한 점은 로크는 자연법의 재공식화에 기여했다는 점이다. 그는 자연법에 개인주의적 성향을 부여했다. 그가 제시한 자연법의 기본 원칙들은 사회에 대한 개인의 책임보다도 주로 개인의 권리에 주안점을 두고 있다. 그리고 심지어 정부가 존재하기 전에도 인간은 불가양의 권리를 향유함에 있어 자유롭고, 독립적이며 평등하다. 그중 주된 것이 생명, 자유, 재산에 대한 권리이다.

이 권리들 중에서 로크는 재산권에 대해 가장 많은 관심을 보이고 있으며, 따라서 정부의 주된 기능은 재산의 보존이다. 로크의 소유권 이론은 로크의 사상 중에서 후일 가장 커다란 영향력을 미친 것들 중의 하나이다. 따라서 독자는『두 번째 논고』의 제5장에 대해 특별히 주목할 필요가 있다. 그 이론은 후일 정부의 기능에 관해 중산계급의 입장을 강력히 지지하는 논리가 되었다. 로크가 소유권을 시민사회의 산물이 아니라 시민사회에 선행하는 것이라고 주장했을 때, 그는 이전 자연법 사상의 지배적 논리를 근본적으로 수정했다. 인간은 자연에 자신의 노동을 지출할 때, 소유권을 획득한다. 그 소유권은 정부에 선행하기 때문에 정부에 의해서 박탈될 수 없는 것이다.

　　로크의 논의에서 재산은 이중적 의미를 지니는데, 협의에서 그것은 우리가 보통 재산이라고 부르는 물질적 재화를 의미하지만, 광의로는 "생명, 자유, 자산"을 총괄하는 의미를 지닌다(123절). 후자의 의미에서 그는 재산이라는 말로 사람들이 재화는 물론 인신에 대해서 가지고 있는 재산을 의미한다고 말한다(173절). 더욱이 그는 인간이 자연권으로서 가질 수 있는 재산의 크기에 일정한 한계가 있음을 지적하고 있다(32절). 로크가 재산의 개념을 이처럼 넓게 이해하고 그 크기에 관해 일정한 한계를 설정한 것은 19세기 부르주아적 재산권 개념에 비해 아직 덜(?) 발전된 중세 봉건사상의 흔적을 드러내고 있는 것으로 생각된다. 이로 인해 많은 다양한 집단들이 자신들의 상이한 목적을 위해 로크의 소유권 이론을 원용하게 되었다. 곧 어떤 세력은 그 이론에 입각하여 토지의 광범한 재분배를 주장하고, 사회주의자들은 그의 노동가치설을 자본주의를 비판하는 논거로 삼았다.

그러나 123절의 모두에서 로크는 자연상태에 대한 그 자신의 목가적 기술로 인해 일부 사람들이 자연상태의 축복을 정부의 제약보다 선호할 만하다고 결론내리는 것에 대해 경고하고 있다. 그러한 결론을 자연상태에서 인간이 겪게 마련인 폐단들― 한마디로 요약하면 재산과 권리의 향유에 있어서 안전과 확실성의 결여―을 제시함으로써 불식시키고자 한다. 그리고 이러한 폐단들을 제거하기 위해 사회계약을 통한 시민사회 설립의 필요성을 역설하고 있다.

사회계약론

로크의 사회계약론은 적어도 네 개의 특징을 지니고 있다. 우선 그는 사회계약을 가능한 최대한 자연적 자유를 보존하기 위해서 사용한다. 사람들은 단지 자연법을 집행할 수 있는 권리만을 양도할 뿐이다. 그밖의 다른 모든 권리를 그들은 과거와 마찬가지로 보유한다. 게다가 인간은 그 본성상 자유롭고 독립적이고 평등하기 때문에 그 계약은 만장일치로 체결된다. 자연상태에 남아 있기를 원하는 자들은 그렇게 하는 것이 허용된다. 따라서 로크는 정부가 그 권력에 있어서 제한되고 동의에 기반해야 한다고 주장한다.

둘째, 그는 통치자를 계약에서 배제시킨다. 그 계약은 통치자와 피치자 간이 아니라 자유로운 개인들 사이에서 체결되는 것이다. 통치자에게는 단지 신탁적 권력만이 주어지며 그 권력은 오직 공동체의 선(善, good)을 위해서만 행사된다. 계약관계에서는 양 당사자가 상호 의무와 권리를 가지게 된다. 그러나 신탁의 경우에는 권리는 모두 수익자(공동체)에게 귀속되고 의무는 모두 수탁자(통치자)에게 귀속된다. 동시에 수탁자에게는 신탁계약에 충실한 한 자유롭게 활동할 수 있는 광범한 재량이 허용된다.

셋째, 사회계약은 오직 한 번만 체결된다. 그렇다면 후대의 동의는 어떻게 얻어질 것인가? 이러한 어려움에 대처하기 위해 로크는 주로 '묵시적 동의'라는 관념에 의존한다. 묵시적 동의는 개인들이 성년에 도달한 후에도 다른 공동체나 신대륙으로 이주하는 대신 이미 존재하는 정부의 보호와 이득을 계속 향유할 때 암묵적으로 주어지는 것이다. 하지만 묵시적 동의의 개념은 이러한 난관을 해결하는 데 합당한 해결책이 아니다. 사람들은 묵시적 동의가 가정하는 것만큼 자유롭게 자신들의 거주지나 충성심을 이전할 수 없기 때문이다.

로크의 사회계약론에서 네 번째 특색은 다수에 의한 지배이다. 일단 수립된 사회는 공동의 업무를 결정하기 위해 만장일치에 의존할 수 없다. 이러한 이유로 로크는 일단 사회계약이 체결되면 다수가 지배해야 한다고 가정한다. 그러나 소수가 다수의 의지에 복종할 때 어떠한 의미에서 그 소수자들— 본래 자유롭고 평등한— 이 동의에 의해서 지배된다고 말할 수 있겠는가? 그들은 어떻게 해서 다수의 폭정(tyranny of majority)으로부터 보호받을 수 있는가? 여기에는 단순히 사회계약 당시에 그들이 다수의 지배에 동의했다고 말하는 것만으로는 해결하기 어려운 난점이 있다. 그러나 로크는 이러한 어려움을 회피해버린다.

정부의 한계

정부를 피치자를 위해서 행사되는 신탁으로 개념화하는 것은 오래된 관념이다. 그것은 중세 영국은 물론 유럽 대륙의 정치적 전통에도 깊이 각인되어 있는 것이다. 그러나 중세의 사상은 근대의 사회계약론에 비해 통치자가 가진 권력의 한계에 대한 명확한 관념과 통치자에게 책임을 물을 수 있는 제도를 결여하고 있었다. 그러나 이 두 측면에서 17세기는 중요한 진전을 기록했으며, 로크의『두 번째 논고』는 몇 가지 점에서 그 진전에 기여했다. 예컨대 로크의 사상은 정부의 권한에 명확한 한계를 설정했다. 최고의 기관인 입법부는 적절히 공포되고 모든 집단 및 계급에게 평등하게 적용되는 법률을 통해 그 최고 권력을 행사해야 한다. 정부는 인민이나 그 대표자의 동의가 없이는 세금을 부과해서는 안된다. 그리고 입법부는 그 권한을 양도할 수 없다. 마지막으로 정부의 다른 기관들의 권한은 더욱 엄격하게 제한된다.

정부의 권력을 제한하는 하나의 방법은 권력분립이론을 적용하는 것이다. 비록 로크는 몽테스키외가 그런 것만큼 명확하게 공식화하지는 못했지만, 권력분립론의 발전에서 중요한 위치를 차지하고 있다. 로크는 정부의 권력을 구분하여 상이한 기관들에게 맡김으로써 상호 균형시켜야 한다고 주장했다(107절). 그는 정부의 권력을 입법권, 집행권, 연합권이라는 세 개의 상이한 기능으로 구분했다. 그러나 로크는 실제 운용에 있어서 그러한 권력들의 결합을 허용했다. 그는 집행권과 연합권이 동일한 기관에 속하는 것을 기꺼이 용납했고, 집행권이 입법권에 일정한 몫을 담당하도록 했으며, 다른 기관에 대한 입법부― 의회 내의 왕(King-in-Parliament) ― 의 최고성을 강력히 주창했다. 그리하여 그는 권력분립 이론의 공식화에 일정하게 기여했지만, 상이한 권력― 곧 입법권, 행정권, 사법권―이 각각 상호 독립된 기관에 속하며 상호 견제, 균형하는 근대적 의미의 삼권분립론을 정립하는 데까지는 미치지 못했다.

　마지막으로 로크의 정치사상이 기여한 점은 인민에 대한 저항권의 인정이다. 만약 통치자가 피치자의 이익을 위해서 그 신탁을 이행하지 않으면, 인민의 저항은 정당화될 수 있으며 인민은 새로운 정부를 수립할 수 있다. 로크는 정부와 사회를 구분했기 때문에 이 점을 자신 있게 주장할 수 있었다. 그의 생애에 그는 내전과 여러 차례에 걸친 정부의 전복에도 불구하고 사회가 여전히 유지되는 것을 목격할 수 있었기 때문이다. 그렇기 때문에 사람들은 전제정치에 대한 유일한 대안이 무정부상태일 것이라는 두려움으로 인해서 그 폭정을 감내할 필요가 없다고 로크는 생각했다. 그러나 로크는 저항권의 존재를 분명히 주장하기는 했지만, 언제, 어떻게 그리고 누구에 의해서 그 저항권이 행사되어야 하는가에 대해서는 명료한 답변을 제시하지 않았다.

로크 사상의 영향

이상으로 간략히 요약해본 로크의 정치사상은 18세기 유럽에 광범하게 전파되었다. 영국에서 휘그당은 로크의 사상에서 그들의 정권― 지주계급에 의한 과두체제를 포함한―을 정당화할 수 있는 적절한 명분을 발견했다. 동시에 그 사상은 영국의 농업개혁가들로 하여금 그 체제를 비판할 수 있는 입론을 제공하기도 했다. 프랑스에서도 로크의 사상은 광범위한 호응을 얻었다. 볼테르 등에 의해서 널리 보급된 그의 사상은 비판자들과 개혁가들에게 그들이 혁명 전(前) 프랑스의 절대군주제와 사회 부정의를 공격하기 위해 필요로 하던 바로 그 교리를 제공했다. 그러나 프랑스에서 로크의 사상은 로크 자신의 저술보다도 더욱 교조적이고 혁명적인 형태로 출현했다.

그러나 무엇보다도 로크의 정치사상은 아메리카에서 가장 비옥한 토양을 발견했다. 이미 18세기 초에 그의 『통치론』은 아메리카 식민지에 널리 보급되고 있었다. 당시의 설교나 다른 자료에 대한 연구에 따르면, 뉴잉글랜드 지역의 목사들은―특히 1763년 이후― 정치적 교의에 관해서 설교할 때 로크의 저작을 자주 인용했다고 한다. 미국의 "독립선언서"는 그 형태, 구절 및 내용에서 로크의 사상과 너무나 흡사했기 때문에 그 선언서를 기초한 제퍼슨은 『두 번째 논고』를 표절했다는 비난을 받기도 했다. 진실이 무엇이든 간에 "독립선언서"에 담긴 이념은 로크가 표현한 영국 입헌주의의 기본적 관념이었다. 물론 로크 사상의 영향력은 "독립선언서"에만 국한되지 않았다. 그 영향력은 미국의 여러 주들의 "독립선언서"와 헌법의 구절에서 어렵지 않게 발견할 수 있다.

그러나 로크의 정치사상은 그것이 최대한 보급되던 그 절정기에 심각한 도전에 직면했다. 18세기 초에 흄은 사회계약이론에 대해서 그것이 결코 회복할 수 없을 정도로 신랄한 비판을 가했다. 그는 그 이론이 경험적으로나 논리적으로나 부적절하다고 밝혔다. 원시적 인간은 근대적인 계약의 관념에 결코 도달할 수 없었다고 흄은 주장했다. 게다가 그는 역사와 당대의 정부를 검토해보면 그러한 계약이 체결되었다고 믿을 수 있는 증거가 발견되지 않는다고 주장했다. 나아가 흄은 계약이론이 근본적으로 인간은 '왜 정부에 복종해야 하는가' ― 나아가 '왜 약속을 지켜야 하는가' ― 라는 질문에 대해 적절한 답변을 제시하지 못하기 때문에 논리적으로 부적절하다고 주장했다. 우리가 왜 사람들은 약속을 지켜야 하고 왜 복종해야 하는가라고 묻는다면, 진정한 답변은 그들이 맺은 약속이 아니라 오직 그것이 지닌 용도(utility)에서만 발견될 수 있을 뿐이다. 곧 그렇게 해야만 사회와 정부가 존재할 수 있기 때문이라는 것이다.

로크의 정치사상에는 여기서 논한 것 이외에도 많은 결함이 존재한다. 그럼에도 불구하고, 로크는 영미권에서 자유주의 그리고 심지어 민주주의 철학자들 중에서도 여전히 가장 호소력이 있는 인물로 남아 있다. 왜냐하면 그는 문제의 핵심을 직시하고 있었기 때문이다. "정부의 목적은 인류의 복지(good)이다."(229절) "누구든 정당한 권리 없이 무력을 사용한 자는……스스로를 그 자신이 무력을 사용한 자에 대해 전쟁상태에 몰아넣은 것이 되며……모든 사람은 침략자로부터 자신을 보호하고 그에게 저항할 권리가 있다."(232절) 로크의 『두 번째 논고』는 영미식 자유주의의 정수이며, 수세기에 걸친, 자유를 위한 영국인들의 투쟁을 정제(精製)한 것이다.

도움받은 글

어네스크 바커 외 공저, 강정인 / 문지영 편역, 1995, 『로크의 이해』, 서울 : 문학과지성사.

로크 / J.S. 밀 저, 이극찬 역, 통치론의 "서론", 『통치론 / 자유론』, 서울 : 삼성 출판사.

Peter Laslett, 1967, "Introduction" in John Locke, *Two Treatises of Government*, ed. P. Laslett, Cambridge : Cambridge University Press.

Thomas P. Peardon, 1952, "Introduction" in John Locke, *The Second Treatise of Government*, ed. T. Peardon, Indianapolis : Bobbs-Merrill Education Publishing.

역자 후기

1995년 봄에 로크의『통치론』을 번역하기로 계획을 세웠지만, 안식년 일정과 겹쳐서 여러 곳을 돌아다니면서『통치론』과 씨름했다. 먼저 미국 케임브리지에서 작년 8월 말과 10월 초에 걸쳐서 일단 초역 작업을 완료했다. 하버드에서 연구작업을 마친 후 금년 6-7월 워싱턴 D.C.에서 두 달간 보내면서『통치론』번역원고를 다듬었다. 그 과정에서 영어 원문의 구문을 파악하거나 적절한 번역어를 찾는 데에 이극찬 교수님께서 번역하신『통치론』을 참조하면서 많은 도움을 받았다. 또한 대학원 제자인 문지영은 완성된 초고를 영어 원문과 대조하면서 금년 7월부터 8월까지 수정했다. 그 과정에서 두 사람은 번역상의 이견을 조정하고자 노력했다. 영어 해석이 막히는 부분에 관해서는 항상 명쾌하게 깨우쳐주시는 서강대학교 영문학과의 안선재 교수님께 도움을 받았다. 역자의 노력과 다른 많은 분들의 친절한 도움에도 불구하고 독자들은 이 책에서 어렵지 않게 번역상의 오류나 표현상의 미숙함을 발견할 것이라고 생각한다. 이 점에 관해서는 독자들에게 깊은 사과를 드리고 싶다.

이 책을 번역하면서 참고한 문헌들을 독자들의 편의를 위해서 밝히면 다음과 같다:

어네스크 바커 외 공저, 강정인/문지영 편역, 1995, 『로크의 이해』, 서울: 문학과지성사.

로크/J.S. 밀 저, 이극찬 역, 1990, 『통치론/자유론』, 서울: 삼성출판사.

John Locke, 1967, *Two Treatises of Government*, ed. P. Laslett, Cambridge: Cambridge University Press; 1952, *The Second Treatise of Government*, ed. T. Peardon, Indianapolis: Bobbs-Merrill Education Publishing Co.; 1976, *The Second Treatise of Government and A Letter Concerning Toleration*(third edition), ed. J. W. Gough, Oxford: Basil Blackwell.

이 책의 번역 및 출판 과정에서 또한 많은 분들의 도움을 받았다. 먼저 여러 가지 잔일을 도맡아준 서강대학교 정외과 대학원 석사과정의 이충훈 씨에게 감사드린다. 그리고 번역문을 꼼꼼하게 교정해준 도서출판 까치 편집부의 이봉순 씨에게도 고마운 마음을 금할 수 없다. 마지막으로 예정 시간을 넘겨 지연되는 번역 및 교정 작업을 너그럽게 기다려주신 도서출판 까치의 박종만 사장님께 다시 한번 감사드린다.

1996년 9월 서강대학교 다산관에서
강정인